今日から役に立つ！

# 教養の「ことわざ」1500

The words shine in your life.

西東社

# はじめに

私たちは普段からことわざを耳にしたり、自分でも口にすることがあります。ことわざは多くの先人の経験や実感、生きる知恵から生まれましたが、この時代まで受け継がれ、いまでも使われている言葉。古くは数千年前のものも時を経て伝わっているといいます。ことわざの特徴は、教訓や真理などを含んだ昔からの言い回しで、短い言葉でリズムよく覚えやすいこと。その短い言葉には含蓄があり、賢く生きるヒントがあり、感心したり、納得させられたり、共感したりなど、心に響く言葉が多数存在します。なかには批判や皮肉を遠回しにいえたり、たとえがおもしろくて思わず笑ったりするものも。そして、由来を知るとさらに理解が深まり、一段と楽しむことができます。

このようにためになることがふんだんなことわざを、本書では、さまざまな内容やテーマに分けて解説しています。

思い立ったが吉日、この本でことわざを楽しく学んでいただければ幸いです。

教養の幅が広がって、人生が豊かになることを願って。

西東社編集部

# 今日から役に立つ！　教養の「ことわざ」１５００

もくじ

## 1章　状況に応じて役に立つことわざ　11〜64

## 2章 人間関係のことわざ 65〜80



## 3章 ユーモア感覚あふれることわざ 81〜104



## 4章 健康・生活のことわざ 105〜121

## 15章　Plus one もっと知りたいことわざ　295〜333

＊本書はことわざのほか、四字熟語や慣用句、格言、名言、言い伝えなども掲載しています。
＊ことわざなどの由来や語源には諸説あるものもあります。
＊人物名の敬称は省略しています。
＊本書は2019年11月30日現在のデータに基づいています。

**マークについて**

意 その語句の意味を表しています。
解 その語句の解説。補説や由来、出典などを示しています。
類 類似した意味をもつ語句を表します。
対 反対の意味をもつ語句を表します。
例 その語句の用例として文章や会話で示しています。

# 1章　状況に応じて役に立つことわざ

さまざまな状況で、メリットになったり、ヒントになったり、気持ちを軽くしてくれたりするようなことわざを集めました。

1

# ためらったり迷ったとき

## 案ずるより産むが易《やす》し

意 物事は前もって心配するより、実際に行ってみれば案外簡単にできるものだ。

解 出産にはあれこれと不安がつきないが、たいていは心配していたよりも容易にすむことから。かつては妊婦を励ます言葉だったが、現在は出産に関係なく、取り越し苦労をせず、決断を勧める言葉として使われている。

類 「案じるより団子汁」「窮《きゅう》すれば通ず」

## 好《す》いたことはせぬが損

意 好きなことをしないのは損だ。

解 やりたいことがあるなら、あとで後悔しないようにやったほうがいいということ。

例 お金はかかるがもったいないなんていわずに、好いたことはせぬが損だよ。

## 選んで滓《かす》を摑《つか》む

意 選《よ》り好みをしすぎると、かえって悪いものをつかむものだということ。

解 「滓」は不要物や食べかす、くずなどを指す。同じ「かす」でも「粕」は、酒かすなどに使われるように、豆類から目的の成分を搾り取ったあとに残るもののこと。このことわざでは、「かす」を「粕」と書くこともあるが、「粕」は悪いものとは限らないので「滓」のほうが適切。

類「選《よ》れば選り屑《くず》」

例 選んで滓を摑まないように、タイミングを見極めないと。

## 鉄は熱いうちに打て

意 教育や鍛錬は若いうちにすべきである。また、物事は情熱があるうちに着手すべきで好機を逸してはならない。

解 鉄は赤熱《せきねつ》してやわらかいうちに形成するもので、冷めてからでは硬くなり形を作れないことから。江戸時代後期に、オランダ語が訳され、日本に広まったことわざ。かつては「好機を逸するな」という意味で使われていたが、１９５５年ごろから国語の教科書で紹介されたことで、教育や鍛錬という、日本独自の用法が加わった。

真っ赤に熱せられた鉄を打たなければ形成できない。

## 身を捨ててこそ浮かぶ瀬もあれ

意 命を投げ打つ覚悟があってこそ、物事を成就することができるということ。

解 「瀬」とは浅瀬のこと。溺れたときはもがくほど深みにはまるが、捨て身になり流れに身を任せれば浅瀬に立つことができるということから。人も欲を捨て天命にゆだねれば道が開くこともある、という解釈も。

## 求めよさらば与えられん

意 積極的に自ら行動すれば、必ず成果が得られるだろうということ。

解 『新約聖書』マタイ伝・第七章に由来する言葉で、本来は、熱心に神に祈れば、神は正しい信仰を与えてくれるだろうという意味。「探せよさらば見つからん、叩けよさらば開かれん」と続き、探せば見つかる、門を叩けば開かれるという意味。何かを欲するとき、自ら動く姿勢の重要性を説いている。

## 大死《だいし》一番

意 死んだ気になって奮起すること。

解 元は仏教語で、一切の自我を捨て仏の道に精進することをいう。転じて、死ぬ気でがんばることをいうようになった。出典『碧巌録《へきがんろく》』。

例 合格率は低いが、大死一番、挑戦するよ。

## 志《こころざし》ある者は事《こと》竟《つい》に成る

意 志がしっかりしていれば、困難や挫折があっても最後には成し遂げることをいう。

解 中国、後漢の初代皇帝であった光武帝《こうぶてい》がいった言葉の一節。不可能だといわれていた斉《せい》の攻略を成し遂げた武将、耿弇《こうえん》を称賛して述べた言葉。出典『後漢書（⬇P334）』。

## 人間《じんかん》到る処《ところ》青山《せいざん》有り

意 世の中のどこで死んでも骨を埋める場所はあるものだから、大望を達成するためには故郷を出て大いに活躍すべきである。

解「人間」は、「じんかん」と読み、人という意味ではなく、人の住む世界、世の中を意味する。「青山」は墓地のことを指す。幕末、長州出身の尊《そん》王《のう》攘《じょう》夷《い》派《は》の僧、月《げっ》性《しょう》が十五歳のとき、故郷を離れる際に作った詩「将《まさ》に東遊《とうゆう》せんとし壁《へき》に題《だい》す」の有名なくだり。

### 漢詩「将《まさ》に東遊《とうゆう》せんとし壁《へき》に題《だい》す」

男児志《こころざし》を立てて郷関《きょうかん》を出《い》ず
学若《も》し成る無くんば　復還《またかえ》らず
骨を埋《うず》むるに何《なん》ぞ期《き》せん　墳墓《ふんぼ》の地
人間《じんかん》到る処《ところ》　青山《せいざん》有り

意 男児たる者、志を立てて故郷を出たからには
学問が成就しないなら、二度と故郷には帰らない
骨を埋めるのにどうして故郷の地である必要があろうか
世の中のどこにでも墓地はあるのだ

## 2 落ち込んでいるとき

### 人間万事塞翁が馬《にんげんばんじさいおううま》

意 災難が幸運につながり、幸運が災難につながることもある。人生の幸不幸は予測ができないということ。

解 中国の故事による言葉で、日本でも古くから知られ、文芸にも多用されている。昔、北辺に住む老人(塞翁)の馬が逃げたが、後日名馬を連れ帰ってきた。そして老人の息子はその名馬に乗って落馬。体が不自由になってしまったが、そのおかげで戦争に行かず生き延びることができたという。出典『淮南子《えなんじ》』人間訓《じんかんくん》。

類 「禍福は糾《あざな》える縄の如《ごと》し(⬇P129)」

例 人間万事塞翁が馬、無駄な経験なんてない。

### 心頭を滅却《めっきゃく》すれば火もまた涼し

意 心のもちようでどんな苦難もしのぐことができるということ。

解 「心頭」とは心のこと。心から雑念を払えば火さえ涼しく感じるということから。甲斐《かい》(山梨県)恵林寺《えりんじ》の僧、快川紹喜《かいせんじょうき》が、織田信長勢の焼き討ちにあった際、この句を唱え焼死したと伝えられる。

## 浮き沈み七度《ななたび》

意 長い人生の間には好調のこともあれば不調のこともあるということ。

解 「浮き沈み」は栄えたり衰えたりすることと、「七度」は多数を意味する。浮沈盛衰《ふちんせいすい》の繰り返しこそ人生であるということ。

類 「七転び八起き（➡P21）」

## 掉尾《ちょうび》の勇《ゆう》を奮う

意 最後の勇気を出してがんばること。

解 「掉尾」は尾を振るという意味で、最後に勢いが盛んになること。一説では捕らえた魚が死に際に尾を振ることから。掉尾は「とうび」とも読む。

## 一の裏は六

意 めぐりあわせの悪いあとには必ずよいことがあるということ。

解 さいころの目が一の裏は六であることから。不運な人を励ますときに使う言葉。

### ことわざの「七」の意味

「親の七光り」「猫を殺せば七代祟《たた》る」など、ことわざでは「多い」という意味で「七」という数字がよく使われる。

その理由は一説には、日本人の数字に対する考え方は中国の陰陽道《おんみょうどう》に大きく影響されているという。陰陽道では奇数は陽の数、偶数は陰の数とされ、日本でも1、3、5、7、9が縁起のよい数字とされてきた。最大数である9は特別な数字として中国ではあまり使われず、7、もしくは末広がりで縁起がいい8が使われるようになったとか。

## 喉元《のど》過《もと》ぎれば熱さ忘れる

意 苦難も時が過ぎれば忘れ、また、苦しいときに受けた恩も楽になれば忘れること。

解 熱いものも飲み込んでしまえば熱さを感じないことから。忘れることが救いとなる場合、肯定的に使われることも。

## 諦《あきら》めは心の養生《ようじょう》

意 不運や失敗はいつまでもくよくよと考えるより、思い切って諦めるほうがよいということ。

解 過去の失敗をずっと悔やんでいても心が疲れるばかりで、精神の健康上よくないことから。

## 碁で負けたら将棋で勝て

意 あることで失敗しても、ほかのことで取り返せということ。

解 一つのことにとらわれず、失った名誉はほかで挽回すればいいというたとえ。

### 昔から親しまれてきた囲碁・将棋

囲碁・将棋が日本に伝わった時期は定かではないが、囲碁は奈良時代、将棋は平安時代にはすでに存在していた。当初は上流階級のたしなみとされていたが、江戸時代には庶民にも広く親しまれた。囲碁・将棋由来の言葉が現在も多く残っていることからも、日本の歴史や文化と密接に関わってきたことがうかがえる。

**<囲碁由来の言葉>**

一目置く／布石を敷く／死活問題　など

**<将棋由来の言葉>**

高飛車／成金／必死／詰む　など

# 3 物事がうまくいかないとき

## 失敗は成功の基《もと》

意 失敗しても、その原因を突き止め改善すれば、成功への契機となること。

解 一度や二度の失敗にくじけず、次の段階での成功の原動力にしようという教え。英語のFailure teaches success.（失敗が成功を教える）の翻訳と考えられ、日本では明治時代から似た表現がみられる。

## 地《ち》に倒るる者は地によりて立つ

意 悪行や失敗は、原因を反省することで悔い改めることができるということ。

解 地面につまずいて転倒した者は、その同じ地面を足がかりとして立ち上がることから。

## 雨降って地《じ》固まる

意 困難や悪いことがあっても、それがかえって、よい状態をもたらすこと。

解 雨が降ったあとは土地が固く締まることから。外国でも似た表現の言葉は多く、After a storm comes a calm.（嵐のあとには凪《なぎ》がくる）などがある。

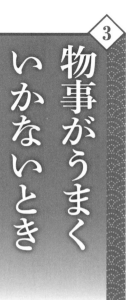

## 能《あた》わざるにあらずせざるなり

意 物事を成就できないのは、不可能だからではなく、やろうとしないからだということ。

解 「能《あた》う」は可能という意味。能力があっても実行力や意志の不足を指摘するもの。出典『孟子《もうし》(⬇P335)』。

## 満つれば欠ける

意 月は満月のあと、必ず欠けてゆくように、人も栄えれば衰えがくるというたとえ。

解 いいときがあれば、悪いときがくるのは世の道理。だからいいときでもおごってはいけないという戒めや、反対に悪いときでも腐るなと励ます意味で使うことも。出典『史記(⬇P334)』蔡沢伝《さいたくでん》。

例 満つれば欠ける。いまさらジタバタしても仕方がないよ。

## 孔子《くじ》の倒《たお》れ

意 孔子のように、どんなに立派な人でも、時には失敗することもあるということ。

解 「くじ」とは孔子の呉音《ごおん》読み。*もちろん孔子のことを指すが、このことわざ自体は中国に由来する言葉ではないようで、日本では古くは『源氏物語』胡蝶《こちょう》にみられる表現。恋愛の世界では名声のある人も過ちを犯してしまうという意味で「恋の山には孔子の倒れ」とある。

＊呉音とは、遣唐使などが漢音をもち帰る以前に日本に定着していた漢字音のこと。主に仏教用語や歴史の古い言葉に使われる。

## 捨てる神あらば拾う神あり

意 世の中は、一方で見捨てられても、他方では助けてくれる人が出てくるものだ。

解 世の中はさまざま、不運なことがあっても悲観しなくていいと励ます言葉。「八百万《やおよろず》の神」というように神が多数存在すると考える日本ならではのことわざ。

### 八百万《やおよろず》の神とは

「八百万の神」とは『古事記』に出てくる表現で、無数の神の存在を表したもの。日本では古来より森羅万象すべてのものに精霊が宿ると考えられ、それが八百万の神とたとえられるように。唯一神の宗教が多いなか、日本の考え方は独特なもの。

また、「八」は多いという意味で使われており、「八百万」は無限に多いことを意味する。『日本書紀』などには「八十神《やそがみ》」「八十万神《やそよろずしん》」といった表現もみられる。

## 七転び八起き

意 何度失敗しても立ち上がること。また、人の世の浮き沈みの激しいことのたとえ。

解 七回転んだら七回起き上がればいいのだが、生まれてから立ち上がることを一回目に数えているという説がある。

## 不撓不屈《ふとうふくつ》

意 どんな困難にもくじけないさま。

解 「撓」とは、たわむこと、転じて心がくじけることを意味する。つまり「不撓」は、くじけないこと、「不屈」は屈しないこと。1994年、貴乃花が横綱昇進時の口上で使い、広く知られることになった。

## 艱難《かんなん》汝《なんじ》を玉《たま》にす

**意** 人は困難や苦難を乗り越えることで成長し大成するということ。

**解** 「艱難」とは、大変な苦しみのこと。漢語調だが、実は西洋のことわざAdversity makes a man wise.（逆境は人を賢くする）の意訳。

**例** 艱難汝を玉にすというから、苦労するのも悪くない。

## 疾風《しっぷう》に勁草《けいそう》を知る

**意** 苦難や試練に直面して初めて、その人の強さや節操の堅さ、人としての真価がわかるということ。

**解** 強い風が吹くことで初めて、風に負けない強い草が見分けられることから。中国の後漢の光武帝《こうぶてい》が初めて挙兵したとき、情勢が悪くなり従っていた者たちが逃亡するなか、最後まで残った王覇《おうは》に帝がいった言葉。出典『後漢書（⬇Ｐ３４）』。

## 窮《きゅう》すれば通ず

**意** 絶体絶命の状況まで追い込まれると、案外、道が開かれるものだということ。

**解** 出典は『易経《えききょう》（⬇P75）』で、「困《こん》の掛は、行き詰まっても必ず切り抜けることができる」とあることから。

**例** 窮すれば通ず、倒産の危機を脱した。

# 4 自分を戒めたいとき

## 天を恨《うら》みず人を咎《とが》めず

意 どんなに不遇でも、運命やほかの人のせいにせず、修養・努力を重ねること。

解 孔子が弟子に伝えた言葉の一節。何かのせいにしていても進歩がない。すべての原因は自分の未熟さにあるのだから、反省し自分を磨くべきだという意味がある。「怨《うら》みず」とも書く。出典『論語』。

## 仇《あだ》も情けもわが身から出る

意 人から愛されるのも憎まれるのも、すべては自分の行い次第だということ。

解 相手の態度は自分が招いたもの。相手が自分を嫌っているなら、自分も相手を嫌う態度をとっているということ。「身から出た錆《さび》」と同じような意味だが、「情け」が入っているぶん、救いのある表現に。

## 誉《ほま》れは謗《そし》りの基《もと》

意 人に称賛されるということは、同時に人から非難される原因にもなる。

解 江戸前期からみられる。称賛と非難はセットゆえ、注意せよとも気にするなとも。

## わが身を抓《つね》って人の痛さを知れ

意 他人のことも自分の身に起きたこととして思いやりなさいということ。

解 同じ苦痛を味わってこそ、人の苦しみを理解できることから。鎌倉時代の『北条重時《しげとき》家訓』に「女などのたとへに、身をつみて人のいたさを知ると申《もうす》」とあり、人の在り方を示す教えとして、昔から教育に使われてきた表現だとうかがえる。

## 杖《つえ》に縋《すが》るとも人に縋るな

意 他人に依存してはいけないということ。

解 他人をあてにして自分自身の努力を忘れてはいけないという戒め。

## 心の駒《こま》に手綱《たづな》許すな

意 過ちに走らないよう、自分の心を制御せよという戒め。

解 「駒」とは若い元気な馬のこと。心を馬にたとえ、勇みはやった馬が押さえがたいように、心の欲望も抑えがたいものだから、常に手綱を締めて制御しないといけないという意味から。

## 百里を行く者は九十里を半《なか》ばとす

意 物事は最後が肝心なので、終わりが近づいても油断は禁物ということ。

解 何事も終わりがもっとも困難で失敗が多い。百里の道も九十里で半分に達したと心得、最後に気を引き締め直せという戒め。中国、漢時代の史書『戦国策』の出典で、日本でも江戸時代後期の『古今名諺《こきんめいげん》』などからみられるように。

## 油断大敵

意 気を抜くと思わぬ失敗を招くという戒め。

解「油断」は気を抜くこと。油断の語源は諸説ある。比叡山延暦寺《ひえいざんえんりゃくじ》の根本中堂《こんぽんちゅうどう》に灯される法灯は、開祖最澄《さいちょう》の頃から火を絶やさないように油を足し続けており、この油が断たれることがないように戒めたことからという説。また、のんびりとした様子を表す古語「ゆたに」が変化したともいわれ、油断は自分の身を害する原因になり、恐るべき敵に等しいことからという説も。

## 断機《だんき》の戒め

意 物事を途中で投げ出してはいけないという戒め。

解「孟母断機の教え」ともいい、中国、戦国時代の思想家、孟子の故事による。孟子が学業半ばで帰宅すると、母は織りかけの機《はた》を刀で断ち切り、学業を途中でやめることは織物を途中で切り、無駄にするのと同じだと戒め、孟子を帰したという。出典『古列女伝《これつじょでん》』。

例 断機の戒めということを肝に銘じて、最後までやり遂げよう。

# 隴《ろう》を得て蜀《しょく》を望む

**意** 一つの望みが叶うとまた次を望むように、人の欲望には限りがないことのたとえ。

**解** 「隴」とは中国甘粛省《かんしゅくしょう》南東部の地名。「蜀」とは四川省の地域のこと。中国、後漢の光武帝《こうぶてい》が隴を平定したのち、さらに蜀が欲しくなったと、自分の欲深さを自嘲したという故事から。ちなみに、光武帝は隴と蜀の平定をもって全土統一を成し遂げたという。
また、この言葉は、のちに曹操《そうそう》（魏《ぎ》の武帝）が引用したことでも知られる。光武帝は欲を肯定的にとらえたが、曹操は無限の欲望を戒めた。出典『後漢書（⬇P334）』。

**例** 隴を得て蜀を望むというが、これ以上を望むのは身に余る。

# 好《こう》事《じ》魔《ま》多《おお》し

**意** よいことは邪魔が入りやすいということ。

**解** 「好事」は、好きなことではなく、よいことをいう。よいことが起きても邪魔が入りやすいものだから、有頂天になってはいけないという戒めの意味も含まれる。

**類** 「花に嵐（⬇P320）」「寸善尺魔《すんぜんしゃくま》」

# 生《なま》兵《びょう》法《ほう》は大《おお》怪《け》我《が》の基《もと》

**意** 中途半端な知識や技術に頼ると、大きな間違いを犯す原因となるというたとえ。

解「生兵法」は、なまはんかに学んだ武術のこと。少し武術を学んだだけで、できる気になっていると、かえって大怪我をするという戒め。江戸時代前期から使われていることわざで、宮本武蔵が剣術の奥義をまとめた『五輪書《ごりんのしょ》』にもみられる。

類「生物《なまもの》織《し》り川へはまる」

## 口は禍《わざわい》の門《かど》

意 不用意な発言が災難を招くこともあるから言葉は慎むべきであるという戒め。

解 口という門から出た言葉が世間に広まり、禍となって返ってくるという意味から。出典は中国の類書(百科辞典の一種)『古《こ》今《こん》事《じ》文《ぶん》類集《るいじゅう》』で、「口は是《こ》れ禍の門、舌は是れ身を斬るの刀なり(うかつなことを言うと禍が起きる、舌は自分の身を傷つける)」とあるのが元になっている。

類「蛙は口から呑まれる」「舌は禍の根《ね》」

## 天災は忘れた頃にやってくる

意 台風や地震、津波などの自然災害は、恐ろしさを忘れた頃に再びやってくる。

解 天災にはいつも備えておくべきという意味と、いくら科学が発達しても自然現象をみくびってはいけないという意味が含まれる。戦前に活躍した物理学者、寺田寅彦がよくいった言葉として、弟子の中谷宇吉郎らにより世に広まった。いまの時代、誰もが心にとめておきたい言葉。

## 5 努力や忍耐が必要なとき

### 玉《たま》磨《みが》かざれば光なし

意 優れた素質や才能をもっていても、学問を積んで努力し、自己鍛錬しなければ真価を発揮できないというたとえ。

解 どんな宝石も原石のままでは美しい光を放たないことから。中国古代の書物『礼《らい》記《き》（➡P335）』に由来し、日本では江戸時代の寺子屋の教科書『実語教』に始まり、明治時代の教科書にも用いられ広まった。努力や鍛錬は昔から日本人の美学とされてきたことがうかがえる。

### 雨《あま》垂《だ》れ石《いし》を穿《うが》つ

意 どんなに小さな力でも、根気よく続けていれば、いつかは成功につながるということ。

解 雨垂れ一粒でも長い間同じ場所に落ちれば、やがて石に穴をあけることもできることから。継続の重要性を説いており、目標や成功に向かって、日々努力を積み重ねたいときに使いたいことわざ。出典『漢書（➡P334）』。

類 「点《てん》滴《てき》石を穿《うが》つ」「継続は力なり」

## 念《ねん》力《りき》岩《いわ》をも通す

意 一心不乱に念じて行えば、どんなことでも成し遂げることができるということ。

解 強く思うことで生まれる力があることを表したことわざ。中国の楚《そ》の熊渠子《ゆうきょし》という武将が、夜間に虎と間違え石に放った矢は、石に突き刺さったという故事から。「石に立つ矢」ということわざも生まれている。出典『史記（⬇P334）』。

類「蟻の思いも天に届く」

## 愚《ぐ》公《こう》山を移す

意 志をもって努力を続ければ、大きなことも成し遂げられるというたとえ。

解 中国の寓話から。愚公という九十歳の老人が、人の妨げとなっている二つの高山を動かそうと、土を運び始めた。周囲の人はばかにしたが、愚公は子孫が引き継げばいつかは動くと努力し続け、その志に心を打たれた神様が山を移したという。誠意を尽くした努力は必ず報われるという意味が含まれる。出典『列子《れっし》』。

## 駑《ど》馬《ば》十《じゅう》駕《が》

意 才能に乏しい者でも、絶えず努力すれば才能のある者と肩を並べることができる。

解「駑馬」は鈍い馬、「駕」は馬に乗るの意。名馬が一日で走る距離を、駑馬でも十日走ればたどりつけることから。

## 習い性《せい》となる

意 習慣はいつしか生まれながらの性質のようになるということ。

解 中国古代の歴史書『書経』に由来するが、日本でも江戸時代初期頃からよく使われていた。また、西洋にも同じ意味の言い回しがみられる。Habit is a second nature.（習慣は第二の天性なり）。

例 いまは不自然に感じる作法も、習い性となるときがくる。

## 稽古《けいこ》に神変《じんぺん》あり

意 物事の習得に必死で取り組めば、実力以上の境地に達することができること。

解 「神変」とは人知を超えた不思議な変化のことで、ここでは天才的な能力のことをいう。天才は努力によって成るものだという意味の名言は、世界各国にみられる。このことわざは日本では江戸時代によく用いられ、現在はあまりみないが、座右の銘などに使える言葉。人の能力に限界はないという意味も含まれる。

## 石の上にも三年

意 辛《つら》くても我慢強く耐えれば、報われるということ。

解 冷たい石の上も長い間座り続ければ暖まることから。このことわざが常用され始めた江戸時代、不安定な生活を「石の上のすまい」といったことから、不安定な辛い場所を意味する言葉として「石の上」が使われたと考えられる。「三年」は実際の期間ではなく「長い間」を指す。「三年は続けよう」という意味で誤用されることがあるが、「いまは我慢のとき」ということを伝えるときに使う。

このことわざは、禅の開祖であり、だるまさんのモデルでもある達磨大師《だるまだいし》が、洞窟で9年間坐禅を組み修行をした話を由来とする説も。「面壁九年《めんぺきくねん》」もこの話に由来する言葉。

## 首振り三年ころ八年

**意** 何事も道を極めるには、相応の修練が必要だというたとえ。

**解** 尺八は、首を振りながら吹くまで三年、細かい指の動きでころころとよい音を出すまで八年かかることから。ほかにも、日本画の修行期間をいった「ぽつぽつ三年波八年」や、船を操る技術習得期間をいった「魯《ろ》三年に棹《さお》八年」などもある。三と八が対になって使われているが、いずれも「桃栗三年柿八年」ということわざが元となっていると考えられている。

**例** いまは何でもスピーディーに進むけれど、首振り三年ころ八年というように、技を習得するのに近道はない。

## 春植えざれば秋実らず

意 原因のないところに結果はないというたとえ。

解 春に種や苗を植えなければ秋に実りはないことから、行動を起こしたり努力をしたりしなければ結果は得られないことを意味する。何もしていないのによい報いを期待するなという戒めにも。古いことわざで、室町時代には用例がみられる。

類「打たねば鳴らぬ」

## 三たび肱《ひじ》を折って良医と成る

意 人は、苦労や経験を通して初めて、円熟した人間になれるというたとえ。

解 出典『春秋左氏伝《しゅんじゅうさしでん》（⬇P335）』によると、自分の肘を何度も折る、つまり自分が痛みを知ってこそ良医になれるということから。一方で、人の肘を何度も折る＝失敗を繰り返してこそ良医になれるという説もある。どちらにしても、経験や苦労が人を育てることを教えている。

## 忍《にん》の一字は衆妙《しゅうみょう》の門

意 耐え忍ぶことを身につければ、どんなこともできるということ。

解「衆妙の門」とは老子の言葉で、すべての優れた道理の入り口という意味。忍耐こそすべての出発点で、すべての成功の基だということを意味している。

## 韓信《かんしん》の股《また》くぐり

意 大志を抱く者は、小さな屈辱には耐えるものだというたとえ。

解 中国の前漢の武将で、天下統一に大きな功績をあげた韓信の故事から。韓信が若い頃、町の不良に「臆病者でないなら俺を殺せ。できなければ股をくぐれ」とからまれ、韓信は股をくぐることを選択し侮辱に耐えたという。ちなみに、出世した韓信は不良に再会、「あのとき我慢したからいまがある」と彼に役職を与えた。

## 堪忍《かんにん》五両

意 我慢し、耐えることは大きな価値があるというたとえ。

解 腹が立つことがあっても堪忍すれば五両分くらいの価値があることから。「堪忍五両」のあとに「負けて三両（低くみても三両の価値はある）」、または「思案十両（熟考することはさらに十両の価値がある）」と続くことも。

類 「御意見五両堪忍十両」

### 五両の価値って？

「両」とは江戸時代のお金の単位。江戸時代には金貨、銀貨、銭貨の三つが流通していたが、「両」は金貨の単位で小判一枚が一両とされた。

ただ、時代やものによって一両の価値は異なるため、一概には今の価格に換算できないが、物価が安定していた文化文政時代（1820年頃）の食べ物を基準にすると、一両=4～20万円。五両だと20～80万円に。五両は数か月分の食事が賄える金額だったといえる。

## 運《うん》根《こん》鈍《どん》

意 成功するには、運のよさ、根気、粘り強さが必要ということを表す言葉。

解 「鈍」とは、図太く粘り強いこと。粘り強くあるためには、些細なことで傷つかない鈍さも大切だということを意味する。

例 成功するには自分に運根鈍の何が足りないのかを考えよう。

## 少年老い易《やす》く学《がく》成り難《がた》し

意 時間を惜しんで学問に励むべきだということ。

解 人は若いと思っていてもすぐ年をとってしまうもの。それに反して学問は容易に修めがたいことから。中国の南宋《なんそう》の儒学者、*朱熹《しゅき》が詠んだ詩の一節。「一寸の光陰軽んずべからず（わずかな時間でも無駄にしてはいけない）」と続く。

## 使っている鍬《くわ》は光る

意 絶えず努力をしている人は、それが表に現れ、いきいきと立派にみえることのたとえ。

解 毎日使っている鍬は、刃が土に研がれるため錆びる間がなく、光り続けていることから。

類 「人通りに草生えず」「流れる水は腐らず」

例 若さの秘訣は、趣味を極めること。使っている鍬は光るというからね。

＊朱熹とは、中国の南宋の哲学者で朱子学の創始者である。

## 縁の下の力持ち

意 人目につかないところで、人のために力をつくしたり、努力をすること。また、そのような人のこと。

解 日本家屋の縁側を下から支える柱に由来するとよくいわれるが、ほかにもいくつかの説がある。
昔の寺社の縁は人が入れるくらい高く、その縁の下で行われていた舞や芸のひとつに「力持」という重いものを持ち上げる芸があったことに由来する説。
また、大阪の四天王寺で聖徳太子の命日4月22日に行われている法要(聖霊会)の舞楽に由来する説も。舞楽はかつて非公開で縁の下で行われていたため「縁の下の舞」と呼ばれ、「縁の下の力持ち」といわれる以前から、同意味で「縁の下の舞」という言葉が使われていたという。

## 斃《たお》れて後《のち》已《や》む

意 途中でくじけず、死ぬまで努力を続けること。

解 「斃れる」は、事故や事件、不意の出来事などで死ぬという意味をもつ。倒れたため目的が果たせなかったという使い方は誤用。出典の『礼記《らいき》』には「俛焉《べんえん》として日に孳孳《しし》たる有り、斃《たお》れて后《のち》に已《や》む(日々休みなく努力し、息を引き取ったときにその努力が終わる)」とあり、力尽きるまで懸命に努力することをいう。

# 6 勝負するとき

## 千万人と雖《いえど》も吾《われ》いかん

意 たとえ敵が千万人いようとも、恐れることなく自分を信じて向かおうという心意気を示す。

解 『孟子《もうし》』公孫丑章句《こうそんちゅうそうく》・上に記されている言葉で、原文では前に「自ら反《かえり》みて縮《なお》くんば（自分の心振り返ってやましいところがなければ）」とある。つまり、自分の行動を何度も自省し、それでも正しいと確信できたら信念に従い進もうという、「正しさ」ありきの言葉。吉田松陰も引用したことで知られる。

## 力《りき》戦《せん》奮《ふん》闘《とう》

意 全力を尽くして戦うこと。また、懸命に努力すること。

解 「力戦」は力を尽くし戦うこと、「奮闘」は気力をふるい立たせて戦うことの意。自分の能力を最大限に発揮するというときに使いたい。

類 「奮励《ふんれい》努力」「獅子奮迅」

例 このプロジェクトには、力戦奮闘して臨みたい。

## 両雄《りょうゆう》並び立たず

意 同じ力量の英雄が二人いれば、どちらかが倒れるということ。

解 動物の世界でも人の世界でも、権力者が二人いれば必ず争いが起き、両立は難しいことから。中国の秦《しん》時代、始皇帝死後に王座を巡って戦った「項羽《こうう》」と「劉邦《りゅうほう》」の物語が由来。

例 いいライバルであっても両雄並び立たず。この勝負は私が勝つ。

## 小股《こまた》取っても勝つが本《もと》

意 多少卑怯な手を使っても勝つことが大切。

解 「小股を取る」とは、「小股をすくう」と同じ意味で、他人の隙や弱点をねらって有利になることを意味し、相撲の「小股すくい」という決まり手が語源。「小股取られても勝つが本（恥を忍んでも勝つことが大切）」ということわざもある。「本」は「ほん」とも読む。

類 「勝てば官軍」

小股すくいとは、相手の股を内側からすくい上げて倒す技。

# 敵に味方あり味方に敵あり

意 敵のなかに理解者がいることもあれば、味方のなかに裏切る者がいることもあるということ。

解 勝負ごとでは足元をすくわれないよう油断するなと戒めの意味で使うこともあれば、敵味方の区別などないという意味で使うことも。勝海舟の談話をまとめた『氷川清話』では、「腹を知り合えば敵味方は関係ない」と後者の意味で使われている。

# 勇将《ゆうしょう》の下《もと》に弱卒《じゃくそつ》なし

意 上に立つ者が優れていれば、それに感化され、下につく者も優れるということ。

解 強い将軍の配下に弱い兵士はいないことから。上に立つ者の力量が部下の能力を左右するともいえ、統率する立場で勝負に挑むときには心にとめておきたい言葉。

# 肉を切らせて骨を断つ

意 犠牲を恐れず、捨て身で敵に勝つこと。

解 元は剣道で、強い相手に勝つための極意として使われていた言葉。「肉」は自分の身、「骨」は相手の身のことで、自分も痛手を負うくらいの距離でないと、相手に傷を負わすことができないことから。

例 少しの損失は気にするな。「肉を切らせて骨を断つ」というように、今回の勝負に勝つには必要なことだ。

## 彼を知り己《おのれ》を知れば百戦あやうからず

意 敵味方両方の情勢を把握していれば、何度戦っても負けることはないということ。

解 『孫子』にある勝つための理論（孫子の兵法）のひとつ。このあとに「彼を知らず己を知れば一戦一負す、彼を知らず己を知らざれば戦う毎に必ずあやうし（己のみ知っているのは五分五分、敵も己も知らないのは必ず負ける）」と続く。

## 挨拶《あいさつ》は時の氏神《うじがみ》

意 争いの際に仲裁してくれる人がいたら、それに従うのがよいということ。

解 「挨拶」とは、古くは人と人との仲介、争い事の仲裁といった意味があった。争いの際に仲裁してくれる人は、氏神様のようにありがたい存在であるということから。

## 敵に塩を送る

意 争い相手が苦しいときは、弱みにつけ込まず援助することのたとえ。

解 戦国時代、武田信玄は北条・今川両氏との関係悪化で経済封鎖され塩不足に陥り困っていた。そのとき長年敵対する仲であった上杉謙信が塩を送り助けたという逸話による。

# 7 物事を始めるとき

## 千里の行《こう》も足下《そっか》より始まる

意 どんなに大規模な計画も、小さなことを実行するところから始まる。

解 途方もなく思える千里の旅路も足元の一歩が始まりであることから。目指すものの大きさにちゅうちょせず、まずは目の前の小さな一歩を踏み出すことが未来を広げると教えている。出典『老子』。

## 隗《かい》より始めよ

意 遠大な計画は手近なことから着手したほうがいい。また、言い出した人から始めるべきという意味も。

解 「隗」とは、中国の戦国時代の政治家、郭隗《かくかい》のこと。燕《えん》の昭王《しょうおう》に優秀な人材を集める方法を問われ、「私のような凡人を優遇することから始めれば、優秀な人材が集まるでしょう」と答えた故事から。前の「千里の行も〜」はスタートを促す言葉であるが、こちらは具体的な策を示すときに使われる。

## 若い時は二度ない

意 若く活力のあるときは二度と戻ってこないから、若いうちになんでも思い切ってやってみるとよい。

解 すばらしい月日を無駄にしてはいけないという教訓が含まれ、失敗を恐れて二の足を踏む若者に伝えたい言葉。古くは室町時代の『伊勢貞親《いせさだちか》教訓』にみられる。

## 啐《そっ》啄《たく》同《どう》時《じ》

意 逃すことのできない絶好の好機のこと。

解 仏教では「啐」は雛が内側から声を発して殻から抜け出ることを告げることを意味し、「啄」は親鳥が外側から卵の殻をつつくことを意味する。親鳥の手助けは早すぎても遅すぎてもだめで、タイミングが大事であることから。禅宗では「啐啄」は弟子が悟りを得ようとしているときに、師匠がすかさず教示し悟りの境地に導くこと。学ぼうとする者と教え導く者の息が合って、相通じることを表す。

例 子どもの教育には啐啄同時が大切。

雛が殻の中から鳴き、親鳥がつついて割る様子から生まれた言葉。

## 物は試し

意 最初からためらったり諦めたりせず、何事もとにかくやってみるべきということ。

解 これまで経験したことのない物事は、一度やってみないとわからないことから。江戸時代中期には使われており、チャレンジ精神を後押ししてくれる言葉。

## 思い立ったが吉日《きちじつ》

意 何かをしようと決心したら、すぐに始めるのがよいということ。

解 「吉日」とは暦により縁起のよい日のこと。昔から日本では、物事を起こすときには縁起のいい日を選ぶ習慣があるが、暦にこだわりすぎると機会を逃しかねない。日を選ばずに気持ちが熱いうちに動いたほうがいいという教え。

類 「善は急げ」「好機逸すべからず」

## 得手《えて》に帆を揚げる

意 得意なことを発揮する好機が到来し、張り切って行動すること。好機を逃さず利用することのたとえ。

解 「得手」はもっとも得意とすること。追い風がきたときに帆を揚げれば、船はどんどん進むことから。本田技研工業の創業者、本田宗一郎に『得手に帆あげて』という著書がある。

類 「順風満帆」「流れに棹《さお》さす（⬇P220）」

## 乾《けん》坤《こん》一《いっ》擲《てき》

意 運命をかけて大仕事や大勝負をすること。

解 易の言葉で「乾」は天、「坤」は地を表し、「乾坤」で天地の意味。「擲」は投げること。ここではサイコロを投げる意味がある。つまり、サイコロを投げ、天が出るか地が出るかをかけることから。

類 「一発勝負」「当たって砕けろ」

## 一《いち》蓮《れん》托《たく》生《しょう》

意 物事の善悪や結果がどうなろうと、行動や運命をともにすること。

解 元は浄土信仰から誕生した言葉で、死後、極楽浄土で同じ蓮華の上に生まれることをいい、死後まで変わらぬ愛情を契る意味で使われていた。転じて現代では、結果がどうあれ、運命や行動をともにするという意味に。覚悟をもって物事に挑みたいときなどに使える言葉。

例 一蓮托生の覚悟でこの会社に入った。

## 天《てん》地《ち》開《かい》闢《びゃく》

意 世界の始まりを意味する。

解 天と地が上下に分離してこの世界ができたという古代中国の思想が元に。中国に限らず、世界の神話伝承は天と地が分かれるところから始まるものが多いため、この言葉はまさに世界の始まりといえる。

例 天地開闢以来の出来事だ。

# 8 気楽な気分に浸りたいとき

## 待てば海路《かいろ》の日和《ひより》あり

意 いまは状況が悪くても待っていればよい機会がやってくるということ。

解 荒れた海も、待っていればいずれ静まり、出航に適した日がくることから。「待てば甘露《かんろ》の日和あり」ということわざが元だと考えられている。「甘露」とは、中国の伝説で王者が仁政を行うと天から降るという甘い露《つゆ》のこと。明治時代から「甘露」が「海路」にいいかえられるように。

## 果報は寝て待て

意 幸運は人の力ではどうにもできないものだから、自然とやってくるのを焦らず待っていればよいということ。

解 「果報」とは仏教語で、以前の行為の結果があとになって自分に報いとなって返ってくることをいう。つまり、ぐうたらしていても幸せはやってくるという意味ではなく、人事を尽くしたら、その報いは必ずくるから、あとは気長に待つしかないということ。ビジネスの世界では、「果報は練って待て」と使われることも。

## 案じるより団子汁

意 あれこれ心配してもどうにかなるものではないので、団子汁でも食べ気楽に待つのがよいという意味。

解 「案じる」にかけて「餡汁《あんじる》」ということも。餡汁に団子を入れたものを「団子汁」といい、ただの餡汁より団子汁のほうがいいという洒落が含まれている。ユーモアがあり、肩の力を抜きたいときに。

## 寝る間《ま》が極楽

意 寝ているときが一番安楽なときだということ。

解 寝ている間はすべての苦労や心配事を忘れていられることから。辛《つら》いことを一時忘れたいときなどに使いたい。

類 「寝た間は仏」「寝るほど楽はなし」

## 習わぬ経《きょう》は読めぬ

意 知識や経験のないことをやろうとしても、できることではないということ。

解 習ってもいない経を読めといわれても読めないことから。ちなみに、日本に持ち込まれた経典の多くは中国で翻訳されたもの。つまり中国語だが、それを日本語の漢字読みで発音している。

対 「門前の小僧習わぬ経を読む」

例 いくら格好つけても習わぬ経は読めぬ。ありのままでいこう。

## 残り物には福がある

意 人から選ばれず、残ったものの中には、意外によいものがあるということ。

解 残りものを選ばざるを得ない人に対して、慰めや励ましの意味を込めていうことが多い。また、我先にと取るような人よりも、人に譲る謙虚な人にこそ幸運が訪れるという意味もあり、謙虚を美徳とする日本人らしいことわざ。

## 分別過ぎれば愚《ぐ》に返る

意 物事は、深く考えすぎるとかえって迷い、つまらない考えになって失敗するということ。

解 「分別」とは、是非や損得を熟考すること。物事を決めるときに分別するのは必要なことだが、それが過剰になると的確な判断ができなくなる。あれこれ考えすぎてまとまらない状態のとき、この言葉で一度冷静さを取り戻したい。

## あとは野となれ山となれ

意 目先のことが解決すれば、あとはどうなってもよいということ。

解 あとのことは、野になるならなれ、山になるならなれという意味から。開き直ったときや、物事を放棄したいときなどに使うことが多いが、潔いイメージもある言葉。

## 楽《らく》は貧《ひん》にあり

意 楽は貧乏な暮らしのなかにある。

解 「楽」とは安らかで楽しいこと。財産が多いと争いごとや気苦労が絶えないものであり、貧乏人のほうが気楽に暮らせることから。「貧楽《ひんらく》」ともいう。

## 米の飯と天道様《てんどうさま》は何処《どこ》へ行ってもついて回る

意 日の光はどこへ行ってもさすように、どんな逆境でも食べていくことはできる。

解 何をしてでも生きていけると、楽天的な考え方を表している。

## 鳴神《なるかみ》も桑原《くわばら》に恐《おそ》る

意 強い者でも苦手なものはあるということ。

解 「鳴神」は雷のこと。雷は桑畑には落ちないことから。低木が広がる桑畑に雷が落ちにくいのは事実だが、このことわざは、「桑原、桑原」と唱えれば雷が落ちないという俗信に基づいている。

例 鳴神も桑原に恐る。完璧じゃなくていい。

### 「桑原、桑原」と唱えるのは？

由来のひとつに、大宰府に流された菅原道真に関する伝説がある。道真の死後、各地で落雷があったが、京都の道真の領地「桑原」には雷が落ちなかったことから、雷避けの効果があるとして「桑原、桑原」と唱えるようになったという。

また、雷神が井戸に落ち閉じ込められたときに、「自分は桑の木が嫌いだから、桑原と二回唱えたら二度と落ちない」と誓ったという説話も残る。

# 9 人生について考えたいとき

## 浮世は回りもち

意 この世の苦楽や貧富、幸不幸などは絶えず巡っていて、決して一か所にとどまっていないということ。

解 「浮世」は、元は「憂き世」と書き、つらくはかない世の中のことをいった。つまり「浮世」には、享楽的《きょうらくてき》な意味と辛《つら》くはかないという意味が重なっている。

## 落つれば同じ谷川の水

意 始まりや途中はさまざまであっても、行き着く先は同じだということ。

解 出典は「一休さん」で有名な室町時代の僧、一休宗純の歌。* 山には雨、雪、雹《ひょう》、霰《あられ》といろいろ降るが、みな谷川に注ぎこみ、最後は川の流れに同化することから。人間も生まれや生き方はさまざまだが死ねば灰となるという意味でも使われる。

## ゆく河の流れは絶えずして、しかも、もとの水にあらず

意 川は絶え間なく流れ続けているが、それ

＊「雨霰雪や氷と隔《へだ》つらん落つれば同じ谷川の水」。

ぞれは同じ水ではない。常に同じものはこの世にないという無常を表している。

解『方丈記』の冒頭の一節から。鎌倉時代、鴨長明によって書かれた『方丈記』は、京都を襲った数々の天災の経験から、この世の無常観や人の在り方を問う作品。「人生とは何か?」と考えさせられるもので、松尾芭蕉や夏目漱石をはじめ、アニメ界の宮崎駿《はやお》なども影響を受けている。

鴨長明は一丈四方の方丈庵(地震に強い移動式住宅)に住み、『方丈記』を書いた。そのレプリカが京都の下鴨神社にある。

## 楽あれば苦あり

意 楽しいことがあると、そのあとで苦しいことがあるという教え。

解「苦あれば楽あり」に続けていうこともあり、「楽」と「苦」は相伴うものだということ。

類「楽は苦の種《たね》、苦は楽の種」

## 世は元《もと》偲《しの》び

意 世の中の人は、何かと昔を懐かしむものだということ。

解 過去を慕わしく思い、現在をはかなく思うものという意味。江戸時代によく用いられた。

## 思うこと叶わねばこそ浮世なれ

意 望んだことがうまくいかないのが人生であるということ。

解 慰めの言葉にも、また「だからこそやりがいがある」という励ましの言葉にも。

## 時は得《え》難《がた》くして失い易《やす》し

意 好機はなかなか巡ってこず、たとえきても油断するとすぐに失ってしまうものだから心せよという戒め。また、時間は二度と巡ってくるものではないから大事にしなければならないということ。

解 出典は『史記』で、この前に「功は成し難くして敗れやすく(功業は成し遂げにくく、失敗しやすい)」とある。

## 光《こう》陰《いん》矢の如《ごと》し

意 月日がたつのは早く、二度と戻らないことのたとえ。

解 「光」は日、「陰」は月を意味し、「光陰」で月日や年月などの時間を表す。月日が過ぎるのは飛ぶ矢のように早く、また一度放たれた矢は戻ることがないことから。時間を大切にするべきという教えでもある。「矢」を「夢」や「流水」にかえた言い方もあり、いずれも時の流れの早さを表す。

## 命あっての物種《ものだね》

意 何事も命があればこそできるもので、命はすべての元だということ。

解 「物種」とは、物事の種となるもの、つまり根源を意味する。命を大切にというメッセージはもとより、命をかけるような危険は避けるべきというニュアンスが含まれている。

## 見ざる聞かざる言わざる

意 自分に都合の悪いことや人の欠点などは、見ない、聞かない、言わないのがよい。

解 打ち消しの「ざる」を「猿」にかけて、三匹の猿で表したものを「三猿《さんざる》」という。「さんえん」とも。由来は『論語』やインドからなど諸説ある。古代エジプトにも三猿のモチーフがあることから、古代エジプトから中国経由で日本に伝わったという説も。猿たちが隠すのは人の罪だといわれる。江戸時代に盛んだった民間信仰（庚申《かのえさる》の夜に体内にいる三匹の虫が天に人の罪を告げ、寿命が決まる）に由来し、人の罪が告知されるのを防ぐ意味で作られたと考えられている。

目、耳、口を隠している三猿。栃木県の日光東照宮にある左甚五郎《ひだりじんごろう》作とされる像が有名。

## 浮世渡らば豆腐で渡れ

意 この世をうまく生きるには、まじめで柔軟であれという意味。

解 豆腐は四角四面できっちりして見えるが、やわらかいことから。表面は礼節やけじめを重んじてまじめにし、中身はやわらかく、柔軟な考え方ができるように生きなさいという教訓。

## 仏も昔は凡夫《ぼんぷ》なり

意 修行をし、精進すれば誰でも仏になることができるということ。

解 仏（釈迦）も最初は普通の人間だったことから。偉人と呼ばれる人も努力があってこそということ。業績が大きいほど、どれだけの努力があったのかを考えさせられる言葉。

## 人と煙草の良し悪しは煙となってのちの世に出る

意 人は死んだあとになって初めて、本当の評価が定まるということ。

解 煙草の良し悪しは、実際に吸って煙を出してみないとわからない。それと同じように、人の価値も死んだあとに煙になってからでないと本当のところはわからないという意味。

類「棺を蓋《おお》いて事定まる」

## 三つ子の魂百まで

意 幼い頃の性格は、一生変わらないということ。

解 「三つ子」は、三歳の子どものことを指し、転じて物心がつき始める幼い子のことをいう。「魂」とは生まれもった性格や性分のことをいっており、幼い頃に習ったり覚えたりしたことは忘れないという意味で使うのは間違い。外国にも似た意味の言葉は多い。

## 酔生夢死《すいせいむし》

意 何もせずに、一生をぼんやりと過ごしてしまうこと。

解 酒に酔ったように生き、夢を見ているような心地で死んでいくという意味から。一般的には否定的な意味で使われることが多いが、「何にも縛られずに自由に生きる」というポジティブな意味で使うこともある。

例 時間に追われ働いていると、**酔生夢死**な生き方にあこがれる。

## 則天去私《そくてんきょし》

意 自我を捨てて、自然に身をゆだねて生きること。

解 「則天」は天にのっとる、「去私」は私心を捨てるということ。夏目漱石による造語で、漱石自身が晩年理想とした心境。

## 朝《あした》に道を聞かば夕べに死すとも可なり

意 朝、人の生きる道を悟ることができれば、夕方に死んだとしても悔いはない。

解 孔子の言葉で人としての在り方を追求する難しさと大切さを教えている。元は「あした」とは朝を意味していたため、「朝」を「あした」と読んでいる。出典『論語』。

## 五十にして天命を知る

意 五十歳になって初めて、天から与えられた自分の使命がどういうものであったのかわかるようになるということ。

解 『論語』為政《いせい》の一節で孔子が晩年に人生を振り返り記した言葉。人生五十年があたりまえだった時代、「天命を知る」には、自分の限界を知るという意味も含まれ、限界を知ったうえでどう生きるか、人生をみつめ直す時期であるということ。

### 『論語』為政篇《いせいへん》

子曰《しいわ》く
吾十有五《われじゅうゆうご》にして学に志す
三十にして立つ
四十にして惑わず
五十にして天命を知る
六十にして耳順《したが》う
七十にして心の欲するところに従えども矩《のり》を踰《こ》えず

意 孔子がおっしゃることには
私は十五歳で学問を志し
三十歳で自立でき
四十歳で迷うことがなくなった
五十歳には天から与えられた使命を知り
六十歳で人の言葉に耳を傾けられるようになり
七十歳で思うままに生きても人の道から外れることはなくなった

## 年年《ねんねん》歳歳《さいさい》花《はな》相似《あいに》たり

意 毎年毎年、花は同じように咲く。自然は変化しないことのたとえ。

解 中国の唐時代の詩人、劉希夷《りゅうきい》の詩の一節。「歳歳年年人同じからず」と続き、人の世は年とともに変わるのに…と、雄大な自然と対比させることで人の世のはかなさを詠っている。

## 足《た》るを知る者は富む

意 満足することを知っている人は、貧しくても心は豊かであるということ。

解 老子の言葉「足るを知る者は富み、強《つと》めて行う者は志有り（努力している者は志ある者）」に基づく。欲を捨て満足することができる者は幸福を感じられるが、満足できない者は裕福であっても精神的には貧しいといえる。「知足《ちそく》」ともいう。出典『老子』。

## 死生《しせい》は命《めい》にありて富貴《ふうき》は天にあり

意 人の生死は天命によるもので人の力ではどうにもできない。また富や名声も天が与えるもので、人にはどうにもできない。

解 努力をしても仕方がないという意味ではなく、自分の役割を一生懸命がんばればよいという意味がある。出典『論語』。

## 無常の風は時を選ばず

意 人はいつ死ぬかわからないということ。

解 「無常の風」とは、人の命を奪う無常を、花を散らす風にたとえていった言葉。「死は年齢も時節も関係なく訪れるもの」という意味であり、命のはかなさを感じさせる言葉。「無常の風は時を嫌わず」ともいう。

## 虎は死して皮を留《とど》め

意 虎が死んだあとに毛皮を残すように、人も死んだあとに名前が残るような生き方を心がけよということ。

解 本来はこの言葉のあとに、「人は死して名を残す」と続くが、江戸時代から後半部分を略し用いられることが多くなった。日本最古の軍記物『将門記《しょうもんき》』に似た表現があることから、平安時代からいわれ続けている教えといえる。

## 去る者は日々に疎《うと》し

意 親しかった人でも遠ざかれば次第に疎遠になる。また、死んだ人は月日がたつと忘れられていくということ。

解 「去る者」とは、遠方に離れていった人や死者のことを指す。身近にいて顔を合わせていなければ、縁が薄くなるのは仕方のないことだと、人生の無常をいっている。出典『文選《もんぜん》』。

# 10 アドバイスをするとき

## 過ちては改むるに憚《はばか》ること勿《なか》れ

意 過ちに気づいたら、世間体や体面にこだわらず、すぐ改めなくてはいけないという教訓。

解『論語』にある有名な句。「己《おのれ》に如《し》かざる者を友とすること無かれ（自分に及ばない者を友としてはいけない）」に続く言葉で、お気に入りを側に置き、過ちを取り繕うような行動はすべきではないと、君子としての心がけを説いているが、いかなる社会においても共通する教訓として現代まで親しまれてきた。日本でも似た表現が平安時代から用いられている。

## 今日の一針《ひとはり》明日《あす》の十針《とはり》

意 何事も先延ばしにすると、あとになって負担が増えるだけだというたとえ。

解 今日縫ってしまえば一針ですむほころびも、後回しにしておくと大きくなり、十針縫わないといけなくなることから。

類「今日の手後《ておく》れは明日へついて回る」

例 今日の一針明日の十針。いまできることはいま終わらせるのが一番楽な方法だ。

## 十分《じゅうぶん》はこぼれる

意 欲はかかず、物事はほどほどのところで満足するのがよいということ。

解 水を容器いっぱいに注ぐとこぼれてしまうことから、十分すぎるとかえって失敗することをいう。「八分《はちぶ》は足らず十分はこぼれる」ともいい、八分目では満足できないが、頂点に達すればあとは下り坂になるだけで恐ろしい。だからほどほどがいいという意味も。

## 七年の病に三年の艾《もぐさ》を求む

意 事が起こってから慌てて対策をしても間に合わないというたとえ。転じて、日頃から心構えや準備が大切という意味に。

解 「艾」とは、灸の材料となる薬草のことで、長く乾燥させたものがいいとされる。病に倒れ七年たってから、育てるのに三年もかかるよい艾を求めても何の役にも立たないことから。出典の『孟子』では、政治を行う者の心得として語られている。政治も事が起こってからではなく、日頃から仁政(人々をいつくしむ政治)を施すべきであるということ。

## 頭の上の蠅《はえ》を追え

意 他人のことをとやかく世話をやくよりも、まずは自分自身のことをしっかり始末しなければならないということ。

解 自分の頭上にたかる蝿でさえ、追い払うことができないのに、他人の頭上の蝿を追い払おうとするなという意味から。おせっかいな者へ、軽蔑の気持ちを込めて表す言葉として用いられる。

## 灯台下《もと》暗《くら》し

意 手近なことはかえってわかりにくいというたとえ。

解 「灯台」は油の入った皿に芯を浸して火をともす燭台《しょくだい》のこと。火は周囲を明るく照らすが、燭台の真下は暗いことから。

油に浸した芯に火をつけて使った燭台。

## 自ら恃《たの》みて人を恃《たの》むことなかれ

意 もっと自分の力を信頼すべきで、他人の力を頼りにすることはないということ。

解 人を頼るなと戒めるだけでなく、自分の力をもっと信用し、自分で歩いてみよという励ましが含まれる。

## いまの情けはあとの仇《あだ》

意 一時の慈悲や同情は、あとになって害になるということ。

解 安易に手助けしても、それはかえって相手のためにならないことから。

例 いまの情けはあとの仇という。やさしい先生だけがいい先生とは限らない。

## 悪事千里を行く

**意** 悪い行いや評判はすぐに広まってしまうということ。

**解** 出典は中国の宋《そう》の『北《ほく》夢《ぼう》瑣《さ》言《げん》』。「好事門を出《い》でず（善行はなかなか世間に知られない）」のあとに続き、対で用いられることも多い。犯罪が広まるという意味で使うのは誤用で、あくまでも評判についてのことをいう。

**類**「開いた口に戸は立たぬ」「悪い知らせは翼をもつ」

## 身は習わし

**意** 人は環境や習慣によって、どのようにでも変わるものだということ。

**解** 日本最初の勅撰《ちょくせん》和歌集である『古今和歌集』や鎌倉初期の仏教説話集『発《ほっ》心《しん》集《しゅう》』にもみられ、古くから使われてきたことわざであることがうかがえる。

## 一芸は道に通ずる

**意** 一つのことを極めた人は、そのほかの分野においても通用するということ。

**解** 一つのことを極めるには、さまざまな経験を積み技術を確立しなくてはならない。成功者はその方法を理解しているため、どの分野でも正しく進めることから。

**例** 一つの夢に集中しよう。一芸は道に通ずるで、そこから道が開けることもある。

## いいたいことは明日《あす》いえ

意 いいたいことがあってもすぐ口に出さず、十分に考えたうえでいったほうがいいということ。

解 感情に任せて思ったことをすぐに口に出すと失敗することが多い。時間をおいてよく考え、どうしてもいいたいことだったなら冷静なときに発言したほうがよいことから。特に感情的になっている人に注意として使うことが多い。

類「月日変われば気も変わる」

## 沈黙は金《きん》

意 下手にしゃべって失敗するよりも、黙っているほうが賢明であるということ。

解 西洋の言葉 Speech is silver, silence is golden.（雄弁は銀、沈黙は金）が元となっている。19世紀中頃のドイツのことわざがほかの国に伝わり、イギリスから日本へ伝わったと考えられている。

### 西洋でも「沈黙は金」？

「沈黙は金」という考え方はとても日本的であり、沈黙よりも雄弁を評価する西洋においては、少し違和感のあることわざに思える。

実は、「雄弁は銀、沈黙は金」ということわざが生まれた19世紀のドイツでは、金よりも銀のほうが価値が高かったそうだ。つまり、元は沈黙よりも雄弁を評価することわざだったという。

金の価値が高くなっても、言葉だけはそのまま残り、沈黙をよしとする日本では違和感なく広まったと考えられている。

## 11 人をほめるとき

### 威《い》あって猛《たけ》からず

意 威厳はあるが、内に温かみがあり荒々しくないということ。

解 孔子の人柄を弟子たちが評した言葉で、上に立つ者の理想的な人格をいうときに用いられる。

出典の『論語』述而《じゅつじ》では、「子は温《おだやか》にして厲《はげ》し（穏やかでありながら情熱的）、威にして猛からず、恭《きょう》にして安《やす》し（恭《うやうや》しくありながら安らか）」とある。

### 勇者は懼《おそ》れず

意 勇気のある者はいかなる困難にも臆することなく立ち向かっていくということ。

解 孔子の言葉。『論語』では、「知者は惑わず（知識のある者は判断を迷わない）、仁者は憂《うれ》えず（人を思いやる心のある者は悩むことはない）」とある。怖いもの知らずという意味ではなく、怖いものにも立ち向かえる強い心を評するときに使いたい言葉。

例 勇者は懼れずというが、彼の病気に屈しない心はまさにそれだ。

## 青は藍より出でて藍より青し

意 弟子が師匠の技術や学識を超えること。

解 青色の染料は、原料であるタデ科の植物の藍よりもずっと青いことから。荀子《じゅんし》の言葉に由来し、元は、学問を続けることによって、もって生まれた性質を超える人物になれるという意味だった。「出藍《しゅつらん》の誉《ほま》れ」ともいう。出典『荀子《じゅんし》』。

類 「鳶《とび》が鷹を生む」

## 兄《けい》たり難《がた》く弟《てい》たり難し

意 両者とも優れ優劣つけがたいことをいう。

解 中国の後漢の徳治者として知られる陳《ちん》寔《しょく》が息子兄弟を評した言葉に由来する。「たり」は、格助詞「と」に「あり」がついた「とあり」が転じたもので、資格がある、一致しているという意味がある。「足りない」という意味で使うのは誤用。

## 能ある鷹は爪を隠す

意 才能がある人は、それをひけらかすようなことはしない。

解 鷹は獲物を狩る寸前まで武器の爪を見せないことから、いざというときだけ実力を発揮することをいうように。

獲物を狙って飛ぶ鷹は、足を体にピタリとつけるため、爪は見えない。

## 真実一路《しんじついちろ》

意 誠実を貫くこと、また、真実を求めることをいう。

解 「一路」とは、ひとすじの道のこと。ひとすじの道をひたすら、まっすぐにという意味がある。つまり、嘘偽りのない心でまっすぐ生きていくという、誠実な生き方を形容する言葉。

例 彼は夢に対しては真実一路だった。

## 博覧強記《はくらんきょうき》

意 幅広く物事を知っていて、またよく記憶していること。

解 「博覧」とは、広く書物を読んだり見聞し、知識が豊富なこと。「強記」は記憶力に優れているということ。広い知識を自分のものにできる才覚をほめる言葉だが、最近では知識だけが豊富で柔軟な考えができないというネガティブな意味に伝わることもあるので注意したい。

例 彼は博覧強記だから会話が楽しい。

## 棒ほど願って針ほど叶う

意 大きな願いをもっていても、実際に叶えられるのはほんのわずかだということ。

解 棒と針は大きさのたとえ。世の中は思い通りにいかないことを意味する。

例 棒ほど願って針ほど叶うといわれるのに、夢を実現したなんてすごいことだ。

# 2章　人間関係のことわざ

何かと悩ましい人との関わり方をことわざからみてみましょう。手がかりになることがあるかも。

# 1 かけひきのコツ

## 魚《うお》心《ごころ》あれば水《みず》心《ごころ》

意 相手が自分に好意を示してくれれば、自分も相手に好意を示す気持ちになる。

解 相手の出方次第、態度次第でこちらの対応も変わる。または、その逆で、自分から好意をもてば、相手も好意をもってくれるはずだから、良好な関係になれるだろうという希望。

魚が水を求めれば、水もそれに応えてくれるに違いないというたとえ。元々は「魚、心あれば、水、心あり」であった。

## 長い物には巻かれよ

意 強い相手には逆らわず、従っておいたほうがよい。

解 鎌倉時代の仏教説話『宝物集《ほうぶつしゅう》』には「長きは短きをのみ、大なるは小をくらふ」とあり、また、安土桃山時代の書物『月菴酔醒記《げつあんすいせいき》』にも類似表現がある。ただ、古くは「長いものに巻かれる」という、現象そのものを指す言葉だったよう。現在のように、処世術的な意味合いをもつようになったのは江戸時代頃と考えられている。「長い物には巻かれろ」ともいう。

### 文学史上で重要 『宝物集《ほうぶつしゅう》』とは

『宝物集』には、仏法こそが人間にとって第1の宝であるという主張について、たとえ話や和歌を盛り込んで語られている。

京都の嵯峨《さが》清涼寺《せいりょうじ》に参拝し、参籠《さんろう》での、一夜の多くの人の語らいを記録したとされている。平安末期の武士である平康頼《たいらのやすより》の作であるとされる一方、成立の過程をみると、作者を一人に限定するのは難しいとも考えられている。

『保元《ほうげん》物語』『平家物語』『曾我《そが》物語』など、後世に残る作品に影響を与えたことから、日本の文学史上でも重要な書と位置づけられている。

## 流れを汲みて源《みなもと》を知る

意 結末をみて、その原因を察すること。

解 流れている水を汲み取って調べると、その源流の様子が推測できるように、末端をみて、その本《もと》を知ることのたとえ。その人の行動をみることによって、心の善悪を判断できるという意味でも使う。

## 追従《ついしょう》も世渡り

意 人にへつらったり、お世辞をいったりすることも、ひとつの処世術である。

解 権力者にやたらとへつらう人を指しつつも、「それも仕方がない」と弁護するときに用いられる。「追従」とは、ご機嫌を取ることやお世辞をいうこと。「正直であることが、相手の機嫌を損ねる場合もある」という比喩で使うことも。「嘘も追従も世渡り」ともいう。

類 「嘘も方便」(⬇P247)

例 追従も世渡りというから、先輩に髪形が似合ってるっていっておいたよ。

## 恥をいわねば理《り》が聞こえぬ

意 隠したいような事情まで自分から打ち明けないことには、相手の理解を求めるのは難しいということ。

解 「理」は、物事の道筋のこと。「理がすむ」といえば、「筋道が立つ」「意味が通じる」という意味になる。また、「恥をいわねば理が立たぬ」ともいう。

## 道を得《う》る者は助け多く道を失う者は助け寡《すくな》し

意 道徳にかなった行為や善行を行った人は、自然に人々の協力が得られるようになる。でも、道にそむいて徳を失った人には、助けも少なく、人が離れていく。

解 前者は天下中から支持され、後者は親戚にさえ離反される。孟子の言葉とされている。孟子は、「王道」の政治を主張した人物で、思いやりの心(仁《じん》)と正しい行い(義《ぎ》)を基本理念として、「この世の安定には、人の心の安定が大事」と説いた。この格言も「王道」の流れにあるといわれている。

## 2 仲よくする大切さ

### 笑顔に当たる拳《こぶし》はない

意 笑顔の相手には、殴りかかることもできないということ。

類 「怒れる拳笑顔に当たらず（➡P144）」

### 気は心

意 わずかでも、自分の気がすむようにすれば心も落ち着くこと。

解 贈り物をするときによく用いられる言葉。贈り物は、値段やその量がささやかであっても、真心や誠意が込められていればよいということ。または、必ずしも贈り物に高価な物やすばらしい物を選ばなくても、真心があればよく、ささやかでも自分自身の気持ちも満足する。

### 知らぬ神より馴染みの鬼

意 どんな相手でも、身近な人のほうがよいというたとえ。

解 ありがたい力があるといわれても、自分には無関係な神様より、身近にいるなら鬼のほうが親しみやすいということ。「神」が「仏」といいかえられることも。

### 罪を憎んで人を憎まず

意 犯した罪は憎んでも、罪を犯した人まで憎むべきではない。

解 『孔叢子《こうそうし》』*で孔子の言葉として紹介されているほか、『聖書』にも同様の記述がある。

### 汝《なんじ》の敵を愛せよ

意 自分に対して、悪意のあるような敵にこそ、慈愛の心をもて。

解 『新約聖書』の有名な一節。「自分の敵は憎むもの」という世間一般の常識に対し、キリストが返した言葉。

＊孔叢子は「こうそうし」、または「くぞうし」と読む。孔子とその弟子の言行を残した書であるが、偽書という説もある。

## 女は相身互《あいみたが》い

意 共通の利害のある女性同士は、互いを思いやり、かばい合うものである。

解 冒頭の「女は」の部分を「武士は」「商人は」と、職業上で同じような意識をもつ者同士に置き換えて使われることも。「相身互い」とは、「相身互い身」を省略した言い方。

## 同舟相救《どうしゅうあいすく》う

意 利害が一致すれば、いざというときに助け合う。

解 同じ舟に乗っていれば、転覆しそうになったときには、助け合うものだということ。同じように、たとえ見ず知らずであっても、もしくは、普段は仲が悪くても、危機が迫れば助け合うものである。

## 和を以《もっ》て貴《とうと》しとなす

意 何事にも、みんな仲よく諍《いさか》いを起こさないのがよい。

解 十七条の憲法の第一条にあり、「自分にも、人にも正直に、不満があれば互いに話し合い、理解し合うようにすべきである」という意味。実は、話し合うことの大切さを説く言葉である。「尊し」と書く場合もあるが、原典は「貴し」。

## 腹立てるより義理立てよ

意 腹を立てても何もならない。それを我慢して、義理立てしておくほうがよほど身のためになるということ。

解 「腹を立てて顔や態度に出せば、義理を欠く場合もある」という解釈も。どちらにせよ、義理の重要さを述べている。

### 大ベストセラー『聖書』

『聖書』は、全66巻から成り立つ経典で、『旧約聖書』と『新約聖書』の二つに分けて語られることが多い。『旧約聖書』は、天地創造をスタートに、イスラエルの歴史を扱い、『新約聖書』はイエス・キリストの生涯や教えを書いたもの。

「旧約」「新約」の「約」を「訳」と間違われることがある。「約」は「契約」を意味する。契約とは、神が残した「人類の救いの主が誕生する」という預言を指している。「その救い主は、イエス・キリストである」という考えの下、救世主が現れる以前の話を「旧約」、キリストが生まれたあとの話を「新約」とした。

## 管鮑《かんぽう》の交《まじ》わり

意 生涯変わらない友情を表す。

解 中国春秋時代、管仲《かんちゅう》と鮑叔《ほうしゅく》という人たちがいた。二人は、とても仲がよく、共同で商売を始めたが、貧しい管仲が、分け前を多く取ってしまった。しかしそれを、鮑叔が責めることはなかった。また、管仲が戦いの際、三度も逃げ帰ったにもかかわらず「管仲には、老いた母が待っている」と、鮑叔はその行いをかばったという。管仲は「私を生んだのは父母である。でも、両親以上に私を知っているのは鮑叔だ」と、深く感謝をした。『史記』に残る言い伝えから。

## 四海兄弟《しかいけいてい》

意 世界中の人が、互いに相手を尊重し、真心をもって接すれば、みな兄弟のように仲よくなる。

解 四海は四方の海のことで天下、世界中を指す言葉として使われる。出典『論語（⬇Ｐ１４９）』。

## 肝《かん》胆《たん》相《あい》照《て》らす

意 互いの心の底まで打ち明ける。転じて、極めて親しくつき合うこと。

解 「肝胆」は肝臓と、胆嚢《たんのう》。どちらも命を支える大切な臓器であることから、転じて「心の底」という表現になったと考えられている。

## 竹《ち》馬《ば》の友

意 幼なじみ。

解 竹馬に乗って一緒に遊んだ頃からの友だちという意味。中国の故事成語が出典。殷浩《いんこう》と桓温《かんおん》という幼なじみがいた。二人はどちらも優秀な人物であったが、殷浩は、戦に敗れ失脚。一方、桓温は皇帝かと目されるまでになった。桓温は「殷浩は小さい頃から、私が乗り捨てた竹馬を拾って使っていた。だから、私が彼の上に立つのは当然なのだ」といった。このことからライバルという意味も含まれている。ちなみに竹馬は、竹の先端にたてがみをつけたおもちゃ、「春駒《はるこま》」のこと。

春駒（竹馬）にまたがって遊ぶ子ども。

# 3 人づき合いに注意

## あちらを立てればこちらが立たぬ

意 片方によいようにすれば、もう一方に悪くなり、両方に対してよいことが同時にできない様子。

解 「双方立てれば、身が立たぬ」と続ける場合もある。

## 人の情けは世にあるとき

意 世間の人がちやほやしてくれるのはこちらの羽振りがよく栄えている間だけ。落ち目になると誰からも見向きもされなくなる。

解 人情も、打算に左右されてしまうという意味。

## 暑さ忘れりゃ陰《かげ》忘れる

意 苦しいときに人から受けた恩も、楽になるとすぐ忘れる。

解 暑いときには、木陰のありがたさを感じるが、それを過ぎたら忘れてしまう。受けた恩を忘れやすいのが人情だという意味。江戸時代の俳諧の作法書『毛《け》吹《ふき》草《ぐさ》（⬇P79）』に掲載あり。

## 旨《うま》いもの食わす人に油断すな

意 人を喜ばせるような、好条件を出してくる人に、油断をしてはならない。

解 おいしいものを食べさせてくれる人には、下心があるかもしれないという教訓。出典は江戸時代の国語の辞書『俚言集覧《りげんしゅうらん》』。

## 可《か》愛《わい》さ余って憎さが百倍

意 かわいい気持ちが強いほど、裏切られるなどして憎しみが湧いたとき、その度合いも甚《はなは》だしい。

解 愛と憎しみは、表裏一体であることも暗に表している。

## 噂をすれば影

意 噂をしていたその人物が、突然、現れること。

解「影が射す」ともいう。噂は当人の耳に入りやすいから、しないほうがいい、注意してしろという戒めとしても使われる。英語ではSpeak of the Devil, and he is bound to appear.（悪魔の話をすれば、必ず悪魔がやって来る）といわれる。

## 陰では殿《との》のこともいう

意 陰口をたたかれない人はいない。

解「殿」が「王」や「御所内裏《ごしょだいり》」とされる場合も。殿様や王様のような人でも悪口をいわれるのだから、気にしないことであるという意味にもとれる。

## 他人の飯には骨がある

意 他人の世話になると、何かと気苦労が多く辛《つら》いものだ。

解 他人との生活には窮屈なところがある。他人の家で食べるご飯にはまるで骨でもあるようかのように、やすやすと食べることができないということから。また、他人の親切には底意があるかもしれないから、頼りきっているとひどい目にあうというたとえでもある。骨を「刺《とげ》」とすることも。

## 贔屓《ひいき》の引き倒《たお》し

意 ひいきをし過ぎたことにより、かえってその人を不利な立場にしてしまうこと。

解「贔屓」は元々は、鼻息を荒くして、力んでいるという様子。転じて、特定の人を助けるために力を入れる様子を表すようになった。また、中国での「贔屓」は、亀の姿に似た伝説上の生き物で、龍から生まれるとされる。重いものを背負うことを好み、石柱や石碑の土台の台座として使われるようになった。この台座「贔屓」を引っぱったら、石柱が倒れる。それがこのことわざの由来という説もある。

京都、東寺の「贔屓」の石像。

# 一人旅するとも三人旅するな

意 三人という人数は二対一となってしまい、一人が損をしがちであるということ。

解 旅では二人の気が合い、一人が仲間外れになることが往々にしてある。旅に限らず、三人組みで物事を行う難しさをいう。

# 駟《し》も舌に及ばず口は慎むべき

意 いったん、口に出した言葉は四頭立ての馬車(＝駟)で追いかけても、追いつかない。

解 駟は「とても早い」ことのたとえとして、よく用いられる。「駟の隙《す》を過ぐるが若《ごと》し」といえば、月日の経つのが早いこと。

# ほめる人には油断するな

意 やたらとお世辞をいうような人は、何か下心があるものだから、信用してはいけないということ。

解 パナソニックの創始者、松下幸之助も似たような言葉を残している。ほめられることは励みになるとしつつも、「ほめられてばかりいると増長し、油断が生じて、進歩が止まってしまう。ほめられることは警戒し、逆に叱ってくれる人、注意してくれる人を求め、大切にしなさい」と述べた。さらに「そのくらいの心意気が成長につながる」と続けている。

## 経営の神様「松下幸之助」

松下幸之助は、世界的な電機メーカーであるパナソニックを一代で築きあげ「経営の神様」という異名をとる人物。本業のほか、倫理教育を行うためのPHP研究所を設立したり、晩年には、政治家を育てるための松下政経塾を立ち上げたりと、人を育てることに尽力した。松下の残した名言は、ビジネスの成功の法則が書かれていると、現在でも厚い支持を受けている。

# 人の噂は倍になる

意 噂話は、真実よりもずっと大げさに伝わってしまうものだ。

解 人から人に伝わるうちに、噂は誇張されてしまう。だから、噂を鵜のみにしてはいけないという戒めなどとして用いられる。

# 4 人と人との不思議

## 水は方円《ほうえん》の器に従う

意 環境やつき合う人によって、よくも悪くもなる様子。

解 水は入った容器の形に合わせて姿を変えることから。

## 袖《そで》振り合うも他生《たしょう》の縁

意 道で袖が触れ合うような、ささいな偶然であっても、前世の縁があってのこと。

解 いま、生きているこの人生は仏教語で「今生《こんじょう》」という。「他生」とは、生まれる前、または生まれ変わったあとの人生を指す。その音から「多少」と誤りやすい。ちなみに、仏教語には「多生」と書く場合も。これは動物、人間、天人などさまざまなものに生まれ変わること。

## 桃李《とうり》ものいわざれども下《した》自《おの》ずから蹊《みち》を成す

意 人徳のある人には、自然に人が集まるための道ができる。

美しい花にひかれて人が集まり、木の下には自然に道ができる。

解 桃や李《すもも》はものはいわないが、花の美しさや果実を求めて人が集まり、その下には道ができていく。出典『史記（➡P３３４）』。

## 牛は牛連れ馬は馬連れ

意 同類は集まりやすいことから、似た者同士が集まりやすいこと。

解 似た者同士が集まれば調和がとれるという意味も含まれる。

## 同気相求《どうきあいもと》む

意 同様の種類のものや、気の合うものは自然と集まる。

解「同気相和《あいわ》す」ともいう。出典は中国の古典『易経《えききょう》』。

## 同病相憐《どうびょうあいあわ》れむ

意 同じような苦しみをもつ者同士は、お互いに理解ができ、同情の気持ちが強くなる。

解 病気は見た目にわかりにくい上に、本人以外には真の辛《つら》さが理解されにくいことから。

## 泣く子と地頭《じとう》には勝てぬ

意 道理の通じない相手には、黙って従うしかない。

解 地頭は権力者のこと。ここでは横暴な権力者という意味。

## 中国に伝わる占いの書『易経《えききょう》』

儒教の経典としてもっとも大切にされている五つの経典である「五経」の一つ。

『易経』は、占いの理論と方法が記されているとされ、単に『易』と呼ばれる場合もある。

東洋最古の書物ともいわれ、発祥が古く著者は定かではない。周時代に多くの賢人や学者によって解釈され、生まれた。内容は陰陽の考え方や八卦《はっけ》、八卦を細かくした六十四卦、吉凶悔吝《きっきょうかいりん》などが記される。

また、儒教の経典や占いの書にとどまらず、哲学書、学問・智恵・処世術の書などとしても用いられている。

## 憎まれっ子世に憚《はばか》る

意 憎まれるような人こそ、世渡り上手で幅を利かせる。

解「憚る」といえば、普通は、ためらったり遠慮したりすることをいうが、このことわざでは真逆の使い方がされている。これは、「幅」や「はびこる」と音が似ているためで、古くは『平家物語』にも出てくる誤用。現在「はばかる」を、「はびこる」という意味で使っているのは、このことわざのみといわれている。

## わがおもしろの人泣かせ

意 自分が楽しんでいることで、人を泣かせている場合がある。

解 他人の迷惑を考えず、自分だけよい思いをするという意味も。

## 以心伝心

意 文字や言葉を使わなくても、お互いの心が通じ合うこと。

解 禅宗の教えからきている言葉。文字で表されない仏法の神髄を「師から弟子の心に伝える」ことを意味する。書き下し文では「心を以《もっ》て、心に伝う」。出典『景徳伝灯録《けいとくでんとうろく》』。

## 会うは別れの始め

意 出会った人とは必ず別れなければならない。

解 仏教の経典『法華経《ほけきょう》』に「愛別《あいべつ》離苦《りく》、是故《これゆえ》会者定離《えしゃじょうり》」とある。出会った人とは、いつかは別れがくるもので、それこそが人生であるという教え。英語にも同じような慣用句があり、We never meet without a parting.と記す。

## 類は友を呼ぶ

意 似た者同士は自然と集まるものだということ。

解 自分がよい人間になれば、同じようによい人間が集まってくるという使い方もされる。

## 愛は憎しみの初め 徳は怨みの本《もと》なり

意 愛情は憎悪に変わることがある。同じように、優れた能力が嫉妬の原因になる。

解 自分が抱いた愛情を、同じように返してもらおうと期待してもそうはならない。出典の『菅子《かんし》』では「ただ、賢者は然《しか》らず」と続くので、この一文とつなげると「愛も徳も見返りを求めないのが、賢者だ」という意味になる。

## 腐れ縁は離れず

意 悪縁は、断ち切ろうとしてもなかなか断ち切れるものではないこと。

解 腐れ縁とは、離れようとしても、離れられないこと。

類 「悪縁契り深し」

## 便りがないのはよい便り

意 長い間、連絡がこない場合は、たいてい無事に暮らしているということ。

解 悪い知らせがあれば、連絡があるのが常だから、連絡がこないというならば、逆に無事に暮らしている証拠である。心配をしても仕方がないという励ましにも使う。

類 「無沙汰は無事の便り」

# 5 人間関係のコツとマナー

## 相手のない喧嘩《けんか》はできぬ

意 喧嘩は受ける相手がいるから成り立つ。相手にしなければ喧嘩は起きないという戒め。

解 相手にするから悪いという意味でも使われる。

類「相手なければ訴訟なし」「一人喧嘩はならぬ」

## 柳に風

意 柳が風になびくように、逆らわなければ災いは受けない。

解 相手が強くても、上手にかわして巧みにやり過ごす場合にも使われる。「人の意見を聞き留めず、聞き流したほうがいい」という意味で使うのは誤用。

## 和して同ぜず

意 協調はしても、安易に同調しないこと。

解 人と足並みをそろえることは大事だが、自分の意見をしっかりともち、主体的につき合うことが大事だという教訓も含む。

## 親しき仲にも礼儀あり

意 どんなに親密な相手でも、守るべき礼儀があるということ。

解「仲」を「中」とする場合も。

類「よい仲には垣をせよ」

## 君子の交わりは淡き水の如《ごと》し

意 立派な人同士の交わりは、水のように淡泊にみえて、その友情はいつまでも変わらない。

解「君子」とは教養を供えた立派な人物を指す。以下「小人《しょうじん》の交わりは甘きこと*醴《れい》の如し」と続く。度量や品性に欠ける人のつき合いはベタベタしているが、すぐに途絶えてしまうということ。出典『荘子《そうし》』。

＊醴とは甘酒のこと。ここではベタベタしたもののたとえとして使われている。

## 神様にも祝詞《のりと》

意 わかり切っていることでも、言葉にして伝えることが大事。

解 何事もお見通しの神様でも、祈りの言葉である祝詞を捧げないと、願いが伝わらないことから。ましてや人間には、きちんと言葉にして伝える必要があるということ。

## 人を見て法《ほう》を説け

意 物事を行うときには、人に応じた働きかけをすることが大事である。

解 釈迦は、相手の能力や人柄に応じて、その人物にもっともふさわしい方法で説法をしたという故事から生まれた教え。その人の性格や、時と場合も考えて、もっともふさわしい方法で対応しなさいと諭している。

## 人の踊るときは踊れ

意 みんなが何かをするときには逆らわず、一緒にするほうが孤立しない。

解 周囲の人にならった行動をしたほうが、人々の楽しい気分を壊さなくてすむという意味でも使われる。

類 「郷《ごう》に入りては郷に従え」

## 来る者は拒まず去る者は追わず

意 自分を信じてやって来る人は拒まずに受け入れればいいし、去ろうとする人を無理に引き止める必要もない。

解 孟子が、弟子を取るときのやり方と伝わっている。いまいる人を大切にせよ、という使い方もされている。

## 松かさより年かさ

意 年長者の経験や知恵は貴重で尊ぶべきである。

解 「年かさ」と「松かさ」は語呂合わせされている。松かさとは松ぼっくりのこと。また、この類語となる「亀の甲より年の功（➡P146）」「烏賊《いか》の甲より年の功」も、韻を踏んだ語呂合わせが用いられている。

## 味方見苦《みぐる》し

意 味方をひいきにしすぎることで、公平さを欠き、傍《はた》からみると、みっともない様子。

## 人は見かけによらぬもの

意 外見だけでは、その人を判断で

きない。

解 人に対し、思いがけない才能やよさをみつけたときのほか、善良そうな人が、実は悪者だった場合にも使われる。

## 礼も過ぎれば無礼になる

意 礼儀を尽くすことも、度がすぎればかえって失礼にあたる。

反 「七重《ななえ》の膝を八重《やえ》に折る」

## 物もいいようで角が立つ

意 何でもないことでも、話し方や言い方によっては相手を傷つけることがあるから、注意したほうがいいということ。

解 角が立つとは「物事が荒立つ」または「人との間柄が穏やかでなくなる」ことをいう。

類 「丸い卵も切りようで四角」

## 若木《わかぎ》の下《した》で笠を脱げ

意 若者は将来、どんな大物になるのか想像もつかない。だからこそ、若者にも敬意を払って接するべきだという戒め。

解 若い木の下に行ったら、笠を脱いで、その木にきちんとあいさつをしろという文。江戸時代にまとめられた俳諧の作法書『毛《け》吹草《ふきぐさ》』には、このことわざの続きが書かれており、「古木の下で糞《くそ》をこけ」となっている。ただこれは、文字通りの意味というよりは「極端な物言いをすることで、前半の大切さを際立たせたのではないか」という解釈がされている。

### 一番古いことわざの本『毛吹草《けふきぐさ》』

江戸時代前期の俳人、松江重頼《しげより》著、1645年に刊行され、俳席には欠かせない書として、広く知られるようになった。七巻五冊からなり、以下のような構成。

一巻　俳論・作法
二巻　詞寄《ことばよせ》(四季・恋)・世話(俚諺《りげん》)
三巻　付合《つけあい》(いろは順)
四巻　諸国の名産・名物
五・六巻　四季の発句、回文の発句
七巻　付句(四季・恋・雑)

二巻の俚諺とは民衆の間に伝わってきたことわざのこと。日本のことわざを集めた書物としては、最古のものと考えられている。「急がば回れ」「石の上にも三年」「習うより慣れろ」などが載っている。

## 己の欲せざる所は人に施《ほどこ》す勿《なか》れ

意 自分がして欲しくない物事は、他人にもすべきではない。

解 『論語』にある言葉。弟子が、孔子に「ひと言で、一生守るべきことを表すなら、何がよいのでしょうか」と尋ねたとき、この言葉を返したと伝わっている。

## 見たら見流し聞いたら聞き流し

意 見たり聞いたりしたことは、軽々と口にしないほうがいいということ。

解 その場で見たことはもちろん、小耳に挟んだ噂などについても、人に伝えることは慎まなければならないということ。

類 「見ざる聞かざる言わざる（⬇P51）」

## 義理は借り物

意 人から受けた義理は、人から借りたものと同じように、忘れずに返さねばならないということ。

## 怨みほどに恩を思え

意 人は恨みをなかなか忘れないものだから、恩義を受けたときも、恨みと同じように忘れてはならない。

解 転じて、恩は忘れやすいものであるという場合にも使われる。

## 驥《き》尾《び》に付《ふ》す

意 優れた人物に従えば、自分の能力以上の物事を成し遂げられるものである。

解 「驥」とは、一日に千里は走るという名馬のこと。蝿《ハエ》がこの名馬の尾に掴まっていたら、はるか遠くまで行くことができたという話から。人と行動をともにする際の、謙譲表現として使われる。ほかに「優れた人の仕事を見習って行動をする」という意味も。出典『史記』。

遠くまで飛べないハエでも名馬にくっついて行けば千里までも行くことができる。

# 3章　ユーモア感覚あふれることわざ

表現が大げさだったり、皮肉たっぷりだったり、うまいたとえだったりと、思わず笑いがおこることわざです。

# 1 言い方がおもしろい

## 明日食う塩辛《しおから》に今日から水を飲む

意 用意周到すぎて、かえって意味がない。

解 塩辛を食べると喉が乾く。その前に水を飲んでも意味がないことから、無意味な準備を表すことわざになった。ちなみに、伝統的な製法の塩辛は常温で保存できるため、江戸時代にはすっかり庶民のおかずとして定着していたようだ。

## 銭《ぜに》は足《あし》なくして走る

意 お金は人から人へと渡っていくこと。

解 お金がどんどんなくなるという意味のことわざは多く、これもそのうちのひとつ。足がないのに、まるで足がついているかのように人から人へ走っていってしまうという意味。この意味からお金そのもののを「お足」と表現することもある。

## 炬燵《こたつ》で河豚《ふぐ》汁

意 矛盾した行為のこと。

解 炬燵でゆっくり休養しながら、毒があるかもしれない河豚汁を食べる。つまり矛盾した行為という意味。また、養生が養生にならないという意味も。河豚に毒があることは古くから周知の事実で、実際に命を落とす者もいた。江戸時代は、武士に対して河豚食を禁止にする藩も多かったが、それでも町民は危険を覚悟で食べていたという。

## 鼻《はな》糞《くそ》で鯛を釣る

意 わずかな元手で大きな利益を得ること。

解 「海老で鯛を釣る」ということわざが有名だが、このことわざの言い方もある。ほかに「蝦蛄《しゃこ》で鯛を釣る」「麦《むぎ》飯《めし》で鯉を釣る」も同様の意味。鯛という魚は高級魚の代名詞。いまでも祝いの席に欠かせないが、江戸時代はすさまじい需要があったそうだ。

## その手は桑名の焼き蛤《はまぐり》

意 その手には乗らない。そんなことには騙されない。

解 本当は「その手は食わない」というところを、「食わない」に地名の「桑名」（いまの三重県桑名市）をかけ、さらに桑名の名物が「焼き蛤」だったためにつけ加えた洒落言葉。「驚き桃の木山椒の木」や「だんだんよく鳴る法華《ほっけ》の太鼓」と同様、つけ足し言葉、言葉遊びの部類。

## 化け物と義弘《よしひろ》は見たことがない

意 実際には見たことのないようなあやふやなもののたとえ。

解 あるあるといわれても、実際にはあるかないか怪しいもののことをいう。義弘（郷義弘《ごうのよしひろ》）とは鎌倉時代の刀工正宗の弟子。名匠とされているが、義弘の銘が彫られた刀は残されていない。

## 百日《ひゃくにち》の説法屁《へ》一つ

意 長い間の苦労がわずかな失敗で無駄になること。

解 百日もありがたい説法を説いてきた僧侶が最後におならをしてしまったら、すべてぶち壊しになるということわざ。説法とは仏教の教えを説いて聞かせること。

## 土仏《つちぼとけ》の水遊び

意 身を滅ぼすような無茶な行為を自分からすること。

解 土仏とは土でできた仏様。水でくずれてしまうことから、やってはならないことを自らやってしまうことのたとえに。

土で作った土仏は水に弱い。

## 両方いいのは頬《ほお》かむり

意 世の中には、あっちもこっちも両方いいということはない。

解 頬かむりとは両方の頬を包むので、「両方」と「両頬」をかけている。

## 出《で》物《もの》腫《は》れ物《もの》ところ嫌わず

意 おならやできものは、時も場所もわきまえないで出てきてしまうものだ。

解 おならは時間に関係なく出てしまい、できものは顔の真ん中でも場所を選ばずできてしまう。おならをうっかりしてしまったときの言い訳の言葉。語呂もよく、江戸時代からおもしろがっていわれてきた。妊婦がいつ産気づくかわからないという裏の意味も。

## 眉《まゆ》唾《つば》

意 騙されないように気をつけること。

解 狐《きつね》や狸《たぬき》に騙されないようにするために、眉に唾をつけるまじないがあった。そこから騙されないように用心することを「眉に唾をつける」「眉に唾をする」などというように。「眉唾」はそれの省略で現代ではこちらの言い方のほうが知られている。また、信用できないようなことや、嘘か本当かわからないようなことを「眉唾物」といい、それを略して「それは眉唾だな」などということも。

## 面《つら》の皮の千枚張り

**意** 図々しい。厚かましい。

**解**「面の皮が厚い」をさらに大げさに表現。千枚張りとは、幾重にも重ねて厚いことのたとえ。

## 義理と褌《ふんどし》は欠かせぬ

**意** 義理を欠いてはならない。

**解** 昔、ふんどしは男子が身に着けていなくてはならないものだった。それと義理とをかけて、義理を欠いてはならないと説いたことわざ。ふんどしといえば「引き締める」ことのたとえにもよく使われ、「褌を締めてかかる」という言葉も有名。

## 口には関所がない

**意** しゃべることは自由であるという意味。

**解** 関所とは、人や物の出入りを確認するために国境などに設けられた検問所。厳しい取り締まりがあったが、人が話すことまでは誰も取り締まれない、話すことは自由だという意味。

### 全国に関所は五十三か所

江戸幕府は日本全国に五十三か所もの関所を設け、江戸を守った。

もっとも厳しく監視されたのは、武器が江戸に持ち込まれることと、人質として江戸に住まわされている大名の家族が国に逃げ帰ること。このことを「入鉄砲《いりでっぽう》に出女《でおんな》」といい、取り締まることが関所の大事な役割とされていた。また、大名の家族に限らず、庶民の女性も旅は厳しく制限されていた。

# 糊《のり》食った天神様

意 気取った人のこと。

解 気取っている人を嘲《あざけ》るときに使う。パリッと糊のよく効いた、公家の正装である衣《い》冠《かん》束《そく》帯《たい》を着た天神様の姿をいっている。天神様は特に菅原道真のことを指す。

服部天神宮の衣冠束帯姿の菅原道真像。

# 蟻《あり》が鯛《たい》なら芋虫《いもむし》や鯨《くじら》 百足《むかで》汽車なら蝿《はえ》が鳥《とり》

意 「ありがたい」の言葉遊び。

解 意味は「ありがたい」だが、相手に「ありがたい」と素直にいうのが気恥ずかしいときに照れ隠しで使う感覚の言葉。「蟻が鯛なら芋虫や鯨」で使う場合もある。また、よく似ているもので、「ありがとう」をもじって「蟻が十《とお》なら芋虫や二十《はたち》、蛇は二十五で嫁に行く」というものも。つけ足し言葉といわれる言葉遊びの一種で、「あたりまえ」の意味で「あたりき車力よ車引き」、「恐れ入った」の意味で「恐れ入谷《いりや》の鬼子母神《きしもじん》」なども同様。

## 呆《あき》れが礼に来る

意　ものすごく呆れること。

解「呆れ」を擬人化し、ことさら大げさにいっている。ほかに、「呆れの虫が出る」「呆れが股引《ももひき》で礼に来る」「呆れが宙返りをする」ともいう。

## のろまの一寸、馬鹿の三寸

意　引き戸をきちんと閉めないこと。注意が足りないこと。

解　日本の家屋に襖《ふすま》や障子が多かった時代、きちんと閉めないとすきま風が入り寒い思いをした。どこの家の子もすき間なく閉めるようしつけられる。一寸はおよそ3㎝。のろまは一寸、馬鹿は三寸のすき間を残して引き戸を閉めるという意味で注意が足りないことを表す。また、「下《げ》衆《す》の一寸、のろまの三寸、馬鹿の開けっ放し」ともいう。

## 傘屋の小僧

意　仕事や作業を一生懸命やっているのに叱られること。

解　なぜ傘屋の小僧なのかといえば、傘を作るときに骨を折ってしまって叱られるから。つまり、一生懸命作業する意味の骨を折ると傘の骨を折るをかけた洒落言葉。「傘屋の丁稚《でっち》」ともいう。丁稚は職人などに奉公する少年のこと。

## 雨の降る日は天気が悪い

意 あたりまえのことやわかりきったこと。

解 もっともらしくいう人に、皮肉を込めて使う。似た意味の言葉が多くある。

類 「犬が西向きゃ尾は東」「親父は俺より年が上」「北に近ければ南に遠い」

## 真綿に針を包む

意 底意地が悪いこと。

解 表面は真綿のようにやわらかい雰囲気だが、尖った針を隠しもっていること。心の中に意地悪さが潜んでいること。真綿はやわらかいものの代名詞的存在で、「真綿で首を絞める」という言葉も有名。

## 亭主の好きな赤烏帽子《あかえぼし》

意 どんなことでも、一家の主のいうことには従わなければならない。

解 昔、烏帽子は成人男子の被り物だった。色は黒が普通だが、亭主が赤がいいといえば、家族もそれに同調しなければならないという意味。「赤烏帽子」ではなく「赤鰯《いわし》」という言い方もある。

昔、成人男子は黒い烏帽子を被っていた。

## 権兵衛《ごんべえ》が種蒔《たねま》きゃ烏《からす》がほじくる

意 苦労して行ったことを他人が台なしにしてしまうこと。せっかくの努力が実らないこと。

解 権兵衛がせっかく蒔いた種を烏が食べてしまうことから、努力をしたのに他人が台なしにしてしまうことを意味する。権兵衛は民話の題材になった人で、武士の家に生まれたのに農民となり、慣れない種蒔きをして失敗したが、努力をして村一番の農家になった。また、彼は村人のために尽くし、大蛇を退治しようとして亡くなった。彼が種蒔きで失敗した話は民謡にも歌われ、「三度に一度は追わずばなるまい」と続く。

## 糸瓜《へちま》の皮とも思わず

意 気にもとめない。まったく意に介さない。

解 糸瓜はたわし代わりになったり、汁を飲んだりとさまざまな用途で利用されるが、皮はほとんど役に立たないつまらないものとされている。そんなつまらないものとさえ思わない、つまりまったく気にもとめないということ。

## 蚤《のみ》の小便、蚊の涙

意 極めて少ないこと。

解 特に蚤は小さいもののたとえで使われることが多く、小心者という意の「蚤の心臓」という表現も。

## 人参で行水

意 できる限りの医薬を尽くすこと。

解 人参は薬用で知られる朝鮮人参のこと。朝鮮人参を煎じた汁を浴びるほど飲むという意味で、病気治療をできる限りすることのたとえで使われる。

高価な漢方薬の朝鮮人参。

## 渋柿の長持ち

意 欠点といえども、必ずしも悪いことだけではない。または、取り柄のない人も長生きすることがある。

解 渋柿はそのままでは食べられないため、いつまでも枝に残っていて人にとられることがない。欠点も悪い結果を引き起こすとは限らない。また枝に残ることから長生きするという意味もある。

### 渋柿はなぜ干すの？

渋柿は干し柿にすると甘くなるのはなぜだろうか。渋柿にはタンニンという渋み成分が含まれ、水溶性のため食べたときに唾液に溶けて渋く感じる。干し柿にすると不溶性になり、渋さを感じなくなるだけでなく、水分が抜けてわずかな甘みが凝縮されるから。

柿の「渋抜き」という言葉があるが、実は渋みを感じなくしているだけで、渋みを抜いているわけではない。渋抜きには、焼酎を使ったり、温湯に浸したりなどの方法がある。

# 2 意味がおもしろい

## 案じてたもるより銭たもれ

意 心配するよりお金をください。

解 「口だけで心配してもらっても何の足しにもならない。それならお金をくれたほうがありがたい」ということ。「たもる」は「賜る」が転じた言葉で、「くださる」という意。有名なドラマのセリフ「同情するなら金をくれ」そのものの意味。

## 田舎の学問より京の昼寝

意 田舎で勉強するより、都会で昼寝をしていたほうが知識が身につく。

解 昔はいまとは違って、田舎で勉強しようと思ったら本を読むくらいしかなかった。それよりも京(都会)で暮らしていたほうが、たとえ昼寝をしてぶらぶらしているだけでも学ぶことがある。「田舎の三年、京の昼寝」という言い方もある。

## 薬缶《やかん》で茹《ゆ》でた蛸《たこ》

意 どうしようもないこと。手の打ちようがないこと。

解 薬缶で茹でられた蛸は手も足も出ないと

いうわけで、どうしようもないことのたとえに使われる言葉。「薬缶で茹でた蛸のよう」ともいう。ちなみに、薬缶は薬を煮出すのに使われたため「薬」という文字が入っている。

## 藪《やぶ》医者の玄関

意 見かけだけ立派なこと。

解 「藪医者」とは、いい加減な医者、治療が下手な医者のことを指す。呪術で治療する「野巫《やぶ》医者」を語源とするなど由来には諸説ある。藪医者は玄関だけは立派にして患者を信用させるということからできたことわざ。「*山師《やまし》の玄関」ともいう。

## 坊主丸儲け

意 収入の全部が儲けになること。

解 商品を仕入れなくてはならない商人などと違って、僧侶が経を唱えるのには元手がかからない。だから全部が儲けになるということ。

## 下衆《げす》の勘繰《かんぐ》り

意 品性の劣る人、卑しい人が、人の行動を邪推《じゃすい》すること。被害妄想。

解 誰かが何かをしたことに関して、悪いようにばかり捉えることをいう。「下衆」というのは下層の人という意味。「下種」とも書く。

＊山師とは江戸時代に広く存在した鉱山業者。請山として貸出し事業を行い、人を信用させるために玄関を立派にしていたという。転じて、投機家や詐欺師のこと。

## 塗《ぬ》り箸《ばし》で海鼠《なまこ》を押さえる

意 物事がやりにくい様子。

解 つるつる滑ってはさみにくい塗り箸で、つるつるした海鼠を押さえることから、やりにくいことのたとえで使う。「海鼠」と書くのは、夜になると海底を動き回る様子が鼠《ねずみ》に似ているから。江戸時代から食用となり、「海鼠の油揚げを食う(口がよく回ることのたとえ)」「海鼠の化けたよう(醜いもののたとえ)」など、ことわざにもたびたび登場する。

## 売り家《いえ》と唐様《からよう》で書く三代目

意 遊びにふけって働かない三代目を皮肉った言葉。

解 初代が一生懸命働いて財産を残しても、三代目くらいになってくると没落して家を売りに出すこともしばしば。しかし、「売家」と書く文字も唐様で洒落ていて風流だということ。唐様とは中国風のことで唐風と同じ意味。唐様の文字は江戸時代に学者の間で流行した。

## なんでも来いに名人なし

意 なんでもできるということは、一つのことを極めることではないので、結局名人といわれる人はいないということ。

類 「器用貧乏」「百芸は一芸の精《くわ》しきに如《し》かず」「多芸は無芸」

# 屁と火は元から騒ぐ

意 真っ先に騒ぎ出す人が張本人である。

解「くさい、くさい」と騒ぎ出すのは、おならをした犯人であることが多い。火事も騒ぎ出すのは火元の家。つまり、なんでも最初から騒ぎ出す人が怪しいということ。

類「言い出しこき出し笑い出し」

# 姑《しゅうとめ》の十《じゅう》七《しち》見た者なし

意 姑の若い頃の自慢話はあてにならない。

解 姑が嫁に向かって「私の若い頃は…」と自慢するものの、その当時のことを知る人がいない場所での自慢なのであてにはならないということ。そっくりなことわざに「親の十七子は知らぬ（⬇P153）」もあり、実の親でも義理の親でも若い頃の自慢話は子どもにとっては面倒なものという皮肉となっている。

# 盗人に蔵《くら》の番

意 わざわざ自分から悪事に手を貸すようなことをしてしまい、被害を大きくすること。悪事を誘発すること。

解 蔵の中のものを盗まれないようにするため番人を頼むが、それが泥棒で、かえって悪事に手を貸してしまったということ。同じ意味で「盗人に鍵を預ける」という言い方もする。

## 夜目《よめ》遠目《とおめ》笠《かさ》の内《うち》

意 夜に見る、遠目に見る、笠に隠れたところがちらりと見える、そういうときは実際より美しく見える。普通は女性に対して使う言葉。

解「夜目遠目」とは、夜に見たり遠くから見たりしてぼんやりと見えることをいう。ちなみに「目をとめよ梅かながめん夜目遠目」という重貞《しげさだ》の俳句があるが、よく見ると、上から読んでも下から読んでも同じ回文になっている。

## 滑《すべ》り道とお経《きょう》は早いほうがよい

意 滑りやすい道は、人より先に歩いたほうがよいし、お経は、早く終わったほうがよい。

解 滑りやすい道とはぬかるんだ道のことで、人の前を歩いたほうが歩きやすい。お経は退屈なので早く終わるのがよい。

## 家柄より芋《いも》がら

意 大して誇れるほどではない家柄なら、食べられる芋がらのほうがまだ価値があるということ。

解 落ちぶれた旧家などの家柄を自慢する人をあざける言葉でもある。食べられない家柄より、食べられる芋がらのほうがよい。芋がらとは、里芋の茎を干したもの。

類「家の高いより床の高いがよい」

# 師走《しわす》女房に難《なん》つけな

意 忙しい師走に妻の身だしなみが乱れていても文句をいうな。

解「難つける」とは難癖をつける、欠点を指摘して責めるなどという意味。師走は女性も忙しく、なりふりかまっていられないので文句をいうなと男性を諫《いさ》めたことわざ。

## 師走はなぜ師走という？

師走とは旧暦の十二月のこと。語源は「師匠も走り回るほど忙しい月」といわれることが多いが、どうもあとづけの説らしく、正確な語源はわかっていない。

師走は各家庭で僧を呼んでお経をあげてもらうことが多いため、「師（僧）が東西あちらこちらを馳せる＝師馳《しは》す」が転じたという説も根強い。

# 人の痛いのは三年でも辛抱する

意 他人の苦痛は平気。

解 他人の苦痛は自分とは無関係、平気であるという薄情なことわざ。江戸時代の人情本などにみられる。「人の痛みは三年耐える」ともいう。「三年」はある程度長い期間を表す言葉としてよく使われる。

# 下手《へた》の道具調べ

意 下手な人に限って、道具の良し悪しにこだわる。

解 自分の仕事・作品の出来不出来を道具のせいにばかりして、道具を選ぶこと。「下手の道具選び」ともいう。

## 馬鹿と煙は高いところへ上る

意 愚か者はおだてに乗りやすい。

解 風さえなければ煙が素直に上空に上っていくように、単純で愚かな人は、おだてに乗りやすいというたとえ。「高いところに登りたがる」というわけではなく、あくまでも比喩。「馬鹿と煙は高いところが好き」ともいう。

## 金持ちと灰吹《はいふ》きは溜まるほど汚い

意 金持ちは、お金が貯まるほど、より意地汚くケチになっていくものだ。

解 「灰吹き」とは煙草盆についている竹筒のこと。煙草の灰をこの中に落とすので、灰が溜まるほど汚くなる。それを金持ちと並べて、財産が「貯まる」ほど汚いと揶揄《やゆ》した。「金と塵は積もるほど汚い」「金と痰壺《たんつぼ》は溜まるほど汚い」ともいう。

吸い終わった煙草の灰を吹き出して落とす。

## 風流は寒いもの

意 風流を理解できない人にとって、雪見や梅見などは寒いだけでつまらないものだ。

解 風流とは上品で優雅なことや、美しく雅《みやび》なことをいう。日本の美意識のひとつである風流を理解しない者にとって、雪見や梅見などはつまらないことである。雪見や梅見のようなものは、平安貴族の年中行事だったが、だんだんと庶民も楽しむ季節の行事になった。

## 尸《し》位《い》素《そ》餐《さん》

意 仕事の才能もないのにある程度の地位に就いて給料をもらい、何もしないこと。またはそういう人。

解 「素餐」とは食べることばかりで何もしないことをいい、「無芸大食」とも似ている四字熟語。ただし、こちらは無芸（仕事ができない、才能がない）だというのに高い地位についている（＝尸位*）というのがより辛辣《しんらつ》。

## 気の利いた化け物は引っ込む時分

意 長居する客やなかなか引退しない人に対する嫌味。

解 化け物も気が利いていれば引き際くらいは心得ているということで、長居していつまでも帰らない客や、引退しないで地位にしがみついているような人に皮肉を込めて使う言葉。

＊「尸位」とは昔、中国で先祖を祀るときに、人が尸《かたしろ》として仮に神の位についたこと。転じて、才能や徳もないのにむなしく地位についていることをいうようになった。

## 頭剃《そ》るより心を剃れ

意 形式よりも中身が大切。

解 頭を剃って姿形を僧に近づけるより、心の中をしっかり清めたほうがよいという忠告。

## 内弁慶の外地蔵《そとじぞう》

意 家の中ではいばっているけれど、外に出ると気が小さくおとなしい様子。またはそういう人。

解 弁慶といえば牛若丸と闘った武蔵坊弁慶のことで、強い者の代名詞のようにいわれている。「内弁慶」とは家の中で弁慶のように強いこと。反対に外で強いことは「外弁慶」という。

一方、地蔵は、小さくておとなしいイメージ。暴れん坊だけれども、外では恥ずかしがっておとなしい子どものことをからかって、「内弁慶の外地蔵」といったりする。

家の中では弁慶のようにつよがってばかり、外ではおとなしい地蔵のようになること。

# 情けの酒より酒屋の酒

意 口先だけで同情されるくらいなら、お金やものなど実際に役立つものをもらったほうがよい。

解 「情け」の「さけ」と飲む「酒」をかけた洒落言葉。

# 怠け者の節句働き

意 いつも怠けて働かないのに、人が休む節句になると急に張り切って働くこと。また、そういう人をあざけっていう言葉。

解 節句といえば、三月三日の桃の節句や五月五日の端午の節句が有名だが、従来は一月七日、七月七日、九月九日も節句。昔からさまざまな節句があったが、この五日間を江戸幕府が公的な祝日として定めた。このときくらいは、普段は働き者の職人さんなども休むのが普通なのに、そんなときこそ、わざと忙しく働き出す人のことをいう。「横着者の節句働き」ともいう。

# 豚を盗んで骨を施す

意 大きな悪事を働いたあとに、わずかな善行をすること。

解 豚を盗んで食べてしまったあとに、残った骨を他人に恵んで喜ばれること。悪いことをした償いに、ささやかな慈善を施すこと。

類「帯に短し襷《たすき》に長し（⬇P289）」「褌《ふんどし》には短し手《て》拭《ぬぐ》いには長し」

## 盗人の昼寝

意 どんなことにも思惑や理由があるということ。

解 盗人は夜盗みに入るため、そのときに備えて昼寝をしているのであってさぼっているのではない。どんなことにも、その人なりの理由があるということ。

## 次郎にも太郎にも足りぬ

意 一番や二番にはなれない、三番手。中途半端で使い道がない。

解 太郎がもっとも優れた一番手。次郎はそれに次ぐ二番手。そのどちらにもなれず、せいぜい三番手ということ。

## 横《よこ》槌《づち》で庭を掃く

意 急な来客に慌てて出迎えの準備をする。

解 横槌とは藁《わら》を打ったりするのに使う木の道具。丸木に柄がついたシンプルなものだ。庭を掃くのにほうきではなく横槌を手にとってしまうということで、慌てながらももてなそうとすることを意味する。

横槌は藁を打ったり、穀から豆などを取り除くために叩く道具。

# 出家の念仏嫌い

意 一番大切なことが嫌い。一番肝心なことができない。

解 出家して僧侶を目指そうというのに、僧侶にとってもっとも大切な念仏を唱えることが嫌いということから。その人にとって、一番大切なことが嫌いだったり、できなかったりする様子を表す。

類「酒屋の下戸《げこ》」

# 花の下より鼻の下

意 花を愛《め》でるより、食べるほうが大事だということ。

解「花の下」と「鼻の下」をかけている。「鼻の下」といえば口、つまり食べることを表す。そこで、花を見て楽しむより、口に食べ物を入れるほうが大事という意味になる。

類「花より団子」「色気より食い気」

# 酒買って尻切られる

意 親切にしたのに、逆に損をさせられてしまうこと。

解 せっかく好意でお酒を飲ませてあげたのに、相手が酔っ払って、怪我《けが》をさせられたという意味から、親切を仇《あだ》で返されるということ。「酒盛って尻切られる」ともいう。

類「恩を仇で返される」

## せかせか貧乏ゆっくり長者

意 毎日あくせく働くだけが能ではないということ。

解 毎日朝から晩まで必死で働いていたら、豊かになるかといえばそうでもない。働き者なのに貧乏な人もいれば、ゆっくり遊んでいても悠々自適な人もいる。ただ、むやみに働くだけが能ではないということだ。

「せちせち貧乏のらり果報*」「せかせか貧乏のらり果報」ともいう。

## 隣の貧乏鴨の味

意 つい他人の不幸を願ってしまう。人が不幸だと自分の優越感が満たされる。

解 隣の家が貧乏だと聞くと、まるで、ごちそうの鴨でも食べているようないい気分になるという意味。他人の不幸を願ってしまう人間の性《さが》を表している。

類「人の過ち我《わ》が幸せ」「人の不幸は蜜の味」

### 鴨は江戸時代のごちそう

江戸時代、日本人はあまり肉を食べなかったが、例外だったのが鳥肉。今のように鶏ではなく雉《きじ》や白鳥など野生の鳥を食した。

なかでも江戸時代からよく食べられるようになったのが鴨。江戸時代の『料理物語』には「汁。骨ぬき。いり鳥。生皮。さしみ。なます。こくせう。くしやき。酒びて。其外《そのほか》色々」との記載があり、さまざまな食べ方をしていたことがうかがえる。鴨料理の専門店もあったという。

渡り鳥なので冬が旬で、お歳暮の人気の品でもあった。

*のらり果報とは、のらりくらりとしている者が案外幸福だということ。

# 4章

# 健康・生活のことわざ

先人の知恵には科学的根拠がなかったものでも、今につながるものがいっぱい。また、昔の暮らしぶりもうかがえます。

# 1 健康・病気にまつわる ことわざ

## 早起きは三《さん》文《もん》の徳

意 朝早く起きるとよいことがあるということ。

解 早起きは健康にもよく、物事がはかどったりするので、得をするということ。朝寝を戒める言葉として使う。「徳」を「得」と書く場合も。
「三文」はわずかという意味だが、由来には諸説ある。「生類憐れみの令」が発令された江戸時代の奈良では、家の前に鹿が死んでいると、三文の罰金が科せられた。そのことから、早起きして鹿の死骸を片づけて、三文の罰金を免れたことから。
また、土佐藩で洪水対策の河川工事に「早起きして堤防の土を踏み固めた者に褒美として三文与える」とお触れを出したことからという説もある。

## 朝起き千両 夜起き百両

意 朝早く起きて働くほうが、夜遅くまで仕事をするより、効率がよく価値もあがる。

解 早起きしたほうが価値があがることをいう言葉には、「朝の一時は晩の二時にあたる」「夜なべは十両の損」などがある。

## 病は気から

意 病気は、その人の心持ち次第で、軽くも重くもなる。

解 出典は、中国最古の医学書とされる『黄《こう》帝《てい》内《だい》経《けい》素《そ》問《もん》』で、「百病は気に生ず」から。またこの言葉は「病気」の語源ともいわれている。英語でも、心が体をコントロールするという意味の Your mind controls your body. という慣用句がある。

## 一《いち》病《びょう》息《そく》災《さい》

意 一つくらい持病がある人のほうが健康に気を配り、かえって長生きするということ。

解「息災」は仏教語で仏の力で災難を除くこと。また、身に障りがなく達者であることを意味する敬語としても使われる。「息災でいらっしゃいますか？」は「お元気ですか？」と同義。また、似た言葉の「無病《むびょう》息災」は病気をせず、健康であること。

例 **一病息災で食事に気をつけるようになって、かえって元気になった。**

## 甲斐《かい》なき星が夜を明かす

意 体の弱い人は、健康に気を使うため、丈夫な人よりもかえって長生きする。

解「甲斐なき星」とは、消えそうな弱々しい光の星のこと。明るい星が見えなくなっても、弱い星が朝まで見えている様子から、軽い病気であっても用心してすぐに、医者にかかるような人のほうが、長生きできるとした。

## 気の毒は身の毒

意 心配しすぎることは、体に悪いということ。

例 **気の毒は身の毒というから、考えすぎないで気楽に待とう。**

## 薬も過ぎれば毒になる

意 たとえよいものであっても、度を過ぎれば害になる。

解 いくら薬でも限度を超えて飲めば、体に害を与えることから。出典は安楽庵策伝《あんらくあんさくでん》著の『醒睡笑《せいすいしょう》』。

### 落語の祖 安楽庵策伝《あんらくあんさくでん》

安楽庵策伝は、戦国時代から江戸の前期に生きた、浄土宗僧侶。茶人として有名な金森家に生まれ、七歳で出家。優れた説教師として名を馳せた。

1615～1623年にかけて、書き下ろしたのが『醒睡笑《せいすいしょう》』。自身の体験や見聞をおもしろおかしく風刺や教訓を交えて著した。全八巻におよぶ『醒睡笑』は、仏の道を説きつつも、話の落ちがしっかりとついているので、落語の基となった。そのことから、安楽庵策伝は「落語の祖」と呼ばれるように。この書には、現在でも高座にかけられる「子ほめ」や「たらちね」などの噺《はなし》が紹介されている。

安楽庵策伝の故郷、岐阜市では命日の一月八日に、住職をした縁のある浄音寺で、「安楽庵策伝顕彰《けんしょう》落語会」を開催している。

## 医者上手にかかり下手

意 どんなに医者が上手でも、患者が信頼しなければ、病気は治らないということ。

解 転じて、物事をうまく進めるためには、相手を信用しなければならないというたとえとしても用いられる。

## 風邪は万病《まんびょう》の元

意 風邪を引くと、さまざまな病気を引き起こす元になる。

解 たかが風邪くらいと軽くみてはいけないという戒め。風邪は、のどの痛みや鼻水、咳、発熱などの症状を伴うが、正式な病名ではない。出典『黄帝内経素問《こうていだいけいそもん》』。

類「風邪は百病の長《ちょう》」

## 節季《せっき》の風邪は買っても引け

意 盆暮れなどの忙しいときでも、病気ならば公然と休めるから、風邪くらいの病気なら、ときには重宝するということ。

解「節季」とは盆暮れの前に、商店などが仕入れや売り上げの総勘定や精算を行う時期、決算期のこと。年末を指す場合が多い。

## 頭寒足熱《ずかんそくねつ》

意 頭を冷やして、足を暖めると、よく眠れて健康にもよい。

解 人間の体温は、通常、上半身が高く、下半身は低くなっているもの。頭寒足熱を心がけると、体内の温度差が小さくなる。病気になると、頭の温度が上がり、体全体の温度差がどんどん広がることを考えると「頭寒足熱」は理にかなっていると考えられている。

## 青葉は目の薬

意 新緑のみずみずしい色は、目を癒す薬になる。

解 科学的にも証明されており、緑色は副交感神経に働きかけ、気持ちをリラックスさせてくれる効果がある。また緑の光は、人間の網膜に一番負担が少なく、長時間見ていても目が疲れにくいという特性もある。

## 屁一つは薬千服《せんぷく》に向かう

意 薬を千、飲むよりも、おなら一回するほうが体によい。だから、我慢をせずにしたほうがよい。

解 成人のおならの回数は、一日、平均五回、多い人で二十回程度。おならの多い少ないは、吸い込む空気の量によって生じる。腸内にガスが溜まると、悪玉菌が増え、便秘の原因にもなってしまうことも。我慢せずに、出したほうが体にはよい。

## 食後の一《いっ》睡《すい》万《まん》病《びょう》円《えん》

意 食後のひと眠りは、健康のためにとてもよいということ。

解 「万病円」は江戸時代にあった、万病に効くという丸薬《がんやく》のこと。

## 食うに倒れず病むに倒れる

意 食べることは何とかなるが、病気になると治療費で財産を失うことになるということ。



## 腹も身《み》の内

意 腹も体の大切な一部だから暴飲暴食は慎むこと。

解 暴飲暴食して、お腹を壊せば苦しむのは自分なのだから、気をつけなさいという戒め。

例 ビュッフェだが、**腹も身の内**というから、この辺でやめよう。

## 大《たい》食《しょく》短《たん》命《めい》

意 大食いの人は、長生きできないということ。

解 お腹いっぱいまで食べないと気がすまないような人は、長生きができないということ。心持ちをいう四字熟語だが、栄養過多は、さまざまな病気の原因となることは医学的にも証明されており、重度の肥満者は約十年、寿命が短いというデータがある。

類 「小食は長生きのしるし」

## 腹八分目に医者いらず

意 腹いっぱいになるまで食べないで、八分目くらいに抑えておけば、健康で医者にかかることがないということ。

## 食は医なり

意 日頃から、バランスの取れたおいしい食事をすれば、病気もせずにすむ。食事も医療も、同じく命を養うものなので、源は同じである。

解 「医《い》食《しょく》同《どう》源《げん》」と同義で用いられる。医食同源は、中国の格言のように思えるが、１９７０年代に、中国の＊食養生《しょくようじょう》を紹介するときに、日本で生まれた言葉。中国では「薬《やく》食《しょく》同《どう》源《げん》」といわれる。薬は漢方薬のこと。

＊食養生とは、健康や体質改善のため、栄養を考えた食事をしたり、節制をしたりすること。

## 医者をもつより料理人をもて

意 病気になったときに備えて、医者を抱えるくらいなら、料理人を雇って普段の食生活から健康を維持したほうがよい。

解 医療費のほうが、出費がかさむものなので、日々の生活を見直すことを促している。

## 良いうちから養生《ようじょう》

意 健康なときから、日々の生活に気を配ることが健康の秘訣であること。日頃から用心しておけば失敗しないというたとえとしても。

解 「養生」にはよい状態を保とうとすることと、病気を治すようにすることという意味がある。江戸時代の儒学者・本草学者、貝原益軒《かいばらえきけん》の『養生訓』が元になっている。

類 「薬より養生」

## 養生に身が痩せる

意 養生のために気苦労したり、お金を使いすぎたりして、かえって痩せてしまうこと。

解 類義語として「人参飲んで首くくる」がある。この場合の「人参」は、体によいとされるが、高価な朝鮮人参を指す。

## 医者と味噌は古いほどよい

意 医者は、経験が豊富であるほど信用できるし、味噌は熟成が進んだものほど味がなじんでおいしいという教え。

解 年月を重ねたものや古いものは、貴重であり、信頼ができるというときに使う言葉。ちなみに現在、市販されている味噌も、賞味期限こそ設定されているが、基本的に腐敗することはない。

類 「医者と坊主は年寄りがよい」

## 病は食い勝つ

意 病気には、薬よりも栄養のあるものを食べ、体力がつけば治るということ。

解 口から食べることは、気の回復にもつながるといわれている。

## 土用丑《どよううし》に鰻《うなぎ》

意 夏バテ防止に、土用の入りに鰻を食べること。

解 夏に鰻の売り上げが落ちて困っている鰻屋のために、平賀源内がこのキャッチコピーを発明したというのは有名な話。しかし、それよりも前に『万葉集』で大《おお》伴家持《とものやかもち》が「石麻呂《いわまろ》に 吾《わ》れもの申す 夏痩せに よしといふもの ぞ 鰻とり食《め》せ」と歌を残している。鰻は夏痩せにいいと聞くが、それでも食べて太ったらどうだ、と人をからかう戯笑歌《ぎしょうか》である。平賀源内はこの歌を参考にしたのではないかともいわれている。

## 梅干しは三毒《さんどく》を消す

意 梅干しを食べると水毒、食毒、血毒が消されるということ。

解 水毒は体の中にある水分の汚れ。むくみをとる。食毒は食生活から体内バランスを崩すこと。整腸や疲労回復ができる。血毒は血液の汚れ。肌荒れや健康を改善する。

梅干しは奈良時代から食され、その効用は江戸時代にも「梅干しの七徳」として紹介され、人々の生活において貴重な効能をもっていたことがうかがえる。

## 梅は食うとも核《さね》食うな 中に天神寝てござる

意 生の梅の種には毒があるから食べてはいけない。

解 天神とは飛梅《とびうめ》伝説で梅に縁りのある菅原道真のこと。天神の名前を借りて注意を促している。梅の種の中にある「仁《じん》」には少量の青酸が含まれ、中毒を起こすことがある。完熟すれば毒は消滅し、梅干しの仁には薬効がある。

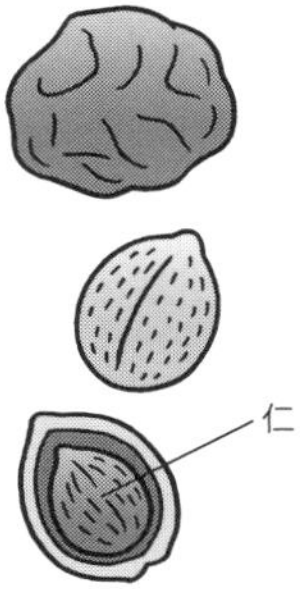


梅干しは江戸時代に庶民に広がり、いまも愛され続けてる健康食品。

### 「梅干しの七徳」とは

江戸時代本草学者、小野蘭山著、『飲膳摘要《いんぜんてきよう》』に「梅干しの七徳」が記されている。

一　毒消しに功あり。うどん屋は必ず梅干しを添えて出す。

二　防腐に功あり。夏は飯櫃《めしびつ》に梅干し一個を入れておけば腐らず。

三　病気を避けるに功あり。旅館では必ず朝食に梅干しを添えるを常とす。

四　その味かえず。

五　息づかいに功あり。走る際、梅干し口に含めば息切れせず。

六　頭痛を医するに功あり。婦人頭痛するごとにこめかみに貼るを常とす。

七　梅干しよりなる梅酢は流行病に功あり。

## 鯖《さば》の生き腐れ

意 鯖は足が早く、新鮮に見えても、中身が腐っていることがあるので油断してはならないこと。

解 鯖は死ぬと、体内のある成分がヒスタミンに変わる。ヒスタミンは、じんましんを引きおこす成分。これにあたると、多くの場合、食べて一時間ほどでじんましんなどの症状が現れる。

## 大根おろしに医者いらず

意 大根には体にいい成分がたくさん含まれており、食べていれば病気になりにくいということ。

解 大根の辛み成分には、解毒作用や殺菌作用があり、風邪の予防に。また、消化酵素が多く含まれ、食欲不振や食べ過ぎの胃を助けてくれる。さらに、大根おろしの汁にも、咳止めや口内炎を治す効果があるといわれる。

## 蜜柑《みかん》が黄色くなると医者が青くなる

意 秋は気候がよく、病人が少なくなるので、医者の仕事が減ってしまう。

解 似たことわざで「ミカンを食べれば医者いらず」があるが、これはミカンの栄養価をいったもので、気候のよさのことをいう、このことわざとは要旨が異なる。

## 糸瓜《へちま》の水

意 痰《たん》を切る薬や、化粧水になる糸瓜の水を取ること。

解 糸瓜水は、旧暦の八月十五日、仲秋の名月に取ったものがよいとされた。蔦《つた》の切り口から採取し、火傷《やけど》の治療薬や咳止め薬にもなるという。糸瓜の水取りは、秋の季語にもなっている。正岡子規は、「糸瓜咲いて痰のつまりし仏かな」など、三句を臨終間際に残した。それらすべてに糸瓜が詠まれていたことから、正岡子規の命日の九月十九日は「糸瓜《へちま》忌《き》」といわれる。

## 朝の果物は金

意 朝に食べるフルーツは、体にとてもよい。

解 果物についてのヨーロッパのことわざで、Fruit is gold in the morning, silver at noon, and lead at night.（朝の果物は金、昼は銀、夜は銅）というもの。生のフルーツは、消化器官に負担をかけず、またカリウムが豊富で、血圧の上がりやすい朝に最適。食物繊維も豊富で、スムーズな排泄を助けてくれる。

## 初物《はつもの》七十五日

**意** 初物を食べると寿命が七十五日延びるということ。

**解** 初物とは、その年に初めて収穫されたもののこと。縁起がいいとされる初物を食べれば、寿命が延びるという説のほか、江戸時代、死刑囚が「最後に食べたいもの」を聞かれ、その年まだ出回っていない食べ物の名前をいうことで、その初物が出回るまでの七十五日間、生き延びることができたからという説も。

## 酒は百《ひゃく》薬《やく》の長

**意** 適量の酒は、どんな良薬よりも効果がある。

**解** 適量の飲酒は、ストレスの緩和や、食欲増進にもつながる。また、適度に飲酒する人は、まったく飲まない人よりも長生きするという研究データもある。出典『漢書《かんじょ》（⬇Ｐ３３４）』。

## 笑いは百薬の長

**意** 笑うことはどんな薬よりも健康によい。

**解** リラックスして、友人などと声をあげながら楽しく笑うことにより、脳内麻薬物質が分泌され、痛みが緩和されるという研究結果もある。

## 一に看病二に薬

**意** 病気を治すには、周囲の人の気遣いや看病が第一である。

**解** 病気には安静が必須である。加えて、栄養のある食事を作ってくれるなどして、病人がゆっくりできる環境を整えてくれる人が身近にいれば、効果があるということ。

## 采《さい》薪《しん》の憂《うれい》

**意** 病気になっている状態のこと。

**解** 生活に欠かせない、薪を取りにも行けないほど、元気がないという話から。自分が病気になっていることを、へりくだって伝える言葉。出典『孟子』。

**例** **せっかくのお招きですが、采薪の憂のため、欠席します。**

## 満《まん》身《しん》創《そう》痍《い》

**意** 体中が傷だらけであること。

**解** 転じて精神的に痛めつけられる様子や、さまざまな病気を抱え苦しんでいる状態を表す場合にも用いられる。「満身」は全身、「創」「痍」は切り傷のこと。

## 飽《ほう》食《しょく》暖《だん》衣《い》は却《かえ》って命《いのち》短し

**意** 暖かい服と、十分な食料に恵まれたぜいたくな生活は、かえって寿命を縮める。

**解** 出典の『孟子《もうし》（➡Ｐ３３５）』では「逸居《いっきょ》して教《おし》うることなければ、則《すなわ》ち禽獣《きんじゅう》に近し」とある。衣食が足り、怠けて学ぶことをしなければ、鳥や獣と同じようになってしまう、という意味。

## 夢は五臓の疲れ

**意** 夢を見るのは、内臓や心の疲れが原因である。

**解** 「夢は五臓の煩《わずら》い」「夢は心《しん》の疲れ」ともいう。このことわざを用いた、有名な古典落語の噺《はなし》に『鼠穴《ねずみあな》』というものがある。

### 落語「鼠穴《ねずみあな》」の落ちに使われることわざ

古典落語の舞台は、江戸時代が多く、当時からのいい習わしを知ることで、より楽しむことができる。

たとえば「鼠穴」という落語では、ことわざの「夢は五臓の疲れ」が落ちに用いられている。

わずか三文を元手に成功した男が、ある日、土蔵の壁にネズミの穴が開いていることを気にかけつつも、兄の家に泊まることになった。

すると、その夜、火事が起こり、ネズミの穴が原因で土蔵がすべてくずれてしまう。無一文となった男は、仕方なしに娘を吉原に入れて、二十両を工面したが、すりに遭い、その二十両も失い、首をくくろうとする。

…気がつくと、兄に揺り起こされていた。

兄「おいおい、うなされていて、眠れやしないじゃないか」
男「何でここにいるんだ？　火事があったじゃないか」
兄「そんなものはなかったぞ」
男「じゃあ今までの出来事は、夢だったのか！ あまりにもネズミの穴が心配で」
兄「そりゃあ夢は、土蔵の疲れだ」

この落語はこの言葉で落ちる。土蔵と五臓をかけている。元のことわざ「夢は五臓の疲れ」を知らなければわからない。

## 病《やまい》膏《こう》肓《こう》に入《い》る

意 病気がひどくなり、治療のしようもない状態であること。転じて、物事に熱中しすぎて、手のつけようもない状態を指す言葉としても用いられる。

解 「膏」は心臓の下、「肓」は横隔膜の上のあたり。春秋時代の中国で、晋《しん》の君主、景公《けいこう》が病になり、医者を呼ぶことになった。その前夜、景公は、病の精が子どもの姿で現れ、膏肓に逃げ込むという夢をみた。翌日、診断した医師は「膏と肓に病があり、薬も鍼も届かない」といったという。『春秋左氏伝《しゅんじゅうさしでん》（➡P335）』の故事が元になった言葉。

## 病は癒《い》ゆるに怠《おこた》る

意 調子が上向きになったときに、うっかりして大きな災難を招いてしまうこと。

解 病気は治りかけに油断すると、いっそう重くなってしまうことから。調子がよくなってきたときこそ気を抜くなという教訓。

## 膿《う》んだものは潰《つぶ》せ

意 病根などは、元から断ち切れという教訓。

解 ニキビも膿のひとつであるが、むやみに潰すと、かえって炎症が進み、痕が残る場合も。似たことわざに「膿んだものが潰れたともいわず」がある。これは「よくなったとも悪くなったともいわない」ということ。

## 医者の不養生

意 人には養生を勧めるが、その医者は自分の体を大事にしない。

解 転じて、立派なことをいいながらも、実行しないことをいう。風来山人《ふうらいさんじん》作の滑稽本『風流志道軒伝《ふうりゅうしどうけんでん》』に、「医者の不養生、坊主の不信心、昔より然《しか》り」とある。風来山人は、平賀源内の筆名。

## 健全なる精神は健全なる身体に宿る

意 身体が健康であれば、精神も健全であるという意味。転じて、何事も身体が資本という意味でも使われる。

解 出典はローマの詩人、ユヴェリナスの風刺詩集から。原文の訳は、「人は神に対して、大欲を抱かず健全な身体と健全な精神を与えられるように祈るべきだ」というもの。不健全な体に健全な精神が宿らないという意味ではない。

## 2 生活にまつわることわざ

### 恒《こう》産《さん》なき者は恒《こう》心《しん》なし

意 財産や生業をもたない人は、定まった正しい心がもてない。

解 生活の安定なくしては、心の安定もない。「恒産」だけで、一定の財産、安定した職業という二つの意味をもつ。出典『孟子《もうし》』。

### 手が空けば口が開く

意 仕事がなくなれば、暮らしが成り立たなくなる。また、仕事が暇になると、無駄話が多くなることのたとえ。

解 「口が開く」はひもじくなることと、おしゃべりをすること。「手が空く」にかけた言葉。

### 汚く稼いで清く暮せ

意 泥まみれ、汗まみれになる仕事でも、世間体など気にせずに働いて、心は清らかに生活せよということ。
また、稼ぐときにはがめついくらいに金儲けをして、そのかわりに使うときには使ってすがすがしい生活をせよという意味でも使う。

### 食なき者は職を選ばず

意 食べる物に困るような人は、仕事を選ぶ余裕もない。

解 転じて、食べるためには、嫌いな仕事でも、しなくてはならないという戒め。「食」と「職」の韻が踏まれている。

### 身過ぎ世過ぎは草の種

意 生計を営む手段は、草の種のようにたくさんある。

解 「身過ぎ」は暮らしていく方法のこと。「世過ぎ」は世渡り。一つのことにとらわれてはいけないという戒めともとれる。『浮世草子《うきよぞうし》』では「よろづの虫を取て売など、身過ぎは草の種ぞかし」とある。

## 分《ぶん》相《そう》応《おう》に風が吹く

意 人には人それぞれに置かれた立場や能力に応じた生き方があるということ。

解 転じて、所帯の大小に応じた出費があり、問題もそれぞれで起こるという意味にも。風の音にかけて「分々《ぶんぶん》に風が吹く」という言い方もある。江戸時代中期頃から使われるようになった。

## 住めば都

意 どんな場所であっても、住み慣れれば居心地がよい。

解 都と同様に住み心地がよくなるという意味で、「住むのであれば都を選ぶ」という解釈は誤り。

例 **住めば都というから、離島で暮らしてみるのもいいだろう。**

## 正直の儲けは身につく

意 真面目に稼いだお金は無駄使いができないから、自分のものになる。

解 コツコツ稼いだお金は、ありがたみがあってなかなか使えず。だから、散財できる余裕もないと、逆説的に使う場合もある。

反 **「悪銭身につかず（⬇P214）」**

## 座禅組むより肥《こや》し汲《く》め

意 座禅を組んで修行をする暇があるなら、肥やしを汲んで農作業に励め。

解 自分の身の丈に合わないことをするよりも、本業に力を注げという教訓。農業が、多くの人の生業であった時代によく使われていたという。

類 **「詩を作るより田を作れ」「念仏申すより田を作れ」**

## 起きて半畳寝て一畳

意 人が生きていくのに必要な広さは、起きているときは半畳で、寝ていても一畳あれば足りるのだから、必要以上を望まず、現状で満足すべきというもの。

解 「天下を取っても二合半」と続き、天下を取ったところで、一食に二合半を超えたご飯は食べられない。際限のない欲を戒める言葉。

## 門《もん》に入《い》らば笠を脱げ

意 人の家に行ったら、被っているものを脱ぎ、あいさつをするのが礼儀である。

解 礼儀の大切さを説くことわざだが「門に入る」という行為から「あいさつの機会を逃してはいけない」という意味や、「その場に入ったら、その場の習慣に倣《なら》う」という意味も暗に含まれる。

## 預かり物は半分の主《ぬし》

意 人から預かったものは、半分は自分のものと思っても差し支えないということ。

解 江戸時代の近松門左衛門の作品や、人情本などにみられる表現。「預かり半分の主」ともいう。

類 「拾い主は半分」

## 弁当持ち先に食わず

意 物持ちの人は、なかなか物を使わないというたとえ。

解 弁当運びを任された人は、手元に弁当があっても、人より先にそれを食べたりしない。つまり、みんなより物をもっている人こそ、それを使わないという意味。

類 「槍持ちは槍を使わず」

## 借りる八合《はちごう》済《な》す一升《いっしょう》

意 お米やお酒を八合借りたら、返すときは二合足して、一升にして返すこと。

解 物を借りたら、お礼をするものだという教え。「済す」は返済という意味。

## 見るは目の毒

意 見れば欲しくなるので、見ないほうがいいということ。

例 見るは目の毒、デパートには行かないようにしよう。

## 待たるるとも待つ身となるな

意 他人を待たせることはあっても、自分は待つ人にはなるなという意味。

解 待たされるのは嫌な気分になるものなので、そういう立場にはなるなということ。

## 衣食足りて礼節を知る

意 生活に不自由がなくなって、礼節にまで気がまわるようになる。

解 「礼節」が「栄辱《えいじょく》」であることも。「栄辱」は、名誉と恥辱。

## あとの喧嘩《けんか》先でする

解 あとになって諍《いさか》いが起こらないように、前もって話をしておくべきだということ。

解 事前の十分な話し合いを「喧嘩」と表現している。出典『春秋《しゅんじゅう》氏左伝《さしでん》（➡P335）』。

## ないが意見の総仕舞《そうじまい》

意 どんな意見をしても、止まらない放蕩《ほうとう》や遊興《ゆうきょう》にふける者でも、金を使い果せば自然に収まる。

解 放蕩は酒や女遊びにふけること。遊興は料理屋や待合などで遊びに興じること。

類「ないとこ納め」

## 内《うち》裸《はだか》でも外《そと》錦《にしき》

意 家の中では裸でも、外に出るときは身なりを飾る必要がある。

解 世間体を考え、家の中では質素でいても、外に出るときは立派な着物を着なければならないということ。

## 郷に入《い》っては郷に従え

意 その土地やその環境に入ったら、その慣習ややり方に従うのが賢いということ。

解 出典は『童子教《どうじきょう》』*の「郷に入りては而《すなわ》ち郷に随《したが》い、俗に入りては而ち俗に随う」。郷は、奈良時代の行政区間のこと。

## 所変われば品変わる

意 土地土地で、風習や習慣が違うこと。同じ品物でも、土地が変わると名前や用途も変わってしまうこと。

解「所変われば水変わる」「所変われば木の葉も変わる」ともいう。土地によって、名前が変わったその品物自体をことわざとする類義語もある。「品川海苔は伊豆の磯餅」「難波の葦《あし》は伊勢の浜荻（➡P278）」など。

## 向こう三軒両隣

意 普段、親しくつき合う近所。

解 自分の家の向かい側の三軒と両隣の二軒ということ。江戸時代には五人組という、近隣五戸を一組として、防火・防犯・互助の組織が作られ、連帯責任を負わされていたという。その頃から助け合いや共同作業の意識があった。この言葉は『道中膝栗毛《どうちゅうひざくりげ》』にもみられ、江戸時代後期からいわれる言葉。

＊『童子教』とは鎌倉時代から明治中期まで使用された初等教育用の教訓書。『実語教』とともに寺子屋などで使われた。

## 壁の穴は壁で塞げ

意 壁に穴があいたら、ありあわせの物を使って対処するのではなく、壁土で塞ぐべきであるということ。

解 何事も一時しのぎではうまくいかないという教訓。

## 地震のときは竹藪に逃げろ

意 竹は根を広く張り、また倒れにくい。倒れたとしても軽く比較的安全だから、避難場所として使いなさいという教え。

解 東日本大震災でも、竹藪に避難して助かったという事例はあるそうだ。しかし、竹は根を浅いところに張っているため、場所によっては、地滑りの危険性もある。

## 備えあれば憂《うれ》いなし

意 普段から備えておけば、有事になっても心配することがない。

解 出典の『書経（⬇P335）』では、「患《うれ》い」と書く。

## 用心は臆病にせよ

意 どんなに用心をしても、しすぎることはない。

解 臆病者と思われるくらいに、慎重に用心をする、という意味。

### 元号の出典となった中国の歴史書

近現代の元号は、『万葉集』からとった「令和」を除き、五経から採用されている。

**明治：『易経《えききょう》』** ➡P75
「聖人南面して天下を聴き、明に嚮《むか》いて治む」
聖人が南面して政治を聴けば、天下は明るい方向に向かって治まる。

**大正：『易経』**
「大いに亨《とほ》りて以《もっ》て正しきは、天《てん》の道なり」
天が民の言葉を嘉納し、政《まつりごと》が正しく行われる。

**昭和：『書経』** ➡P335
「百姓昭明《ひゃくせいしょうめい》、協和万邦《きょうわばんぽう》」
人々が自分の徳を明らかにすれば、国々も仲よくなる。

**平成：『書経』ならびに『史記』** ➡P334
「地平らかに天成る」(書経)
「内平らかに外成る」(史記)
内外、天地とも平和が達成される。

## 芝居は無学の早学問《はやがくもん》

意 読み書きができない人間でも、芝居を見れば、歴史やものの道理など、いろいろなことを学ぶことができる。

解 「無学」を「無筆《むひつ》」とも。「芝居は一日の早学問」ともいう。

## 行住坐臥《ぎょうじゅうざが》

意 日常の立ち居振る舞いのこと。転じて、常日頃という意味に。

解 仏教語で「行」は歩くこと、「住」はとどまること、「坐」は座ること。「臥」は寝ること。合わせて四威儀《しいぎ》という。

例 **行住坐臥、離れて住む両親を思う。**

## 旨《うま》いものは宵《よい》に食え

意 おいしいものは、日を越すと味が落ちてしまう。だから、今夜のうちに食べたほうがよい。

解 転じて、よい話はさっさと進めるほうがよいというたとえにも。

## 一年の計は元旦にあり

意 一年の計画は、年の初めの元日に立てるというもの。

解 中国の『月令広義《げつりょうこうぎ》』に「一日《いちじつ》の計は晨《あした》にあり、一年の計は春にあり、一生の計は勤にあり、一家の計は身にあり」とある。晨は朝、春は一年の始まりのことなので、何事も最初に計画を立てることの大切さをいったもの。

## 鯛も一人は旨《うま》からず

意 どんなにおいしい食べ物でも、ひとりで食べたのではおいしく感じられないということ。

解 食事は大勢で楽しくするほうがよいという教え。高級魚の鯛でもひとりで食べたのではおいしくないということから。

## 大根頭にごぼう尻

意 大根は頭のほう、ごぼうはお尻のほうがおいしいという意。

解 大根は先のほうが辛《から》く、頭のほうが甘いため。ごぼうは尻のほうがやわらかいため。

## 新米《しんまい》にとろろ汁

意 おいしいもののたとえ。

解 新米にとろろ汁をかけたら、食が進むうえに、喉ごしもよい。とろろ(ヤマイモ)には消化を助ける酵素が含まれ、ご飯の消化も助けるといいことずくめ。転じて、相乗効果で物事もうまくいく、という場合にも使われる。

# 職場で使えることわざ

## ◎一致団結を図りたいときに用いたいことわざ

### 人は城、人は石垣

意 人を大事にすれば、何より強力な防衛力をもつ。

解「人は城、人は石垣、人は堀、情けは味方、仇は敵なり」と続く武田信玄の言葉。人に情けをかければ味方になるが、人をないがしろにして心が離れれば、城を強固にしても役に立たず、滅びてしまうこと。

### 片手で錐《きり》は揉まれぬ

意 力を合わせなければ、物事を成し遂げることはできないということ。

解 穴をあけるための錐は、片手では揉むことはできないという意味から。「片手で柏《かしわ》手《で》は打てぬ」ともいう。

### 犬も朋《ほう》輩《ばい》、鷹も朋輩

意 同じ会社の同僚(仲間)であるなら、地位や役割、待遇などの隔たりを越えて仲よく助け合っていかなければならない。

解 鷹狩りで重宝される犬も鷹も同じ主人に仕えていることからきた言葉。犬は地上、鷹は上空とそれぞれ担う役目は違うが、同じ主人に仕える仲間(＝朋輩)であることには変わりないことから。

### 大《だい》同《どう》団《だん》結《けつ》

意 共通の目的を達成するために、少しの意見の食い違いなどは気にせず、いくつかの団体や政党などが力を合わせること。

解「大同」は同じ目的をもつ人たちが一つにまとまるという意味。大同団結運動は1882年より、後藤象《しょう》二《じ》郎《ろう》、星亨《ほしとおる》らが進めた反政府運動。

◎働き方にヒントを与える、ちょっと深い言葉

## 舟に刻みて剣を求む

意 状況の変化に応じられずに、過去と同じやり方では効果は生まれない。

解 水中に落ちた剣を探すため、進みゆく船に目印をつけたところで何の役にも立たないことからきた言葉。転じて、世の中の変化に気づけず、時代に合わせた考え方ができないという意味に。「刻舟《こくしゅう》」ともいう。

## 手《て》功《こう》より目《め》功《こう》

意 手先を鍛えることも大事だが、ものを見る力をつけるほうが大事。

解「功」は優れた働きを指し、小手先の技術よりも、経験を積んで広い視野からものを見る目を養うことのほうが大事だということ。

## 予防は治療に勝る

意 問題が起こってから慌てて処理するより、問題が起こらないように対処しておくことがよい。

解 病気になって治療するより、病気にならないように予防するほうがよいことから。「転ばぬ先の杖」も同様の意味。

## 創業は易《やす》く守《しゅ》成《せい》は難《かた》し

意 新しく事業を興すより、その事業を維持し、発展させていくことのほうが難しい。または何事も新しく始めるのはたやすいが、すでにあるものを守っていくことは難しいという意味でも使う。

解 中国の唐の太宗《たいそう》が功臣たちに「帝王の事業は創業と守成とどちらが難しいだろうか」と問うた際、魏徴《ぎちょう》が答えた言葉。「創業守成」ともいう。

## 将を射んと欲せばまず馬を射よ

意 武将を射とめるなら、まず武将が乗っている馬を射とめるのがよい。

解 目的を果たすには、その周囲にあるものから、手をつけていかなければならないということ。「人を射んとせばまず馬を射よ」も同義。

## ◎仲間の背中を押したい、励ましたいときに使いたい

### しくじるは稽古《けいこ》のため

意 失敗するのは成功するための稽古をしているようなもの。

解 はじめから上手な人などおらず、誰でも何度も失敗を重ねて上達するということ。類義語は「失敗は成功のもと」。

### 網《あみ》無《な》くて淵《ふち》をのぞくな

意 十分な用意をしておかなくては成果は得られない。万全の準備を整えてから仕事にかかることが大切ということ。

解 網の用意がなければ魚は取れず、いくら淵をのぞいても無駄なことから。また努力もせず他人の成功をうらやんでも仕方ないという意味も。

### 商人《あきんど》と屏風《びょうぶ》は直ぐには立たぬ

意 商売をする人は自分の気持ちを曲げてでもお客の意向に合わせて接しないとうまくいかない。

解 屏風も商売もまっすぐなままでは立たず、曲げなければならないことから。商売には相手とのかけひきが必要ということ。

### 仕事を追え。仕事に追われるな

意 やるべき仕事は早く終わらせ、次の仕事を待っている状態が望ましい。

解 アメリカの政治家、ベンジャミン・フランクリンの言葉。仕事は先へ先へと片づけるべきで、ためてはいけない。仕事に急かされるのではなく、自分から仕事に取り組むことがよい結果につながるということ。

### 聞くは一時《いっとき》の恥、聞かぬは一生の恥

意 知らないことは知ったかぶりなどせずに素直に質問するべきだ。

解 恥ずかしくても聞かなければ一生知らぬまま過ごすことになり、そのほうがよっぽど恥ずかしいという意味。「聞くは一旦の恥、聞かぬは末代《まつだい》の恥」とも。

## ◎覚えておくと便利！ 言い得て妙なことわざ

### 早合点《はやがてん》の早忘れ

意 飲み込みの早い人は忘れるのも早く、当てにならない。

解 人の話をろくに聞かずに「わかった」と早合点する人は、すぐに忘れるから頼りにならないということ。話をきちんと聞かない部下に釘を刺したいときに。「早飲み込みの早忘れ」「早覚えの早忘れ」とも。

### 天に口なし、人をもっていわしむ

意 大衆の間に広まる声(世論)こそ真実を語っている。

解 天(神)が自ら語ることはないから、その意思は人の口を借りて言い伝えられる。つまり、大衆の間に湧き上がる声こそ真実を伝えるものということ。

### 浅い川も深く渡れ

意 些細なことでも油断せず、用心してあたりなさい。

解 浅い川でも足を滑らせてしまうことがあるから注意して渡りなさい。つまり簡単に見えることでも思わぬミスをするから注意しなさいという意味。

### 巧遅《こうち》は拙速《せっそく》に如《し》かず

意 仕事のできがよくても遅ければ、できが悪くとも早いほうに及ばない。

解 早ければいいという意味ではなく、完成度と同様に早さも大切ということ。対義語は「急がば回れ」で、こちらはていねいさを強調したいときに使う。

### 多事争論

意 たくさんの人がさまざまな議論を戦わせること。

解 福沢諭吉の言葉。自由の気風を保つために生まれた言葉で、違う意見をもつ者がたくさん議論することこそが大切だという意味。

## ◎戒めたいシーンでさりげなく使いたい

# 夏の虫氷を笑う

意 見識が狭い人のこと。または無知であること。

解 夏の間しか生きられない虫は冬の氷の存在を知らずに笑いものにすることから。見識が狭いことのたとえ。類義語は「井の中の蛙《かわず》大海を知らず」。

# 鹿を追う者は山を見ず

意 目先の利益を追っているとそれしか見えず、ほかのことを顧みなくなる。またひとつのことに夢中になってほかのことに余裕がなくなる。

解 鹿狩りをしていて、鹿ばかりに気を取られていると山全体が目に入らずに危険な目にあうことから。利益ばかり追っていると周りのことが目に入らなくなることへの戒め。

# 机《き》上《じょう》の空論

意 机の上(頭の中)だけで考えられた、空っぽな理論や計画。理想論。

解 実現性に乏しい、無謀で非現実的な考えのこと。または現場の実態を知らないゆえの勝手な意見などを指す。類義語に「絵に描いた餅」「畳の上の水練」。

# 縁《えん》なき衆《しゅ》生《じょう》は度《ど》し難《がた》し

意 人の忠告を聞こうともしない者は救いようがないこと。

解 縁とは仏との間に結ばれる縁のことで、それがない者は慈悲深い仏でさえ救えないことから。人の話を聞かない部下に。

# 早い者に上《じょう》手《ず》なし

意 仕事が早い人は仕上がりが雑になる傾向がある。

解 仕事が早いのはいいことだが、間違っていたり、抜けていたりといった雑な仕事ぶりが目立つときに。類義語は「早かろう悪かろう」。

# 5章　心に響くことわざ

知っておくとためになる教えや用心のことわざです。世の道理や処世術は心にとどめておきたくなるはず。

## 1 人生、世の中のことわり

### 人に勝たんと欲する者は必ず先《ま》ず自ら勝つ

意 人に勝ちたいと思うなら、まず自分の心（怠けようとする弱い心や欲望）に打ち勝たなくてはならないということ。

解 中国、秦《しん》時代の史論書『呂《りょ》氏《し》春秋《しゅんじゅう》』にある言葉だが、似た格言は多く、老子も「人に勝つ者は力あり、自ら勝つ者は強し」といっている。真の強者は自分に勝てる人ということ。

### 修《しゅう》身《しん》斉《せい》家《か》治《ち》国《こく》平《へい》天《てん》下《か》

意 天下を治めるには、まず自分を正し、次に家庭を整え、国を治めるべきであるという意味。

解 孔子の言葉。儒教の基本的政治観で、男子一生の目的とされた。現代においても、まずは自分、次に家庭、仕事の順で考えるとすべてが整うと置き換えられる言葉。

## 山中《さんちゅう》の賊《ぞく》を破るは易《やす》く心中《しんちゅう》の賊を破るは難《かた》し

**意** 山の中に立てこもる賊を滅ぼすのは簡単だが、自分の中の邪念に打ち勝つのは難しいということ。

**解** 中国、明《みん》時代の思想家で陽明学の開祖、王陽明《おうようめい》が、自分を律することの難しさをたとえた言葉。

## するは一時《いっとき》名は末代

**意** すべきことは、どんな苦労があってもなすべきという意味。

**解** 困難や苦しい思いは一時ですむが、やるべきことをしなかった不名誉は永久に残るということから。

**類** 「聞くは一時の恥、聞かぬは一生の恥（⬇P124）」

## 禍福《かふく》は糾《あざな》える縄の如《ごと》し

**意** 不幸と幸福は、より合わせた縄のように交互にやってくる。一時の事態に一喜一憂しても仕方がないということ。

**解** 出典は『史記（⬇P334）』の南越伝《なんえつでん》で、司馬遷《しばせん》が戦いで失敗を成功に変えた武将を称えて述べたという。

# 人生意気《いき》に感ず

意 人は、相手の心意気に感動して動くものだということ。

解 中国、唐時代の政治家、魏徴《ぎちょう》が、王命で敵地へ交渉に行く際に詠んだ詩の一文。「人生意気に感ず、功名誰か復《また》論ぜん」。利害で行動するものではないという意味を含む。

# 過《あやま》ちて改《あらた》めざる是《これ》を過ちと謂《い》う

意 過ちは誰でも犯すものだが、本当の過ちとは、過ちと知りながらも改めようとしないことだということ。

解 孔子が弟子たちに説いた言葉。過ちを犯したら、原因を考え即座に改めることが大切。出典『論語（⬇Ｐ１４９）』。

# 命《めい》を知るものは天を怨《うら》みず

意 人の運命は天が定めるものだと知っている人は、人の力ではどうにもできない悲運を怨んだりはしないということ。

解 このあと「己《おのれ》を知る者は人を怨まず」と続く。自分を知る（原因は自分と考える）者は人を怨まないという意味。

## 千人の諾々《だくだく》は一士の諤々《がくがく》に如《し》かず

意 人のいうとおりに従う千人より、正しいと信じることを主張する一人のほうが貴重ということ。

解 「諾々」は人の言葉に従うさま、「諤々」は正しいと思うことを意見するさま。君主は勇気ある直言を重んじよという戒め。

## 長者の万灯《まんとう》より貧者の一灯《いっとう》

意 金持ちの見栄を張った寄進よりも貧しい人の心のこもった寄進のほうが尊い。金品よりも誠意が大事という教え。

解 古代インドの阿闍世王《あじゃせおう》が用意した多くの灯火より、老女が工面した一つの灯火のほうが釈迦の帰路を照らしたことから。

## 驕《おご》る平家は久しからず

意 思いあがった振る舞いをする者は、必ず滅びるということ。

解 勢いがあるときほど慎むべきという戒めでもある。一時は栄華を極め、滅びた平家を戒めとすることわざは多い。

類 「驕《おご》る平家に二代なし」「盛者必衰」

## 因果応報《いんがおうほう》

意 よい行いをすれば悪い行いをすればよい報いが、悪い報いがあるということ。

解 元は仏教語で、「因果」とは原因・結果、「応報」とは報いのこと。日本では平安時代初頭にはこの教えが普及していた。

## 浮世の苦楽は壁一重《かべひとえ》

意 この世は苦と楽が隣り合わせで、状況は変わるということ。

解 苦しくても悲観せず、楽しくても油断してはいけないという意味も。壁一重は「かみひとえ」とも読む。

類 「苦あれば楽あり楽あれば苦あり」

## 始めあるものは必ず終わりあり

意 物事には始めと終わりがあるように、命も栄華もいつかは終わりがくるということ。

解 出典は中国の思想書『揚子法言《ようしほうげん》』だが、日本でも空海の『性霊集《しょうりょうしゅう》』、『源平盛衰記《げんぺいせいすいき》』などにみられ、古代から続く世界観。

## 借り着より洗い着

意 人に頼って見栄を張った生活をするより、自分の力で分相応の生活をすることが大切ということ。

解 人に借りた美しい着物より、洗いざらしでも自分の着物のほうが着心地がよいことから。

## メダカは石菖鉢《せきしょうばち》を廻《めぐ》り鯨《くじら》は大海《たいかい》を泳ぐ

意 身の程に合った生き方や楽しみがあるということ。

解 石菖鉢は小鉢の中に石菖(水辺に生息する多年草)があるもの。小さい魚にも大きい魚にもそれぞれの世界があることから。

石菖を植える浅い鉢の中で泳ぐメダカ。

## 晴耕雨読《せいこううどく》

意 悠々自適に暮らすことのたとえ。

解 晴れた日には外で畑を耕し、雨の日には家で読書を楽しむ。体を使う喜びと頭を使う楽しみが味わえる生活は、人間の理想であると伝える言葉。

## 人の一生は重荷を負うて遠き道をゆくが如《ごと》し

**意** 重い荷を背負って長い道を歩くような、苦しく長い人生を続けるには、忍耐と努力が必要ということ。

**解** 徳川家康の遺訓の書き出しの文句。苦労をして天下人となった家康ならではの教え。出典『東照宮遺訓《とうしょうぐういくん》』。

## 地の利は人の和に如《し》かず

**意** 土地の形勢が有利でも、人々が団結する力には及ばないということ。

**解** 孟子の言葉。この前に「天の時は地の利に如かず」とくる。つまり、タイミングや環境よりも人の和が大切と説く。

## 怨《うら》みに報《むく》ゆるに徳を以《もっ》てす

**意** 怨みたくなるひどい目にあっても、相手に仕返しをするのではなく、恩恵を与える気持ちで接するべきだという教え。

**解** 老子の言葉。第二次世界大戦後、時の中華民国総統、蒋介石《しょうかいせき》がこの言葉をいい、日本軍を帰国させたという説もある。

# 諸行無常《しょぎょうむじょう》

意 世の中のすべてのものは常に変化し生滅し、永久不変なものはないということ。

解 仏教の根本をなす三法印《さんぼういん》（三つの法則）の一つ。あと二つは、「*諸法無我《しょほうむが》」、「*涅槃寂静《ねはんじゃくじょう》」。

# 駕籠《かご》に乗る人担ぐ人そのまた草鞋《ぞうり》作る人

意 世の中にはさまざまな身分、境遇の人がいるということ。

解 駕籠に乗る人もいれば、その駕籠を担ぐ人もいる。さらに駕籠を担ぐ人がはく草鞋を作って生活する人もいる。さまざまな立場があるが、関係し合って社会が成り立っている。

# 妖《よう》は徳に勝たず

意 怪しい災いは徳には勝てない、邪は正に勝てないということ。

解 中国、殷《いん》王朝時代、宮廷の木が一夜で巨木になるという怪奇現象が起きたとき、怯える帝《みかど》に大臣伊陟《いちょく》が諭した言葉といわれる。

＊諸法無我は、すべてのものは因縁により生じ実体がないということ。涅槃寂静は、煩悩や迷いがなくなった悟りの世界は静かな安らぎの境地であるということ。

# 仰いで天に愧《は》じず

**意** 心にやましいことが少しもないこと。

**解** 「俯《ふ》して人に愧じざるは二の楽しみなり」と続き、天に対し恥じることも、下をみて人に恥じることもないのが第二の楽しみという意味。孟子の「君子の三楽」*の二つ目にあたる。

# 天知る地知る我知る人知る

**意** 不正や悪事は必ず露顕《ろけん》するという意味。

**解** 中国、後漢の学者、楊震《ようしん》が賄賂《わいろ》を断ったときの言葉。「天や地の神も私もあなたも知っているのに、発覚しないことがあろうか」と答えたことから。出典『後漢書（⬇P334）』。

# 経世済民《けいせいさいみん》

**意** 世の中を治め、民を救うこと。

**解** 「経」は統治する、「済」は救うという意味があり、「経世済民」または類語の「経国済民」を略して、「経済」という言葉が生まれ、やがてeconomyの訳語として用いられていった。

＊「君子の三楽」とは、孟子が唱えた君子がもつ三つの楽しみのこと。父母兄弟の無事、天や人に恥じないこと、天下の英才を教育することの三つをいう。

## 渇《かつ》しても盗泉《とうせん》の水を飲まず

意 いくら困窮しても不義・不正は行わないということ。

解 旅の途中、孔子は喉が渇いていたが、「盗泉」という名の泉の水は「身が汚れる」と飲まなかったという故事から。

類 「鷹は飢えても穂を摘《つ》まず（⬇P305）」

## 先憂後楽《せんゆうこうらく》

意 苦しいこと、辛《つら》いことは人より先に心配し、楽しむのは人が喜ぶのを見てからということ。

解 古くから政治家や上に立つ者の心得として用いられてきた。東京の後楽園はこの言葉が由来。

## 怪力乱神《かいりょくらんしん》を語らず

意 君子は理性で説明のつかないような不確かなことは語らない。

解 孔子の言行について弟子がいった言葉。「怪」は不思議なこと、「力」は力の強いこと、「乱」は道理にそむいて世を乱すこと、「神」は鬼神の意。これらを孔子は口にしなかった。

## 一将《いっしょう》功《こう》なりて万骨《ばんこつ》枯《か》る

意 功績を残した人の陰には、無数の人の努力と犠牲がある。下で働く者の苦労を忘れるなという戒め。

解 一人の将軍の功績は、戦場で白骨となった一万もの兵士の犠牲の上にあることから。

## 握れば拳《こぶし》開ければ掌《てのひら》

意 物事は気持ちや状況によりさまざまに変化することのたとえ。

解 同じ手でも、人を殴る拳にも人をなでる掌にもなることから。

例 あなたの気性の激しさは、握れば拳開けば掌ね。それを長所にできるかはあなたの心がけ次第。

## 憂《う》いも辛《つら》いも食うての上《うえ》

意 悲しい、辛いと不満がいえるのは、衣食足りて暮らせているから。食べることに不自由していると不平などいっていられないという意味。

解 不平不満がいえるのは贅沢なことだという意味を含んでいる。

## 花は根に鳥は古巣に帰る

意 物事はみな、その根源に帰ってゆくものというたとえ。

解 咲いた花は根本に散り落ちて肥やしとなり、空を飛ぶ鳥も最後はねぐらに戻ることから。*「花は根に鳥は古巣に帰るなり春のとまりを知る人ぞなき(『千《せん》載《ざい》和歌集』)」という歌が有名。

## 故《ふる》きを温《たず》ね新しきを知る

意 歴史や先人の知恵に学び、新しい知識や道理を見出すこと。

解 孔子が師の資格を述べた言葉だが、日本でも古くから知られ、日本最初の金言集『世《せ》俗《ぞく》諺《げん》文《ぶん》』にも載っている。「温故知新」ともいい、「温古知新」と書くのは誤り。

## 負うた子に教えられて浅瀬を渡る

意 時には自分より未熟な者に教えられることもあるということ。

解 背負った子どもに浅瀬を教えてもらい川を渡る様子から。

例 負うた子に教えられて浅瀬を渡ることもあるから、若い社員の意見も聞きなさい。



＊歌の意味は、春が過ぎれば花は根に、鳥は古巣に帰るけれど、春はどこに帰るのか、行き着く先を知っている人はいない。

## 明《めい》鏡《きょう》止《し》水《すい》

意 邪念がなく、落ち着いて澄みきった心のたとえ。

解 「明鏡」は曇りのない鏡のこと、「止水」とは流れが止まり澄んだ水面のこと。ともに古くから心のたとえとして使われる。

例 偏見にとらわれず、明鏡止水の心で人と接したい。

## 敬《けい》天《てん》愛《あい》人《じん》

意 天を敬い、人を愛すること。

解 「天」は森羅万象《しんらばんしょう》を意味し、「人」もすべての人を広く指す。西郷隆盛が自己修養の指針として語った言葉で、多くの経営者が座右の銘としている。

## 報《ほう》恩《おん》謝《しゃ》徳《とく》

意 受けた恵みや恩に感謝の気持ちをもち、報いようとすること。

類 「報本反始《ほうほんはんし》」

例 病気が治り、看病してくれた妻に報恩謝徳の気持ちでいっぱいだ。

# ② 伝えたい処世術

## 人の短《たん》を道《い》うことなかれ己《おのれ》の長《ちょう》を説くことなかれ

意 人の短所を非難してはいけない、自分の長所を自慢してはいけないという意味。

解 中国の後漢時代の文人、崔瑗《さいえん》が自分を戒めるために記した「座右銘」の最初の一節。のちに空海が筆写し、松尾芭蕉も有名な句「物いへば唇寒し秋の風」の前書きに引用している。

## 大木《おおき》の下《した》に小木《おぎ》育たず

意 権力者の庇護を受けていては、立派な人物には育たない。

解 大きな木の下は光や風が遮られ、小さな木が育たないという意味から。逆に「大木の下に小木育つ」ということわざも。こちらは権力者の周囲には利益を得る人がいることのたとえ。大木は「たいぼく」、小木は「しょうぼく」とも読む。

## 李《り》下《か》に冠《かんむり》を正さず

意 人に疑われる行動は慎んだほうがよい。

解 李下（すももの木の下）で手を伸ばすと盗人と疑われるので、冠の曲がりも直すなということ。

すももの木の下で手を上げると、すももを取るのではないかと疑われるおそれがある。

## 淵《ふち》に臨みて魚《うお》を羨《うらや》むは退《しりぞ》いて網を結ぶに如《し》かず

意 欲しいものがあれば、自分で努力すべきであるというたとえ。

解 岸辺で魚を欲しがるより、家に戻って魚捕り網を編んだほうが早い。

## 禍《か》福《ふく》己《おのれ》による

意 同じ事柄でも、災いと受け止める人もいれば、福と受け止める人もいる。幸不幸は自分の行動や心がけ次第ということ。

解 「禍福」とは、災難と幸福、不運と幸運を指す。「禍福は糾《あざな》える縄の如し（⬇P129）」ということわざも。

# 自慢は知恵の行き止まり

意　自慢するようになると、知恵はそれ以上向上しない。

解　自慢するということは、自分に満足してしまっているということ。それ以上の探求心を生まないので、進歩もしない。「知恵」を「芸」や「出世」にかえていうことも。

# 愚《ぐ》を守る

意　知恵や才能を隠して愚かなふりをすること。

解　知識を自慢したり、能力をみせつけたりするのは災いの元。普通のふりをして他人を立てたほうがいいと、孔子が弟子の子路《しろ》に伝えた。出典『荀子《じゅんし》』宥坐《ゆうざ》。

# 人には添うてみよ馬には乗ってみよ

意　人の本質はつき合ってこそわかる、馬も乗ってこそ良し悪しがわかる。見た目で判断せず自分で確かめてみよということ。

解　元は縁談を勧めるときにいった言葉だが、良し悪しがわからないという意味のため、お祝いの場で使うのは失礼にあたる。

## 怒《いか》れる拳《こぶし》笑顔に当たらず

意 強い態度の相手にはやさしい態度で接すると効果的である。

解 怒りに震え拳を上げても、相手がニコニコと笑っていたら殴ることをちゅうちょしてしまうことから。出典『五灯会元《ごとうえげん》』。

類 「尾を振る犬は叩かれず(➡P296)」「柔《じゅう》よく剛《ごう》を制す」

## 怒りは敵と思え

意 怒りは自らを滅ぼす敵にもなるので抑えよという戒め。

解 腹を立て感情的になれば判断を誤る。また怒りからの行動は相手の恨みも買い、結局自分に戻ってくることから。徳川家康の遺訓の一つ。出典『東照宮遺訓《とうしょうぐういくん》』。

## 腹が立ったら十まで数えよ

意 怒りを相手にぶつける前に十まで数え冷静になれということ。

解 アメリカ合衆国の建国の父の一人といわれる、第三代大統領、トーマス・ジェファーソンによる短気を戒めるための言葉で、「非常に腹が立ったら百まで数えよ」と続く。

# 過ちは好むところにあり

意 苦手なことは注意深く行うため失敗は少ないが、自分の得意なことや好きなことほど油断し、失敗が起きやすい。得意分野こそ油断は禁物であるという意味。

類 「河童《かっぱ》の川流れ」「猿も木から落ちる（⬇P303）」

# 山で躓《つまず》かずして垤《てつ》に躓く

意 人は大きな事柄より小さいことで失敗しやすいということ。

解 「垤」とは蟻塚《ありづか》、または小さい丘のこと。大きな山につまずくことはないが、蟻塚ほどの小さいものは目に入らず、もしくは注意せず失敗しやすいことから。出典『韓非子《かんぴし》』。

# 人は陰が大事

意 人が見ていないところでも、いつもと同じように行動を慎むことが大切ということ。

類 「影に慚《は》じず」「独りを慎む」

例 どこにいてもマナーを守りましょう。人は陰が大事です。

## 人こそ人の鏡なれ

意 他人の言動は、自分を正す見本となるということ。

解 鏡に映る自分の姿を見て身なりを整えるように、他人を見て自分を改める参考にせよということから。出典『書経《しょきょう》』。

類「人の振り見て我《わ》が振り直せ」

## 亀の甲より年の功

意 長年積んだ経験は尊いと、年長者の知恵や技術を称える言葉。

解 江戸時代中期から現代まで親しまれていることわざ。「亀の甲」は、「年の功」との語呂を合わせたといわれるが、亀の甲羅で占う占いより当たるという意味とも。

## 子ども叱るな来た道じゃ 年寄り笑うな行く道じゃ

意 子どものいたずらを叱ったり、年寄りをばかにしたりするものではない。どちらも他人事ではなく自分事だということ。

解 江戸時代後期に広まった言葉で、浄土宗の篤信者《とくしんじゃ》の格言から。永六輔がよく色紙に書いていた言葉だそう。

# 6章　家庭・親子のことわざ

親の思いは報われるのか、親や子の心得、親子の縁、子育てにまつわることわざからみてみましょう。

# 1 親の心得

## 老いては子に従え

意 年をとったら出しゃばらずに子どもや若い人に任せ、それに従うのがよい。

解 仏教における、女性のあり方についての考えが元になっているという説もある。『源氏物語』第三十帖「藤袴《ふじばかま》」において「女は三つに従う」とある。三つとは「幼《よう》にしては父兄に従い、嫁《か》しては夫に従い、夫死しては（つまり、老いてからは）子に従う」のこと。

類 「年寄りと釘は引っ込むがよい」

## 親がなくとも子は育つ

意 親が死んでも、子どもはどうにか生きていける。

解 子どもは思っているよりもたくましく、また周囲の助けもあるので、子どもの将来を心配し過ぎるなという親への励ましや戒め。作家の坂口安吾はこれとは逆に「親があっても、子は育つ」と唱えた。ろくでもない親がいても、子どもは育つものだし、むしろそういう親がいなければ子どもはもっと立派に育つとしたもの。この記述は太宰治の入水自殺に際して綴ったエッセイ『不良少年とキリスト』にみられる。太宰が短編小説『父』で「親があるから子は育たぬ」と書いた一編を受けたもの。

## 子をもって知る親の恩

意 自分が親になり、初めて親のありがたさや受けた愛情が、真に理解できるようになる。

解 南北朝時代の『新《しん》千《せん》載《ざい》和《わ》歌《か》集《しゅう》』、中国の明《みん》の時代に編まれた『明《めい》心宝鑑《しんほうかん》』など多くの古典に出てくる言葉である。親になった人がしみじみと心にささる言葉であり、人間心理の普遍性が感じられる。

類 「親の心子知らず」

## 父《ちち》父《ちち》たり子《こ》子《こ》たり

意 家族がそれぞれにやるべきこと

をやれば、一家は安泰となる。同様に、組織を構成するそれぞれが、自分の立場でなすべきことをすれば、社会や国家も安泰になる。

解『論語』の顔淵篇《がんえんへん》に出てくる有名な一文の「君君《きみきみ》たり、臣臣《しんしん》たり、父父たり、子子たり」が出典。また、「父親や上司がそれらしくなくても、子や部下はその務めを果たさねばならない」という使い方をしたい場合は、「父父たらずと雖《いえど》も子は子たらざるべからず」(⬇P152)を使用する。

## 寵《ちょう》愛《あい》昂《こう》じて尼になす

意 愛情をかけ過ぎて、娘が嫁ぐことなく(尼僧のように)一生を過ごしてしまっては、本人のためにならない。

解 尼になるのは「来世のことまで考えて、親が娘を尼にしてしまう」という解釈もある。

## もつべきものは子

意 病気になったり、年老いたりしたときに他人はあてにならないが、頼りになるのは子ども。わが子がいることはありがたい。

解「もつべきものは友」もある。ただ「子」のほうは、江戸時代の『昔話稲妻表紙《むかしがたりいなづまびょうし》』など、古くから使われている。

## 七歳までは神のうち

意 七歳までの子どもは「神様から預かっている」状態。不作法もわがままも許される。

解「人間は生まれてから数年間は、神の域にいた」と古来は考えられていた。

### 生き方の指南書『論語』

儒家の始祖であり、思想家で哲学者の孔子とその弟子たちの問答を集めたもの。全二十編からなり、孔子の教えを知ることができる文献として読み継がれてきた。

日本でも時代、時代で大きな影響を与えてきた。その一例として聖徳太子が制定した十七条の憲法の「和を以《もっ》て貴《とうと》しとなす」があげられる。これは『論語』の学而篇《がくじへん》が出典。

現代では、特にビジネスマンに人気。「論語を読む会」などが各地で開催されている。ただ、「論語読みの論語知らず」ということわざもあるように、実践に落とし込めていない人も多いのかもしれない。また、新一万円札の肖像になる渋沢栄一の教育論、『論語と算盤』も有名だ。

## 親の背を見て子は育つ

意 親がやってることを子どもは、あたりまえと思ってしまう。

解 背中という言葉は、年長者や優れた人の行いを往々にして表現している。親も、ただ口で注意するばかりでなく、自らの行いを律し、子どもが真似をしても恥ずかしくない行動をすることが大事だと説いている。比較的、最近になって使われ出した言葉。

## 厳父慈母《げんぷじぼ》

意 厳格な父親と、愛情が深くやさしい母という理想の両親像。

解 福沢諭吉の『福翁自伝《ふくおう》』において、自身を「厳父慈母の区別なく、厳と云えば父母共に厳なり、慈と云えば父母共に慈なり」と評している。ちなみに諭吉自身は母子家庭育ち。

## この親にしてこの子あり

意 このように立派な親があってこそ、このような優秀な子が育つのだということ。また、子は親の性質を受け継ぐものだ。

解 親のできが悪いから、子のできも悪いという意味で使われることが多い。

## 小袋と小娘

意 小袋と娘は傷つきやすいから油断をしてはならない。

解 歌舞伎や浄瑠璃の演目『小栗判《おぐりはん》官《がん》十二段』に「小袋と小娘は油断がならぬ」という一節がある。小さな袋はつい物を入れ過ぎて、破いてしまうことにかけて、娘も「まだ子どもだ」と安心していたら、いつの間にか男性とねんごろになっているかもしれない、と注意を促している。

## 子をもてば七十五度泣く《しちじゅうごたび》

意 子を育てると、苦労や心配事が絶えない。

解 ここでの「七十五」は「たくさん」という意味で、特に由来はない。

## 子孫に美田《びでん》を残さず

意 子孫に財産を残すと、自立心が失われてしまう。蓄えは残さないほうがいい。

解 西郷隆盛が大久保利通に送った漢詩『偶成《ぐうせい》』の終わりに記された「不爲兒孫買美田（子孫に美田を残さず）」が出典。一説によると、私利私欲に走った当時の高官を批判する意味もあった。

# 2 子の心得

## いつまでも あると思うな親と金

意 独立心を養い、倹約を心掛けるようにという戒め。

解 狂歌*の一節が出典で、以下は「いつまでも ないと思うな運と災難」と継がれる。

## 石に布団は 着せられぬ

意 親が死んでしまっては、親孝行ができない。

解 この石は墓石を指す。親が死んでしまってから墓石に布団をかけても何にもならない。「石」を「墓」に変えていうことも。

## 親の意見と 茄子《なすび》の花は 千に一つも仇《あだ》はない

意 茄子の花が咲くとすべてに実がつくように、親が子を思って忠告することは、無駄がなく必ず役に立つ。

解 茄子にかかる「仇」とは咲いても実を結ばない徒花《あだばな》のこと。ちなみに、実際には花が咲いても実がならない場合もままある。

## 親の意見と冷《ひや》酒《ざけ》は あとで効く

意 そのときは、聞き流してしまいがちだが、あとになって親の意見のありがたさがわかる。

解 冷酒は、燗酒と比較すると飲むペースが上がりがちになる。アルコールは、体温と同じくらいの温度になってようやく吸収が始まるが、冷酒は、体内のアルコールが温まる頃にはすでに酒が進み、多くのアルコール量を摂取している場合が多い。よって、あとになって酔いがまわってくる。

＊狂歌とは社会風刺や皮肉を盛り込んで、短歌調に詠む滑稽な歌。

## 親の恩は子で送る

**意** 親から受けた恩は、自分の子どもを立派に育てることで返す。

**解** 「親孝行したいときに親はなし」であることが多いので、自分の子どもを立派に育てることで、親に報いるという意味もあるが、親孝行をしなかった者の言い訳として使う場合も多い。

## 身体髪膚《はっぷ》之《これ》を父母に受《う》く

**意** 自分の体はすべて、両親からいただいたものなのだから、大切にしなければならない。

**解** 髪膚は、髪の毛と皮膚のことを表す。中国の史書『孝経《こうきょう》』からきており、「あえて毀傷《きしょう》せざるは孝の始めなり」と続く。髪膚、つまり自分の体を傷つけないことが、親孝行の始まりという意味である。

## 父《ちち》父《ちち》たらずと雖《いえど》も子は子たらざるべからず

**意** 父親が父親の役目を果たさずとも、子どもは子どもの役目を果たさねばならないということ。

## 鳩に三枝《さんし》の礼あり烏《からす》に反哺《はんぽ》の孝あり

**意** 子は親に対して、礼儀と孝行を重んじなければならない。

**解** 鳩の子は親がとまっている枝より三枝下にとまり、烏の子は育てられた恩返しに年老いた親の口にえさを含ませる（＝反哺）ということから。「三枝の礼」「反哺の孝」ともいう。

### 親孝行の道を説く『孝経《こうきょう》』

中国の儒学の教典で十三経書の一つ。孔子が、弟子の曾子《そうし》に対して「孝道」について述べた内容が記されている。最近の研究で戦国時代の作であるといわれている。

儒教において「孝」は重要な概念で、親や年長者に対し、崇敬の念をもつことが、秩序のある社会を保つために必要であると考えられていた。

日本では、大宝律令に続く律令として施行された「養老律令《ようろうりつりょう》」において、学生は『論語』（➡P149）と『孝経』に必ず通じるようにと記されていたほど、重要視されていた。

# 3 親子の縁

## 家貧しくて孝子《こうし》顕《あらわ》る

意 家が貧しく、子が働くようになるとその孝行ぶりが世に知られるようになる。

解 この言葉は『明心宝鑑《めいしんほうかん》』で「世乱れて忠臣を識《し》る」と続き、逆境に陥ったときに「助ける者が表面に現れる」という意味でも用いられる。

## 親思う心に勝る親心

意 子どもが親を思う心よりも、親が子を案じる心のほうが深い。

解 吉田松陰の辞世《じせい》の句。安政の大《たい》獄《ごく》で処刑されるに至った際に、家族に宛てた手紙の中に「親思ふ心にまさる親心　今日のおとづれ何と聞くらん」とあった。自分の死を親が聞いたときに、大きな悲しみにくれることを案じている。

## 親に目なし

意 親は子どもを見るとき、かわいさのあまり欠点に目がいかないこと。

解「目がない」とは、心を奪われて思慮分別をなくし、正しい判断ができない場合に使われる。

## 親の因果が子に報い

意 親の悪業の報いが、罪のない子どもに現れること。

解 因果とは、仏教の考え方で「今の行動が原因になり、のちの結果として現れる」ことをいう。本来、親と子は人格的には別のはずだが、親子の縁は深いと考えられていることから。

## 親の十七《じゅうしち》子は知らぬ

意 親にも当然、若い頃があるが、子どもには都合よく話してしまうものなので、どんな若者だったのか知ることができないということ。

解 体裁のいいことばかりいう親を皮肉った言葉として使う。

## 子は鎹《かすがい》

意 子どもへの愛情によって、夫婦の仲や縁が保たれること。

解 材木同士をつなぎとめるために打ち込む、両端の曲がった大きな釘が鎹である。

二つの材木をつなぎとめるためのコの字型の釘。

## 子は三《さん》界《がい》の首《くび》枷《かせ》

意 親は子に対する愛情のため、一生自由を束縛される。

解 三界とは仏教でいう「過去」「現在」「未来」のこと。首枷とは罪人の首にはめる刑具。

## 子を知ること父に若《し》くは莫《な》し

意 父親は、自身の子どもの長所も短所も誰よりもよく知っているということ。

解 「若く」は、「及ぶ、匹敵する」、「莫し」は、「無し」。つまり、父に及ぶ者はいないという意味になる。

## 三人子もちは笑うて暮らす

意 子どもが一人ではさびしい。かといって多過ぎても考えものなので、もつなら三人ぐらいがちょうどよく、幸せな暮らしができるという意味。

類 「多し少なし子三人」「足らず余らず子三人」

## 総《そう》領《りょう》の甚《じん》六《ろく》

意 最初の子（主に長男）は大事に育てられるので、おっとりとして世間知らずな者が多い。

解 総領（惣領とも）は、家督を継ぐ者のこと。長子が跡継ぎであるのがあたりまえだった時代は、将来が保証され大事に育てられることが多かった。また、甚六は「甚《はなは》だしいろくでなし」を人名に見立て、「愚か者」を指す。ちなみに惣領甚六は、歌舞伎役者の道化方の名跡でもあった。

## 父の恩は山よりも高く母の恩は海よりも深し

意 両親から受けた愛情や恩は、とてつもなく大きく深い。

解 鎌倉時代から明治の中頃まで寺子屋などで使われていた教訓書

『童子教《どうじきょう》』に同様の記述がある。「父の恩は山より高し。須弥山《しゅみせん》尚下《なおひく》し。母の徳は海よりも深く滄溟《そうめい》の海還《うみかえ》つて浅し」。須弥山は仏教の概念として世界の中心にそびえる山であり、滄溟の海とは青く広い海のこと。

## 父は子の為に隠し子は父の為に隠す

意 悪いことをしても、親子はかばい合ってしまうのが人情だ。うそをいっても非難できない。

解 父親が羊を盗んだことを、正直者の息子が訴えた話を聞いた孔子が「本当の正直者とは違う。父は子の罪を隠し、子は父の罪を隠す。不正直のようにみえても、そういうみかけの不正直の中に本当の正直がある」と語ったことから。出典『論語』。

## 這《は》えば立て立てば歩めの親心

意 子どもの成長を楽しみ、待ちかねる親心を表す言葉。

解 ハイハイができるようになれば、立って欲しくなり、立つことができたら歩いて欲しいと思うのが親というもの。

## 蝶よ花よ

意 親が子どもをとても大切にかわいがるたとえ。

解 女児に対して多く用いられる。

類「乳母日傘《おんばひがさ》」

## 筍《たけのこ》の親《おや》勝《まさ》り

意 子が親より優れていること。

解 筍は成長が早く、たちまち親竹よりも高くなることから、子が親より優れている比喩として使われる言葉。

## 袖《そで》の下回る子は打たれぬ

意 逃げ出す子は追いかけられ叱られるものだが、自分を慕って袖の下にすがりつく子はかわいくて叱ることができない。

類「尾を振る犬は叩かれず（⬇P296）」「怒れる拳《こぶし》笑顔に当たらず（⬇P144）」

袖にすがりついてくる子はかわいくて打てない。

## 焼野《やけの》の雉子《きぎす》、夜の鶴

意 親が子を思う気持ちの深いことのたとえ。

解 雉《きじ》は、巣がある野を焼かれたら、自分の命にかえても子を救おうと巣に戻る。鶴《つる》は、寒い夜には自分の翼で子を温める。その様子から、親が子を守る様子になぞらえた。「夜鶴《やかく》子を思う」ともいう。

## ない子では泣かれぬ

意 子どもがいなければ、親として泣くような苦労はない。また、子どもをもてば苦労はつきものだが、それでも子どもがいるほうがよい。

解 子どもがいるからこそ、苦労し泣くことも多いし、子どもがいない人はさびしさはあっても、泣くような苦労はない。それでも、子どもがいるのはありがたいものだと説く場合に使われる。

## 盗みをする子は憎からで縄懸《か》くる人が恨めしい

意 泥棒をしたわが子を憎まず、捕まえる相手が憎いと思ってしまう親心を表す言葉。

解 近松門左衛門作の浄瑠璃『冥途《めいど》の飛脚』にも出てくる。この物語では、飛脚屋の世継ぎが遊女に入れあげたあげく、預かり金に手を出してしまう。実際あった事件を題材にした世話物*で、結局、捕まってしまった自分の息子への悲痛な思いを「盗みする子は憎からで…」と吐露する。

## 畑あっての芋種《いもだね》

意 よい母からはよい子が生まれる。

解 畑は母親の子宮の暗喩《あんゆ》。土壌豊かな畑に、よい作物がなるように、男親という種だけでなく、母親という畑が優れていることが、よい子どもを授かる条件とした言葉。「命あっての物種（⬇P51）」のもじり。

## 掌中《しょうちゅう》の珠《たま》

意 もっとも大切にしているもの。最愛の子や妻を指す言葉として使われる。

解 「珠」は、貴重で大切なもの。

## 親《おや》馬鹿《ばか》子《こ》馬鹿《ばか》

意 子を溺愛し過ぎて愚かな親と、それをあたりまえに甘えている愚かな子どもの様子。

＊世話物とは江戸当時の庶民の日常や風俗を題材にした、浄瑠璃や歌舞伎の作品。

## 形は産めど心は産まぬ

意 外見は親に似ていても性格や性質が違う場合に使う言葉。

解 よい例にも悪い例にも使う。

## 堯《ぎょう》の子《こ》堯ならず

意 親が優れていても、子が優れているとは限らない。

解 「堯」とは中国の伝説上の優れた帝王とされる堯帝のこと。

## 子どもに優る宝なし

意 人の世で、もっともすばらしい宝物は子どもであるということ。

解 古くは、『万葉集』にもみられる表現。山上《やまのうえの》憶良《おくら》は「銀《しろがね》も金《くがね》も玉も何せむに優《まさ》れる宝子に及《し》かめやも」と詠った。日本で、古代から子どもが大切にされてきたことがわかる。

## 子《こ》故《ゆえ》の闇に迷う

意 子どもを大事にするあまり、親が思慮分別を失うこと。

解 平安中期にまとめられた『後撰《ごせん》和歌集』に「人の親の心は闇にあらねども　子を思ふ道に惑ひぬるかな」という和歌がある。紫式部の曽祖父にあたる藤《ふじ》原兼輔《わらのかねすけ》が詠んだ歌。『源氏物語』でもこの歌は多用されている。

## 親に似ぬ子は鬼《おに》子《ご》

意 親に似るのが当然なのに、似ていないのは鬼の子だ。

解 子どもが悪いことをしたときのいさめとしても使われる。

### 偉大な劇作家、近松門左衛門

江戸期に活躍した浄瑠璃や歌舞伎の作者で七十二年の生涯で、百作以上を残している。『曽根崎心中』や『女殺《おんなごろし》油《あぶらの》地獄《じごく》』など、現在でも演じられる名作が多い。

関西を中心に、芸術の文化が花開いた元禄時代を背景に、日常や風俗を題材として人々の好奇心を満足させ、絶大な人気だった。ことわざも近松門左衛門や井原西鶴など、さまざまな文芸に使われた。

ちなみに当時の世話物は、現在のテレビやインターネットのように即時性が求められ、多くは事件が起きてすぐに物語になり、上演されるのが常であったが、近松の作品は一か月後ほどの時間をかけて日の目をみた。そこにまた、文学的な完成度が出ていたため、根強い人気を誇ったといわれている。

## 4 子育てについて

### 内で掃除せぬ馬は外で毛を振る

意 家庭内でしつけをされていない子どもは、外に出すとすぐわかるという意味。

解 手入れをされていない馬は、外に出ると全身の汚れを落とそうと毛を振ってしまう。その様子で、飼い主の手入れの程度がわかってしまうことから。内輪で行っていた悪い習慣が、外に出ても癖で出てしまい、すぐに広まる場合にも用いられる。

### 瓜《うり》の蔓《つる》に茄子《なすび》はならぬ

意 平凡な親から非凡な子は生まれない。子は親に似るもの。

解 茄子のほうが、瓜より価値があるとして考えられている。

類 蛙の子は蛙（⬇P253）

### 親の甘茶が毒となる

意 親が甘やかして育てたら、子どもの将来のためにならない。

解 「親の甘いは子の毒薬」とも。

### 牛の小便と親の意見は長くても効かぬ

意 親が長い時間説教をしても、子どもには効き目がない。

解 牛の小便は、時間が長くかかるが肥料にはならないことから。単に「牛の小便」といえば、長く、ダラダラ続くたとえとして使われる。

### 三つ叱《しか》って五つほめ七つ教えて子は育つ

意 子どもは少し叱って多くほめる。そして、たくさん教えて育てるのがいいということ。

解 似た言い回しとして、二《にの》宮《みや》尊《たか》徳《のり》（そんとく、とも）が好んで使ったという「かわいくば、五つ数へて三つほめ、二つ叱ってよき人となせ」がある。これは、大切に思う相手には、五つの点を見出し、その内二つを叱って三つほめるのがよいとしたもの。掲題の「三つ叱って」は、この言い回しをベースに近年よく使われるようになったもの。

## 孟《もう》母《ぼ》三《さん》遷《せん》

意 環境が子どもに与える影響を考えて転居し、優れた教育環境を整えること。

解 孟子は昔、墓場の近くに住んでいた。すると孟子は、葬式の真似ばかりをしてしまう。それを憂いた孟子の母は、市場の近くに転居した。今度は、孟子は商人の駆け引きの真似をするようになった。そこで学校の近くに転居したら、礼儀作法を真似るようになったという故事から生まれた言葉。

## 子に教えざるは父の過ちなり 学の成らざるは子の罪なり

意 子どもに学問や道理を教えないのは父の過ちである。しかし、教育を受けたのにもかかわらず学業上で一人前になれないのであれば、それは子に非がある。

## 慈母に敗《はい》子《し》あり

意 教育には厳しさも必要。

解 母親が優しすぎると、子どもがろくな人間に育たない。「敗子」は放蕩《ほうとう》な子どものこと。

## 二度教えて一度叱れ

意 繰り返し教えて、それでも聞かなければ、そこで初めて叱るようにするという意味。

解 子どもが間違えたとしても、頭ごなしに叱ってしまうと、反発したり、萎縮したりして、よい結果にならない。それよりも、繰り返し教えることこそが大切。

### 孟子とはどんな人物？

思想家、儒学者。孔子の教えを受け継ぎ、儒教では孔子に次いで重要人物とされている。有名なのが「性善説」。人間は生まれながらにして「善」とした思想。孟子の記した書物『孟子《もうじ》』は『論語』と並び、儒教の正典の四書に数えられている。

# 5 家族と家庭

## 負《お》わず借《か》らずに子三人

意 人の世話にもならず、借金も負わず、子どもの数も三人という理想的な家庭を表現したもの。

## 貧乏人の子《こ》沢《だく》山《さん》

意 貧乏な人には子どもがたくさんいるもの。

解 江戸時代後期の『仮名《かな》文章《まじり》娘《むすめ》節用《せつよう》』に「人のほしがる金銀が有り餘《あま》るほどの大家《たいけ》には、子を欲しがるほど子ができず、貧乏人の子沢山をうらやむと云ふことだから」とあり、この時期には使われていた。それ以前は「貧乏柿の核《さね》沢山」と、小さい渋柿には種がたくさんあることからたとえられた。

## 兄弟《けいてい》牆《かき》に鬩《せめ》げども外《そと》その務《あなど》りを禦《ふせ》ぐ

意 兄弟喧嘩《げんか》中でも、外から侮辱されたらともにそれを防ぐ。

解 牆は垣根、鬩は争いを意味する。

## 三《さん》矢《し》の教え

意 兄弟は結束して、力を合わせることが大切である。

解 毛利元就が三人の子に「一本の矢では簡単に折れるが、三本まとめると折れない」と矢をたとえに兄弟の結束を説いた話が伝わるが、史実ではない。三人に送った「三子教訓状」を元に創作されたという。そこには一致協力して毛利宗家を末永く盛り立てていくよう諭されていた。

## 指汚しとて切られもせず

意 肉親に悪い者がいても、簡単には見捨てられない。

解 自分の指が汚れたからといって、切って捨てるわけにはいかない。家族も同じである。

# 7章　由来がおもしろいことわざ

故事成語とは昔、中国で起こった出来事から生まれた言葉。由来を知れば、ことわざはもっと楽しくなることうけあいです。

## 1 故事成語から

### 蝸《か》牛《ぎゅう》角《かく》上《じょう》の争い

意 つまらない争いごと。狭い世界の中の争いごと。

解「蝸牛」とはカタツムリのこと。カタツムリの左の角の上に国をもつ者と右の角の上に国をもつ者が領地争いをしたという寓話が由来。狭く小さな世界の中で争うことのつまらなさを表している。「蝸《か》角《かく》の争い」「蝸牛の角争い」ともいう。出典『荘子《そうじ》』。

### 灰を飲み胃を洗う

意 心の奥底から悔い改めること。

解 灰を飲んで胃の穢《けが》れを洗い清めるということから、心の底から悔い改め善人になることをいう。罪人が「許していただけるなら、刀を飲んで腸を削り、灰を飲んで胃を清めましょう」といったという故事に由来する。出典『南史《なんし》』。

### 苛《か》政《せい》は虎よりも猛《たけ》し

意 悪政は人食い虎よりも恐ろしい。

**解** 孔子が泣いている女性を見かけて、理由をたずねると、家族を虎に食い殺されたという。どうして、そんな危ない場所に住み続けるのかを聞いたら、「苛政がないから」と答えた。重税や厳しい刑罰など、人民にとって悪い政治は、人食い虎よりも恐ろしいという孔子の教え。出典『礼記《らいき》(⬇P335)』。

## 漁夫の利

**意** 争いごとの最中、第三者がすきを見て利益を横取りしてしまうこと。

**解** 中国の戦国時代、趙《ちょう》という国と燕《えん》という国が争っていた。その際、蘇代《そだい》という人物が、「この争いで民衆が疲弊すれば、両国が強大な秦《しん》に滅ぼされてしまう」と忠告した。たとえとして以下の話をしたのが由来。ハマグリが口を開けていると、鳥のシギが飛んできてハマグリに食いついた。ハマグリは貝を閉じてシギのくちばしを挟んだ。お互い一歩も引かず争っていると、漁師が現れてハマグリとシギを簡単に捕っていった。出典『戦国策(⬇P335)』。

シギがハマグリにくちばしを挟まれ、争っていたら、漁師が両方とも捕らえてしまったという故事が元。

## 死馬の骨を買う

意 優秀な人材を集めるために、つまらない人でも優遇すること。

解 王の使いが一日に千里も走る名馬を買いに出かけた。しかし、買ってきたのは死んだ名馬の骨。そして「死んでいても名馬の価値がわかるという評判が広がれば、生きた名馬も売り込みに来るはず」と王にいった。使いのいったとおり、王は三頭もの名馬を手に入れることができた。

出典『戦国策(⬇P335)』。

## 天網《てんもう》恢恢《かいかい》疎《そ》にして漏《も》らさず

意 悪いことをすれば、必ず報いを受ける。

解「恢恢」とは大きくて広くゆったりしている様子。天が張り巡らせている網はゆったりと大きく、目は粗いが悪人を取り逃すことはない。悪いことをしたら天は必ず見ていて、報いを受ける。出典『老子』『魏書《ぎしょ》』。

類「神はお見通し」「天罰覿面《てきめん》」

## 株を守りて兎《うさぎ》を待つ

意 一度だけ成功したことや古い慣習が忘れられず、進歩しないさま。過去にこだわり、融通が利かないこと。

解 あるとき農夫が畑仕事をしていると、兎が走ってきて、近くの切り株にぶつかって死んでしまった。思いがけず兎を手に入れた農夫は、それ以来畑を耕すのをやめて、毎日切り株の番をしながら兎がやってくるのを待った。もちろん、二度と兎がぶつかるなどということはなかった。

**類**「守株《しゅしゅ》」ともいう。出典『韓非子《かんぴし》』。「柳の下にいつも泥鰌《どじょう》はいない」「二匹目の泥鰌を狙う」

## 泰《たい》山《ざん》は土壌を譲らず

**意** 大人物というものは、どんなにつまらない人の意見でも聞き入れ、大きなことを成し遂げるものだ。

**解** 泰山という山が、どんな小さな土塊も受け入れて大きくなっていったという話に基づいている。出典『史記』。



### 泰山ってどんな山？

泰山は中国の山東省にある、標高約1500mの山。道教の聖地五岳のなかでももっとも尊い山とされている。世界遺産でもあり、中国国民の精神の象徴。日本でいえば富士山のようなもので、泰山と富士山は友好山提携も結んでいる。古くから大きなもののたとえにされ、また冥界《めいかい》の神として山岳信仰の対象にもなった。

ことわざには、上記のほかに「泰山北斗（➡P288）」や「大（泰）山鳴動して鼠一匹（➡P302）」などがある。

## 邯鄲《かんたん》の夢

意 人生とははかなく移ろいゆくものだ。

解 貧しい一人の若者が「邯鄲」という町で道士から不思議な枕を借りて眠ったところ、さまざまな経験をし出世するという体験をした。長い時間に感じられたが、ごく短い間の夢だった。出典『枕中記《ちんちゅうき》』。

## 鼎《かなえ》の軽重《けいちょう》を問う

意 権力者の能力を疑うこと。また、権力や地位を奪おうとすること。

解 楚《そ》の王が、周の国に伝わる貴重な宝器である＊九鼎《きゅうてい》の重さを問うたという故事に由来する。鼎とは王位の象徴であり、その重さを問うということは、それを持ち帰るということを示唆したことになり、大変な侮辱である。出典『春秋《しゅんじゅう》左氏伝《さしでん》』。

鼎は三本脚の金属製の容器のこと。祭器としても利用された。大型のものは約800kgもあったという。

## 奇貨居《きかお》くべし

意 珍しいものはあとで大きな利益を上げるから、買っておいたほうがよい。好機を逃さず、うまく利用すること。

解 中国の呂不韋《りょふい》という商人が、王族の一人だというのに冷遇されて別の国の人質に

＊九鼎とは、中国の夏《か》の王が九つの州に命じてから献上させた鼎。その後、周の所有となり、天子の宝として伝わった。

もなっていた子楚《しそ》と出会う。呂不韋は子楚に金品の援助をするなどして親切にした。のちに子楚は王位につき、呂不韋を国のもっとも重要なポストに配置。呂不韋は権威をふるった。出典『史記』。

## 鳴かず飛ばず

意 活躍しないこと。成果が出せないこと。

解 中国の春秋時代の君主が三年間、仕事をせずに遊んで暮らしていた。ある家臣が「三年間鳴くことも飛ぶこともない鳥とはどんな鳥だと思いますか？」とたずねると、君主は「一度飛んだら天をつくばかりに高く飛び、一度鳴いたら人を驚かすほどの勢いで鳴くだろう」と答えた。その後も政治をしない君主。ほかの家臣が諫《いさ》めると、君主が「逆らうなら死刑にする」と怒る。家臣は「私の進言を受け入れるなら死刑になってもかまいません」と答えた。その後、君主は二人の家臣を従え政治に励み、国は栄えた。実はこの君主はばかなふりをしながら家臣を見極めていたのだという。出典『史記』。

## 良禽《りょうきん》は木を択《えら》んで棲む

優れた人物は、自分にふさわしい立派な主君を選んで仕える。

賢い鳥はいい木を選んで営巣《えいそう》して棲みつくという話から。賢臣《けんしん》は主君を選ぶこと。出典『三国志（➡P334）』。

## 泣いて馬謖《ばしょく》を斬る

意 たとえ大切にしている人や愛する人、優秀な人であっても、違反者は厳しく罰するということ。

解 馬謖というのは中国の三国時代の武将の名前。蜀《しょく》の諸葛孔明《しょかつこうめい》は日頃から馬謖を重用していたが、馬謖が指示に背いて戦いに負けたため、涙を流しながらも処刑に踏み切った。出典『三国志』。

## 風林火山

意 風のように速く進み、林のように静かに構え、火のように激しく攻め、山のようにどっしりと守るという、戦いにおける四つの心構えのこと。転じて、時と場合に応じて適切な行動をとること。

解 武田信玄率いる武田軍の軍旗に書かれている文章の通称。古代中国の兵法書『孫子』の一説とされている。風林火山のあとにはさらに二句が続く。

「風林火山」

其疾如風　その疾《はや》きこと風のごとく
其徐如林　その徐《しずか》なること林のごとく
侵掠如火　侵掠《しんりゃく》すること火のごとく
不動如山　動かざること山のごとく
難知如陰　知りがたき陰のごとく
動如雷霆　動くこと雷霆《らいてい》のごとし

# 2 日本生まれのことわざから

## 鬼に瘤《こぶ》を取られる

意 損をしたようにみえても、結果的には利益になっていること。

解 鬼が怒っておじいさんの頬の瘤を取ったが、おじいさんにとっては瘤がなくなって清々したという話からできたことわざ。細かい部分は異なりながらも、全国に伝わっている昔話で、鎌倉時代の説話物語集『宇治拾遺《うじしゅうい》物語』にも「こぶ取り爺《じい》」として収載されている。

## 風が吹けば桶屋《おけや》が儲《もう》かる

意 関係のないところに意外な影響が及ぶこと。あてにならないものに期待すること。

解「風が吹く」ことから「桶屋が儲かる」につながるという話が由来。風が吹くと土埃が立ち、それが人の目に入って目が見えなくなる。盲人は生計を立てるため に音楽を始め三味線の需要が増える。三味線を作るため猫が殺され、猫が減ってネズミが増え、ネズミが桶をかじって、桶屋が儲かるという流れ。出典『世間学者気質《かたぎ》』『東海道中膝栗毛』。

## 猫糞《ねこばば》を決め込む

**意** 悪事を働いておきながら知らん顔を決め込む。人の物をちゃっかり自分の物にしてしまう。

**解** 略して「ネコババ」だけ、または「猫糞する」という言い方でも使われる。猫には、糞をしたあとに砂をかけて隠す習性があることから来ている。式亭三馬《しきていさんば》の滑稽本『浮世床《うきよどこ》』が由来という説と、江戸時代に猫好きの欲張り婆さんがいたことに由来するという二つの説がある。

## 元の木《もく》阿《あ》弥《み》

**意** 一度よい状態になったものが、また元に戻ること。

**解** 筒井順昭《つついじゅんしょう》という戦国時代の大名が、死の間際に、息子の順慶《じゅんけい》が成人するまで自分の死を隠すことを周囲に命ずる。身代わりとして順昭に声がそっくりな木阿弥が選ばれ、彼は姿を隠したまま声だけの身代わりとして贅沢な暮らしをする。三年後、順慶の元で家臣たちの体制が整うと、木阿弥はお役御免となりただの僧に逆戻りした。

## 敵は本能寺にあり

**意** 本当の目的は別のところにある。

**解** 明智光秀は、主君である織田信長の命で備中の毛利を攻めることになっていたが、本当の敵は本能寺にいる織田信長であるとして本能寺に向かった。そのときに明智光秀が発した言葉として有名。ただし、本当にいったのではなく、のちの創作と考えられている。出典の『明智軍記』も書かれたのは江戸時代中期よりあとといわれる。作者不明。ちなみに現在の本能寺は、織田信長が討たれた「本能寺の変（1582年）」から場所は移転している。

## 後《あと》の祭り

意 間に合わなくて手遅れになること。時期遅れのこと。

解 京都の祇園祭《ぎおんまつり》の「前の祭り」と「後の祭り」が由来。昔、絢爛《けんらん》豪華なのは前の祭りで、山鉾《やまぼこ》の山車《だし》も出ない地味な後の祭りには行っても無駄ということから、手遅れになるという意味が生まれた。

そのほか、祭りの終わった翌日に行っても意味がないなど、祇園祭に限らず祭りを由来とした説がいくつかある。一方、後の祭りは葬式や法事など亡くなった後の儀式や行事を意味するので、それが手遅れという解釈につながったという説も。

祇園祭の壮麗な山鉾の山車。

## 鰯《いわし》の頭《あたま》も信心から

**意** 信仰心とは不思議なものである。

**解** 鰯の頭のようなつまらないものでも、信仰心さえあれば尊いものに見えるという、信仰心を皮肉ったことわざ。柊鰯《ひいらぎいわし》は柊の小枝に鰯の頭を刺したもので、節分の魔除けとして門口に挿す。鰯の頭を焼く臭いと煙で鬼が近寄らないという。

柊鰯は節分の際、西日本で見られる習慣。柊は鬼の目を刺し、鰯は臭いで鬼を遠ざけるという。

## 一富士二鷹三茄子《なすび》

**意** 縁起がよいとされる初夢。

**解** 諸説あるが、もっとも有名なのは、徳川家康に縁の深い駿河(今の静岡)の国の名物を並べた、または家康が好んだものを並べたという家康由来説。家康は生前、「遺体は駿河国の久能山《くのうざん》に葬り、江戸の増上寺《ぞうじょうじ》で葬儀を行い、三河国の大樹寺《だいじゅじ》に位牌を納め、一周忌が過ぎて後、下野《しもつけ》の日光山に小堂を建てて勧請《かんじょう》せよ、関八《かんはっ》州《しゅう》の鎮守になろう」と遺言を残していたという。ちなみに、一富士二鷹三茄子には続きがあり、「四扇《おうぎ》五煙草六座頭」という。「扇」も「煙草」も人が集まる席に欠かせない縁起物。六の「座頭」は髪の毛を剃った盲人のことで、「毛がない」と「怪我《けが》ない」をかけている。

## お払い箱になる

意 人や物などが不要として捨てられること。解雇されることなどもいう。

解「お祓い箱」は伊勢神宮で配るお祓いの札を入れておくための箱のこと。お祓いをしてもらい、その証としてお札や幣《ぬさ》を受け取り、これら大麻《たいま》と呼ばれるものをお祓い箱に入れる。お祓い箱を受け取った檀那《だんな》は神棚などに祀《まつ》り大切に扱う。しかし、翌年の暮れになれば、新しくお祓いした大麻が入っている箱を渡される。こうして、毎年捨てられることから、「お祓い」と「お払い」をかけて不要なものを捨てるという意味になった。

## 白羽の矢が立つ

意 多くの人の中から特別に選ばれる。

解 怪物への生贄《いけにえ》として差し出される少女の家の屋根に白羽の矢が立てられるという、人身御供《ひとみごくう》の俗信からきている。つまり、元来は犠牲になるというよくない意味。現在では幸運なことに使われる場合が多く、「白羽の矢が当たる」といい間違えられることも。人身御供については、早太郎《はやたろう》という賢く強い犬が生贄の娘の身代わりとなり怪物と戦い亡くなったという光善寺の早太郎伝説が有名。

## 烙《らく》印《いん》を押される

意 拭い去ることのできないほどの汚名を受ける。

解 「烙印」とは、罪人の額などに押した×印などの焼印のこと。消すことはできないという意味のたとえとして使われる。

## 油を売る

意 無駄話をして時間を潰し、仕事や作業を怠けること。

解 髪につける油説と灯りに使う油説があるが、いずれにしても、江戸時代は商人が家々をたずねて油を売っていた。油を容器に移し替えるのに時間がかかったため、商人とお客がおしゃべりをしていたことから生まれた言葉。

油は気温が高いと膨張するため量をごまかすことができる。夏は商人が売り歩く時間は昼間の暑い時間だけで、労働時間も短かったそう。

江戸時代の油売り。「和《わ》国《こく》諸《しょ》職《しょく》絵《え》つくし（菱川師宣《ひしかわもろのぶ》）」（国立国会図書館）

# 8章 四季・天候のことわざ

気候・天候と農耕、暦などとの深い関わりが、古くからの知恵や言い伝えのなかにみられます。

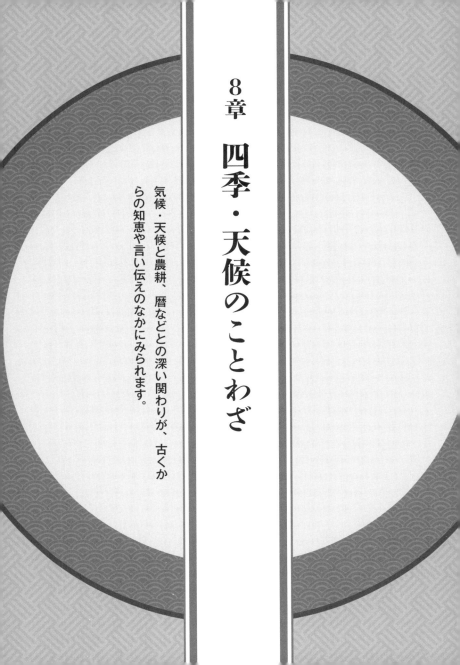

## 1 春にまつわる ことわざ

### 春《しゅん》眠《みん》暁《あかつき》を覚えず

意 春の夜は心地よく、朝になったことにも気がつかず、寝過ごしてしまう。

解 中国の詩人、孟浩然《もうこうねん》の詩。春の夜は短いという使い方は誤り。

### 明日ありと思うこころの仇《あだ》桜《ざくら》

意 明日はどうなるかわからない。

解 「夜半《よわ》に嵐の吹かぬものかは」と続く。夜になり、強い風が吹いて、明日も咲いていると思っていた桜も散ってしまうかもしれないことから。親鸞聖人《しんらんしょうにん》が出家した九歳のときに詠んだ歌だとされる。

### 春《しゅん》風《ぷう》駘《たい》蕩《とう》

意 春の景色ののどかな様子。

解 「駘蕩」は、のどかでうららかな様子。何事もなく、のんびりと過ごしているという状態のほか、温厚な人柄も表す。

例 **彼の春風駘蕩な性格は、周りの人々を和ませる。**

### 春《しゅん》宵《しょう》一《いっ》刻《こく》値《あたい》千《せん》金《きん》

意 趣深い春の宵《よい》のひとときは、千金に値するほど価値がある。

解 「一刻」は、わずかな時間。原文は「花有清香月有陰　歌管楼台声細細　鞦韆院落夜沈沈（花は清らかな香りを放ち、月は朧《おぼろ》にかすむ。夜になると、歌や楽器の鳴り響いた楼閣も今はかすかに聞こえるばかり。中庭にはブランコ（鞦韆《しゅうせん》）が一つ。夜は静かにふけていく）」と、美しい春の夜の情景が詠われている。中国の政治家で詩人の蘇軾《そしょく》の作。

### 一人娘と春の日はくれそうでくれぬ

意 一人娘の場合、親が惜しがって、なかなか嫁に出そうとしないことのたとえ。

解 春の日は長く、なかなか日が暮れないことから、「暮れぬ」と嫁に「くれぬ」をかけた言葉。一人娘を嫁にもらうのは難しいということ。

類 「春の日と継《まま》母《はは》はくれそうでくれぬ」

## 一《いち》陽《よう》来《らい》復《ふく》

意 冬が去り、春がくること。新年がくること。

解 転じて、悪いことが続いたあとに、ようやく物事がよい方向に向き始めること。旧暦では、十月に陰が強まり、十一月の冬至に陽に返ることから、冬至のことも表す。

## 立春大吉

意 新しい年の幸せを祈る言葉。

解 立春(二月四日頃)は、かつて新しい年の始まりであったので、この言葉は「謹賀新年」のような意味合いがある。また、この文字は左右対称である。節分に「立春大吉」のお札を家の入口に掲げると、家に入って来た鬼が、裏から見ても同じように読めるため、「まだ家の中に入っていなかった」と勘違いして、出て行くという言い伝えがある。左右対称の文字は、このほかにも「裏表がないから」縁起がよいとされている。

「立春大吉」の札を見て鬼が出て行き、一年間平穏無事に過ごせるという。

## 彼岸すぎまで七《なな》雪《ゆき》

意 春の彼岸が過ぎても、雪がたびたび降ること。

解 豪雪地方では、彼岸を過ぎてもまだまだ雪が降るから気をつけよという戒めとしても使われる。似た表現に「彼岸過ぎても七はだれ」がある。「はだれ」は、ハラハラと降る雪のこと。

## 八《はち》十《じゅう》八《はち》夜《や》の別れ霜

意 八十八夜の頃に降りる霜で、これ以降、霜は降りないといわれている。

解 八十八夜は、立春から八十八日目の五月二日頃。農家ではこの日を目安に、茶摘みや種まきが行われる。また「八十八夜の忘れ霜」といえば、春の終わりに急に気温が低下して霜が降りることをいう。

## 2 夏にまつわる ことわざ

### 夏歌う者は冬泣く

意 働けるときに働かないでいると、あとで生活に困るというたとえ。

解 体を動かしやすい夏の季節に歌って遊んでいると、寒い冬がきたときに食べるものもなく、泣く羽目になるという意味から。

### 梅雨に降らぬと土用に降る

意 梅雨の時期に雨が降らないと、土用の時期にたくさん降る。

解 陰陽《いんよう》五行《ごぎょう》説《せつ》に由来し、年に四回ある「土用*」の期間。このことわざの土用は、小暑から立秋の前日までの夏の土用を指す。

### 五月雨《さみだれ》は金《かね》も溶かす

意 梅雨時は、金属すらも溶かすほどにジメジメとうっとうしい。

解 この頃の五月は、旧暦で考えるので、現在の六月。つまり、五月雨は梅雨のことを表す。古くは「五月晴《さつき》れ」といえば、「梅雨時にみられる晴れ間」を指す言葉だった。

### 梅雨の夕晴れ

意 梅雨の時期の美しい夕焼けを表す言葉。

解 梅雨時には、空気中にたくさんの水分が含まれている。夕焼けを構成する赤い波長の光線は、その水分によって、より散乱する。よって、梅雨の頃にはより鮮やかな夕焼けを見られるという。

### 夏は日向を行け冬は日陰を行け

意 自分の体を鍛えるために、進んで辛《つら》いほうをとれということ。

解 夏に暑い日向を歩き、冬に寒い日陰を歩くようにせよということから。また、人の行きたがる夏の日陰や冬の日向は人に譲って、出すぎたことはしないようにという教えとしても。

＊土用とは立春、立夏、立秋、立冬の前の18〜19日間を指す。

## 夏の夕焼け雨が降る

意 夏に夕焼けが美しく見えたら、雨が降る予兆である。

解 原理は「梅雨の夕晴れ」と同じ。空気中の水分が多いことから。「夏の夕焼け水戸《みと》落とせ」ということわざもある。水戸は、水田の水の調整をするもので、夜の雨に備えることを進めている。

## 夏の風邪は犬も食わぬ

意 夏に風邪をひくくらいつまらないことはないということ。

解「夏の風邪は犬もひかぬ」「夏の風邪は猿でもひかぬ」とも。ちなみに「夏の蛤は犬も食わぬ」「夏の牡丹餅犬も食わぬ」という言葉もあり、夏の時期はまずいものを表す

### 「陰《いん》陽《よう》五《ご》行《ぎょう》説《せつ》」とは

中国古代の宇宙観であり、日本の暦やことわざにも大きな影響を与えている。

「陰陽説」は、宇宙の現象事物は「陰」と「陽」との働きによるもの、「五行説」は万物の根源を「木」「火」「土」「金」「水」の五元素に分けたもの。下図のように分類される。

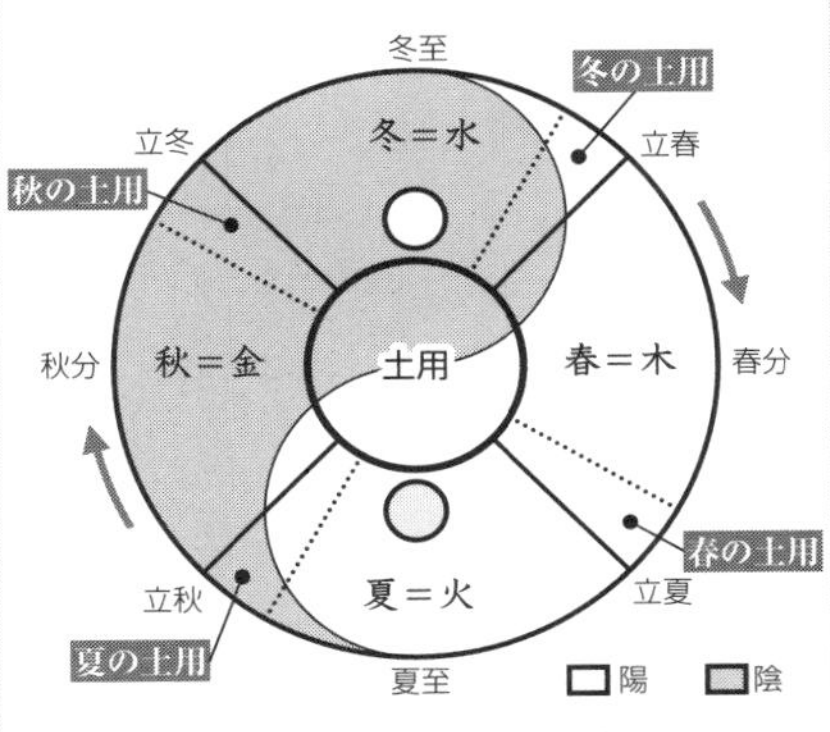


季節の変わり目には「土用」が必ず挟まれる。

## 夏《なつ》沖《おき》の秋《あき》山《やま》

意 夏は沖のほうが、秋は山のほうが晴れていると、その日は天気がよい。

解 似たような言葉に「春海秋山」「秋北春南」がある。その方角が晴れていれば、たいていそのあとも晴れが続くという意味。

## 木《き》七《しち》竹《たけ》八《はち》塀《へい》十《じゅう》郎《ろう》

意 木は七月に、竹は八月に切るのがよい。塀は十月に土を塗るのがよいという教え。

解 すべて旧暦。十月の塀は乾きがよいということ。人名のようにして覚えやすくしたことわざ。「木六竹八塀十郎」とも。

## 夏座敷と鰈《かれい》は縁側がよい

意 夏は奥の上座より、風に当たれる縁側がよい。鰈もエンガワが一番うまい。

解 「縁側」をかけたことわざ。エンガワは鰈の上下にある、ヒレのつけ根部分。形が建物の縁側に似ていることからこの名がついた。よく似た魚の鮃《ひらめ》のエンガワは高級品である。

## 夏の鰯《いわし》で足が早い

意 傷みやすい鰯なので、暑い夏は特に早く食べよということ。

解 これ以外に「使用人に用事を頼もうとすると、それを察して逃げられる」というたとえにも用いられる。ちなみに、六月〜七月に水揚げされる「入梅鰯《にゅうばいいわし》」は脂がのっていて、一年でもっともおいしいそう。

## 夏の鱸《すずき》は絵に描いてでも食べろ

意 夏の鱸は非常においしいので、絵に描いてでも食べるべし。

解 鱸の旬は、六月〜八月。脂がのって非常においしいといわれている。血合いがほとんどない白身魚で「すすぎ洗い」をしたかのようなことから鱸の名がついたという説がある。

## 七夕のあけの朝早く髪を洗う

意 七夕の朝に髪を洗うと、美しくきれいな髪になるので、この日に髪を洗うとよい。

解 古くは、七夕の日に水辺で禊《みそぎ》を行う風習があった。その風習に基づいたものと考えられ、この日に髪を洗うと黒くなるなどといわれた。平安時代の『宇津保《うつほ》物語』に、貴族の女性が七夕に、賀茂川で髪を洗う様子がある。

### 日本文学史上最古の長編物語『宇津保《うつほ》物語』

平安時代の中期に成立したという『宇津保物語』は、日本最古の長編物語。難破してペルシアに漂着した遣唐使、清原俊蔭《きよはらのとしかげ》が天女から琴を伝授される。その「琴」の継承にまつわる物語に、貴族社会の様子が写実的に盛り込まれた作品である。全二十巻で構成され『源氏物語』にも影響を与えたといわれている。

# 3 秋にまつわることわざ

## 灯火《とうか》親しむべし

意 涼しく秋の長い夜は、あかりの下での読書をするのにふさわしいということ。

解 中国の唐代の文学者、韓愈《かんゆ》の詩の一説から。まさに読書の秋を表している言葉。夏目漱石の『三四郎』にもこの表現が出てくる。出典『全唐詩』。

## 紅葉《もみじ》に置けば紅《くれない》の露

意 環境によって外観が変わることのたとえ。

解 白い露も紅葉の上に宿ると赤く見えることから。

## 二百二十日《にひゃくはつか》の荒れじまい

意 二百二十日頃には、台風の恐れがなくなる。

解 二百二十日は暦のひとつ。立春から数えて、二百二十日目の九月十一日頃にあたる。この時期には、農村を中心に各地で風を鎮める祭りが行われる。また、「八朔《はっさく》(旧暦八月一日)」「二百《にひゃく》十日《とおか》」とともに農家の三大厄日とされ台風がきやすいとされた。「二百十日の前後《まえうし》ろ」は、台風で収穫物が荒らされるから注意せよの意。

## 秋の日は釣瓶《つるべ》落とし

意 井戸の中に釣瓶がすとんと落ちるように、秋の日は急に暮れる。

解 「急転直下」という意味でも使われる。東海・近畿地方の一部では「釣瓶落とし」という妖怪伝説があり、木から落ちてきて人間を食べるといわれている。

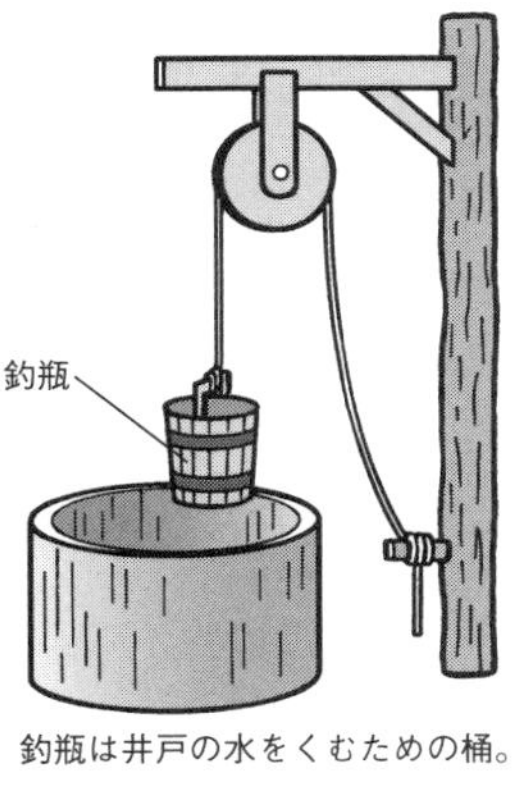


釣瓶は井戸の水をくむための桶。

## 一葉《いちよう》落ちて天下の秋を知る

意 小さな前触れで、将来の成り行きを知ること。

解 中国の古典『淮南子《えなんじ》』の「一葉の落つるを見て、歳のまさに暮れんとするを知る」が出典。桐の葉が落ちて、秋がきたことを知るように、大きな動きを予知することをいう。

## 天高く馬肥ゆる秋

意 秋の快適な気候のこと。

解 秋は空気が澄み、空が高く感じられ、さらに馬も肥えるような収穫の季節であることを表す言葉。食べすぎの言い訳としても使われる。元の中国の故事は「秋が深まって馬が肥えてくると、北方の騎馬民族が、その馬を狙って略奪にくるので気をつけよ」と警告を促すものであった。

## 稲妻《いなずま》は豊作のしるし

意 雷が多いと豊作になる。

解 音が聞こえない光の雷を「稲妻」「稲光《いなびかり》」という。この名は「稲を実らせる光」と信じられていたから。最近の研究で、落雷が起こると窒素の量が約1.5倍に増え、稲の成長を促すというデータがある。ちなみに「雷」は夏の季語で、「稲妻」は秋の季語。

## 秋の日と娘の子はくれぬようでくれる

意 秋の日はなかなか暮れないようでいて、急に日が暮れてしまう。娘もなかなか嫁にくれないようでも、案外簡単にくれるものだ。

解「暮れる」と「くれる(与える)」をかけた言葉。

## 秋の鹿は笛に寄る

意 人が恋に身を滅ぼしたり、弱みにつけ込まれたりすること。

解 秋の鹿は発情期のため雄雌が求め合うが、人間の鹿笛に誘われて近づいて、捕らえられてしまうことから。

## 小春日和《こはるびより》

意 晩秋から初冬にかけて、春のように穏やかな気候のこと。

解 陰暦の十月の別称は「小春」。『徒然草』にも「十月は小春の天気、草も青くなり梅もつぼみぬ」とある。春先の穏やかで暖かい気候とするのは誤り。

例 小春日和は冬のごほうびのような日だ。

# 4 冬にまつわることわざ

## 歳《さい》寒《かんの》松《しょう》柏《はく》

意 逆境にいても思想を変えない人のこと。

解 松や柏は冬の寒い季節にも耐えて、緑を保つ様子から。出典『論語』。

例 歳寒松柏の心を忘れずに、努力すれば成功するだろう。

## 冬《とう》至《じ》冬《ふゆ》中《かな》冬《ふゆ》始《はじ》め

意 暦の上で、冬至は冬の真ん中であるものの、本当の冬の厳しさはこれからであるということ。

解 太陽がもっとも低く、昼が一年で一番短い冬至。これから日は長くなっていく。しかし日が長くなり、大地や海が暖められても、気温の変化となって現れるのは一か月くらい先になる。

## 三《さん》寒《かん》四《し》温《おん》

意 冬に寒暖が繰り返されること。冬に寒い日が三日続くと、次の四日間が暖かくなる。そのようにして春が近づいてくるということ。

解 元々は朝鮮半島や中国東部の典型的な気候現象。シベリア高気圧の影響で、七日間周期で寒い日と暖かい日が繰り返される。日本の太平洋側にも、同じ傾向がみられる。

## 氷を叩いて火を求む

意 できるはずがないことを望むことのたとえ。また、誤った手段や方法では、物事を成し遂げられないこと。

類 「木に縁《よ》りて魚を求む」「百年河清《かせい》を俟《ま》つ（⬇Ｐ３３２）」「畑に蛤」

## 霜を履《ふ》んで堅《けん》氷《ぴょう》至《いた》る

意 霜を踏んで歩く季節を過ぎると、やがて氷の張る季節がやってくるという意味。

解 転じて物事の兆候が現れたら、実際の出来事が起こるという使い方もされる。出典『易経』。

## 冬来りなばなば春遠からじ

意 不幸な状況であっても、耐えていれば幸せが巡ってくる。

解 冬が来れば必ず、春もやって来ることから。イギリスの詩人シェリーが書いた『西風に寄せる歌』が出典。

## 氷ばかり艶《えん》なるはなし

意 氷の透き通る美しさにこそ、「艶」がある。

解 「艶」とは、美しさの表現のひとつ。室町時代の連歌師である心敬が表現した、「わびさび」ならぬ、「ひえさび」の美学、清く寒く感じる美の世界を表現している。

## 師走《しわす》筍《たけのこ》、寒茄子《かんなすび》

意 旬でない食べ物を手に入れるのが難しいように、望んでも叶わないこと。

解 師走には、春が旬の筍を手に入れることができないし、暑い夏が旬の茄子も「寒」の時期には手に入れることができないということから。「寒」とは二十四節気で一番寒い時期のこと。立春前の三十日間、小寒から大寒を経て、立春を迎える前日までを指す。

### 季節を感じる「二十四節気」

1年を二十四等分し、その分割点に季節を表す名称をつけ、季節の指標としたもの。古代中国で考え出された。

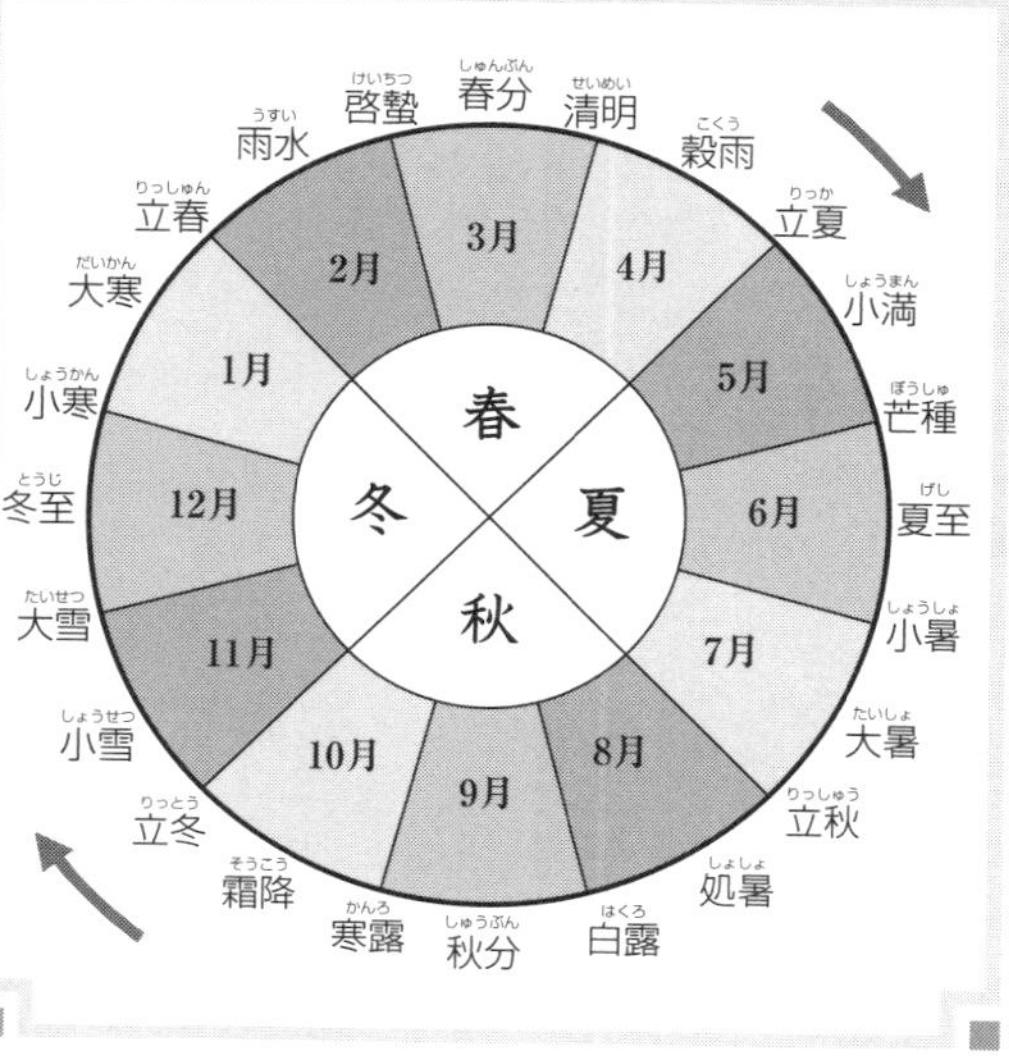

## 5 天候にまつわる ことわざ

### 東《ひがし》雷《かみなり》雨降らず

意 東のほうで雷が鳴っても、雨にはならない。

解 東から天気がくずれることはまずない。だから、東で雷が鳴っても雨の心配をする必要はないということ。

### 朝雨に傘いらず

意 朝のうちに振り出した雨は、すぐに上がるので、傘はいらないということ。

解 朝の雨はすぐにやむということわざは多く、「朝雨女の腕まくり」といえば、朝の雨と女の腕まくりは取るに足らないという意味。日が沈み、気温が下がると、水蒸気が雲となって雨になる。しかし、日が昇れば気温も上がって雲が消えるので、雨はやんでしまうから。

### 疾《しっ》風《ぷう》迅《じん》雷《らい》

意 行動や勢いがすばやく、激しい様子。

解 速い風と激しい雷という意から。出典『礼《らい》記《き》（⬇P335）』。

例 疾風迅雷の勢いで駆け抜けた一年だった。

### 朝鳶《とび》が鳴けば隣《となり》七《しち》軒《けん》出《い》でがならぬ

意 朝に鳶が鳴くと、雨が降るので外出はしないほうがいい。

解 朝に鳶が飛ぶのは、湿気を感じた鳶が餌を集めるためという説がある。

類 「ツバメが低く飛べば雨」

### 朝《ちょう》霞《か》門《もん》を出《い》でず暮《ぼ》霞《か》千《せん》里《り》を行《ゆ》く

意 朝の霞《かすみ》には外出を避けるが、夕方の霞には遠出をしてもよい。

解 朝立つ霞は、雨の降る前兆であるが、夕方の霞は晴天の続く前兆であるから。

## 朝のぴっかり姑の笑い

**意** あてにならないことのたとえ。朝の好天と、姑の笑顔は変わりやすくあてにできない。

**解**「朝」や最初に調子がよいものは、警戒したほうがいいという警告でもある。

## 伯母《おば》の牡丹餅《ぼたもち》と乾《いぬい》夕立の来ぬことはない

**意** 伯母は必ず、お土産を持って現れるように、乾(北西)の方角からくる黒雲は、必ず夕立になる。

**解** 伯母が姪や甥をかわいがり、お土産を携えてくるのがあたりまえであるように、北西から天気が崩れるのもあたりまえということ。

## 朝虹《あさにじ》は雨夕虹《ゆうにじ》は晴れ

**意** 朝に虹が見えたら雨になり、夕方虹が見えたら晴れになる。

**解** 虹は、太陽を背にした方角に見えるもの。朝に見える虹は、西の空に現れ、夕方の虹は東の空に現れる。西から天気は変わるため、朝に虹が見えたら、西に雨が降っているので、その後今いる場所の天気がくずれるというわけ。逆に、夕虹は東に雨が降り、西側が晴れているので、翌朝も晴れになる可能性が高い。

**類**「朝虹はその日の洪水」

## 風の便り

**意** どこからともなく伝わってくるうわさのこと。

**解**「風のうわさ」と使うのは誤り。

**例** **あの老夫婦はハワイに住んでいると風の便りに聞いた。**

## 夕立は馬の背を分ける

**意** 夕立は雨の降り方が局地的であるというたとえ。

**解** 夕立が降っている場所から、ごく近い場所でも晴れていることがある。馬の背の片側は雨が降っていて、もう片側は晴れていると表現した。

## 台風一過

**意** 台風が去ったあとの、晴れ渡った様子。

**解** 騒動が収まったあとの晴れ晴れとした様子にも使われる。台風は、湿った空気をエネルギーとして吸い込みながら進んでいく。台風が過ぎると、大陸からやってきた高気圧が日本を覆う。だから晴れとなりやすい。

## 五風十雨《ごふうじゅうう》

意 世の中が平穏無事であること。天候が順調で農作物が育つのに都合がよいこと。

解 五日に一度風が吹き、十日に一度雨が降るように、天気が順調で農作業に適し、豊作の兆しとされたことから。

例 五風十雨の平和な世を喜ぶ。

## 二八月《にはちがつ》に思う子船に乗《の》するな

意 二月と八月は天気が急変しやすく、海が荒れるので船に大事な子どもを乗せてはいけない。

解 旧暦の二月と八月のことなので、現在の三月と九月。三月は季節風が吹き、九月は台風シーズンである。この時期は、漁師も漁を控えることが多い。

## 日暈《ひがさ》雨傘《あまがさ》月暈《つきがさ》日傘《ひがさ》

意 太陽が暈を被ると雨が降り、月が暈を被ると日傘が必要なほど晴れる。

解 「暈」は、太陽や月のまわりに見える輪のような光。虹のようにも見えることから「白虹《はっこう》」とも呼ぶ。空の高いところで、空気が湿ったことによって日暈が発生する。月暈も原理は同じでこれが見えたからといって翌日、晴れるとは限らないようだ。

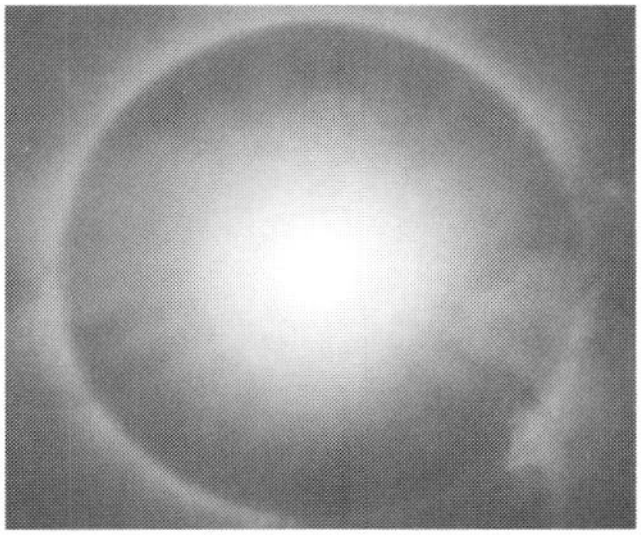
日暈とは太陽のまわりに光の輪が現れること。

## 暑さ寒さも彼岸まで

意 冬の寒さは春分頃まで、夏の暑さは秋分頃までには和らぐ。

解 彼岸は、春分または秋分の日を中日として、その前後の三日間を合わせた七日間をいう。仏教では、あの世が西にあるとされた。太陽が真東から昇り、真西に沈む、春分、秋分はこの世とあの世が一番近づくと考えて、先祖供養をする日になった。

## 干天《かんてん》の慈雨《じう》

意 日照りのときに降る、恵みの雨のこと。

解 転じて、待ち望んでいたことが実現したり、困っているときに差し伸べられる救いの手としても使われる。

## 狐の嫁入り

**意** 天気雨のこと。

**解** 本来、「狐の嫁入り」といえば、夜に鬼火がいくつも並んで見える現象。この不思議な現象に対して「狐が人間の婚礼を真似て、ちょうちん行列をしているに違いない」としたことから。天気雨を「狐の嫁入り」と呼ぶのも、日が照っているにもかかわらず、雨が降るのは、狐が起こす不思議な現象だとしたことから。

## 篠《しの》を突く

**意** 雨が激しく降る様子。

**解** 細い竹(篠竹《しのだけ》)を束ねて突き下ろすように降るというたとえ。篠竹は、山地に群生して生える。篠は「ささ」とも読み、笹のような細い竹という意味でこの名がついた。

---

## 遣《や》らずの雨

**意** 来客を返さないかのように降る雨のこと。

**解** 「遣る」には、そこへ指し向かわせるという意味がある。

## 晴《せい》好《こう》雨《う》奇《き》

**意** 晴れた日は景色が美しく、雨の日もまた趣が異なってすばらしいこと。

**解** 「奇」は普通と違って優れているという意味。

**例** **京都の景勝地を巡って、晴好雨奇の眺めを堪能した。**

## 雪は豊《ほう》年《ねん》の瑞《しるし》

**意** 雪がたくさん降ると、豊作になる前兆。

**解** 『万葉集』に「新しき年の初めに豊《とよ》の年しるすとならし雪の降れるは」とある。「瑞」は前兆、前ぶれの意味。雪が降ると、水が豊富になり干害の心配がない。「雪は豊年の貢物」ともいう。

---

## 雪の明日は孫《まご》子《こ》の洗濯

**意** 雪の次の日は洗濯日和である。

**解** 雪の降った翌日は、晴れて暖かくなることが多い。そのため、自分の物だけでなく、子や孫の分まで洗濯することができるという意から。

## 雪の果ては涅《ね》槃《はん》

**意** 雪が降らなくなるのは涅槃会《ねはんえ》(三月十五日)の頃。

**解** 「涅槃」は、釈迦が亡くなった日。ただ実際には、四月頃まで雪が降る寒冷地もある。

# 9章　ポジティブになれることわざ

元気や勇気が出たり、慰められたり、希望がわいたり、
生き方が前向きになるような素敵なことわざ。

# 1 元気・勇気が出る

## 日日《にち》是《にち》好《これ》日《こう》

意 来る日も来る日もすばらしい日が続くということ。

解 禅語のひとつで、中国の唐末から五代に活躍した禅師、雲門《うんもん》文偃《ぶんえん》の言葉。どんな状況でも人生には意味があるから一日一日を精いっぱい生きよう。全力で生きればどんな日でも好日となるということを伝えている。

## 笑って暮らすも一生　泣いて暮らすも一生

意 どのような生き方をしても一生は一度だけ。どうせなら笑って愉快に暮らしたほうがよいということ。

解 悪いことが起きても悪い面だけをみて悲しむのではなく、経験できたことに感謝をしようという、ポジティブな言葉。七福神の布袋《ほてい》様の言葉としても知られる。

## 笑う門《かど》には福来《きた》る

意 笑い声が満ちる家には、自然と幸福がやってくるということ。

解 「門」は入り口ではなく「家」を表す。悲しいことや苦難があっても、希望をもってがんばっていれば幸せが訪れる意も。

類 「和気《わき》財を生ず」「笑って損した者なし」

## 家は狭かれ心は広かれ

意 家や暮らしは質素でも、心は広くもつのがよいということ。

解 心を大きくもっていれば、質素な生活でも豊かなものになるということから。質素な暮らしのなかにあっても、心を豊かにする体験を大切にしなさいという解釈もできる。

## 青天白日《せいてんはくじつ》

意 よく晴れた日のこと。転じて、やましいところがないこと。

解 また、疑いが晴れるという意も。「青天」は晴れ渡った青空、「白日」は輝く太陽のこと。中国の儒学者、朱子《しゅし》は、孟子《もうし》を「青天白日のように汚れもなく欠点もない」と賛美した。

## 虚《きょ》心《しん》坦《たん》懐《かい》

意 心にわだかまりがなく、気持ちがさっぱりとしていること。

解 「虚心」は素直な心の状態、「坦懐」は平静な心境のこと。穏やかで落ち着いた心持ちで物事や人に対するさまをいう。

例 人とはいつでも虚心坦懐に接したい。

## 起きて働く果報者

意 体が健康で働くことができることほど幸福なことはなく、なによりも幸せ者だということ。

解 病気で動けずにいることを考えれば、貧乏でも毎朝起きて元気に働けるのは幸せなことだとしみじみ実感できる。

## 歩く足には棒当たる

意 物事を行おうと動けば、良いことにも悪いことにも遭う。じっとしていれば無事だが、何も生まれないということ。

解 幸も不幸も行動を起こさなければ生まれない。何かに行き詰まったら行動してみようという前向きな言葉として使える。

## 終わりよければすべてよし

**意** 物事は結果が大事であり、途中に何があろうと結末が立派であれば問題ないということ。

**解** 結果を出すには何をしてもいいという意味ではなく、「いろいろあったが最終的にはよかった」とポジティブに使う。

## 多士済済《たしせいせい》

**意** 優れた人材が多く集まっていること。粒ぞろい。

**解** 中国最古の詩集『詩経（⬇P335）』、「済済たる多士、文王以《もっ》て寧《やす》んぜり（優秀な者が集まり文王は心安らかであられる）」に由来。済済は「さいさい」とも読む。

## 一人の文殊《もんじゅ》より三人のたくらだ

**意** 優れ者一人で考えるより、たとえ愚か者でも三人で考えたほうがよいということ。

**解** 「文殊」は知恵を司る文殊菩薩《ぼさつ》、「たくらだ」は狩りの際、飛び出して殺される麝香鹿《じゃこうじか》に似た獣で、転じて愚か者という意。

## 来年のことをいえば鬼が笑う

意 将来のことは予測できないということのたとえ。

解 由来はさまざまあるが、予想もつかない将来のことを話す人間の愚かさを鬼があざ笑ったという説が有名。未来を心配する者をからかう言葉だが、気にするなと勇気づける意味も。

## 血気盛りに神《かみ》祟《たた》らず

意 勢いが盛んなときは、少し道を外れた行いをしたとしても神様は罰することはないということ。

解 「血気」は血液と気息、つまり生きているものを指し、生命力、活気がみなぎっている青年などに使うことが多い。

## 意《い》気《き》軒《けん》昂《こう》

意 意欲が盛んで元気のいいさま。奮い立つさまをいう。

解 「軒」と「昂」は、ともに高くあがるという意味がある。気持ちがとても前向きで上昇しているときに使いたい。

例 意気軒昂な高校球児の姿を見るとこちらも元気が出る。

## 老いては壮《さか》んなるべしますます

意 年老いても衰えることなく、ますます意気盛んでなくてはならないということ。

解 経験を積み重ねてきたからこそできることもあるのだから、若者をしのぐほど意気盛んであるべきと元気づける言葉。

## 捲《けん》土《ど》重《ちょう》来《らい》

意 一度失敗した者が、再び勢いを盛り返してくること。

解 「捲土」は土煙を巻き上げることで、勢いがあるさま。「重来」は再び来ることをいう。中国の秦《しん》時代、名武将の項《こう》羽《う》が自害したとき、追悼として杜《と》牧《ぼく》が作った詩に由来する。

## 快《かい》刀《とう》乱《らん》麻《ま》

意 複雑な問題を見事に解決することのたとえ。

解 よく切れる刃物で、もつれた麻糸を断ち切る意味から。中国の南北朝時代の歴史書『北《ほく》斉《せい》書《しょ》』の逸話に由来するが、そのルーツは古代トルコの伝説「ゴルディアスの結び目」という。

## 旭日昇天《きょくじつしょうてん》

意 勢いが盛んなこと、順調に物事が運ぶことのたとえ。

解 朝日が勢いよく天に昇るさまから。多くの場合、「旭日昇天の勢い」と使う。「旭日東天《とうてん》」ともいう。

例 連勝中のあのチームは、まさに旭日昇天の勢いだ。

## 風は吹けども山は動《どう》ぜず

意 まわりが混乱し騒ぎ立てても、少しも動じることなく悠然としている様子。また、信念を貫くことのたとえ。

解 激しい風が吹けば、草木や土は舞ったりするが、山自体は微動だにしないことから。

## 仁者《じんしゃ》は山を楽しむ

意 徳のある者は運命を受け入れ欲に惑わされないため、山のように動じないことから、山を好むということ。

解 出典『論語』では「知者は水を楽しむ」と対になっている。

例 仁者は山を楽しむというように、定年後は穏やかに生きたい。

## 2 未来への希望がもてる

### よい花はあとから

意 本当にいいものはあとから現れることのたとえ。

解 最初に咲いた花より、あとから咲いた花のほうが美しいことから。目先にあるものに飛びつくなという戒めと、何事も時間をかけなければいいものはできないという意味で使われる。

類 「大器晩成」「残り物には福がある（⬇P46）」

### 大器晩成

意 偉大な人物は大成するのに時間がかかる。大物は遅れて頭角を現すということ。

解 鐘や鼎《かなえ》（⬇P166）のような大きな器は、簡単に作り上げることはできないということから。コツコツとがんばる人へのほめ言葉や、諦めるなという励ましで使われる。出典『老子』。

## 踏まれた草にも花は咲く

意 逆境にある人も、いつか栄えるときがくることのたとえ。

解「韓信《かんしん》の股をくぐるも時世と時節、踏まれた草にも花が咲く」という俗謡《ぞくよう》から。前半からは「韓信の股くぐり」(➡P33)ということわざが生まれている。

## 隠徳《いんとく》あれば陽報《ようほう》あり

意 人知れず徳を積む人には必ずよい報いがあるということ。

解『淮南子《えなんじ》』の人間訓が出典で、「陰行ある者は必ず昭名あり(隠れてよい行いをする人には必ず名誉がある)」と続く。

類「善因善果《ぜんいんぜんか》」「隠れての信は顕《あらわ》れての徳」

## 善因善果《ぜんいんぜんか》

意 よい行いをすれば、よい結果が得られるということ。

解 因果応報の思想に基づいた仏教語で果報はよい行いから生じる意。物事がうまくいかないときに腐らず思い出したい言葉。

対「悪因悪果」

## 徳は身を潤す

意　徳を積めば、自然と人間性が豊かになるという教え。

解　儒学の経典『礼記《らいき》』には、「富は屋《おく》を潤し、徳は身を潤す」とある。財産は家を立派にし、徳は人を立派にするということ。身を尊くするのは、財産ではなく徳である意味が含まれる。

## 積善《せきぜん》の家には必ず余慶《よけい》あり

意　善行を積み重ねてきた者の家には、その報いとして必ず子孫にまで幸福が訪れるということ。

解　「余慶」とは余るほどの幸福、転じて先祖の行った善行の報いが子孫に及ぶこと。「積善の余慶」とも。出典『易経《えききょう》』。

## 人事を尽くして天命を待つ

意　自分が全力でできる限りのことをしたら、あとは静かに天命に任せるということ。

解　事の成否は人知を越えたところにあるから、結果がどう出ても悔いはないという心境のたとえ。

## 禍《わざわい》も三年経てば用に立つ

意 世の中に不要なものはないということのたとえ。

解 いま、災難に直面していても、時がたてば、それが何かの役に立ったり、幸せの原因となることもあることから。「禍いも三年」と略して使うことも多い。

## 日進月歩《にっしんげっぽ》

意 日に日に絶え間なく、速いスピードで進歩すること。

解 「日～月～」は、「日に日に～していく」という意味で使う語で、そこに「進歩」を組み合わせた造語。進化、発展しているときに使う言葉で、マイナスの変化では使わない。

## 大願成就《たいがんじょうじゅ》

意 大きな願いごとがかなうこと。また、神仏の加護によって願いごとがかなえられること。

解 元は仏教語で、仏が多くの人を救済するための誓願のことをいう。つまり本来「大願」とは、みんなの願いという意味。

## 死ねば死に損生くれば生き得

意 死んでしまえばそこで終わりだが、生きていれば幸運が訪れるかもしれない。人間、生きていればこそだということ。

解 先がない死はどう考えても損であり、逆に、生きていれば可能性が広がるので、生きているだけで得という意味から。

## 沈む瀬あれば浮かぶ瀬あり

意 人生にはよいことも悪いことも、浮き沈みがあるということ。また、悪いことばかり続かないという意味も。

解 「瀬」は川の浅い所や流れが急な所を指すほか、古語では機会という意味も。よい機会がくるかもと励まして使うことも。

## 汚名返上

意 一度受けた悪い評判を、新たな成果をあげしりぞけること。

解 「返上」は「返す」をへりくだっていう言葉。つまり「汚名返上」は名を汚す出来事があったことを前提として使うもの。

例 **毎年最下位の汚名返上をかけて試合に臨む。**

# 世界のことわざ

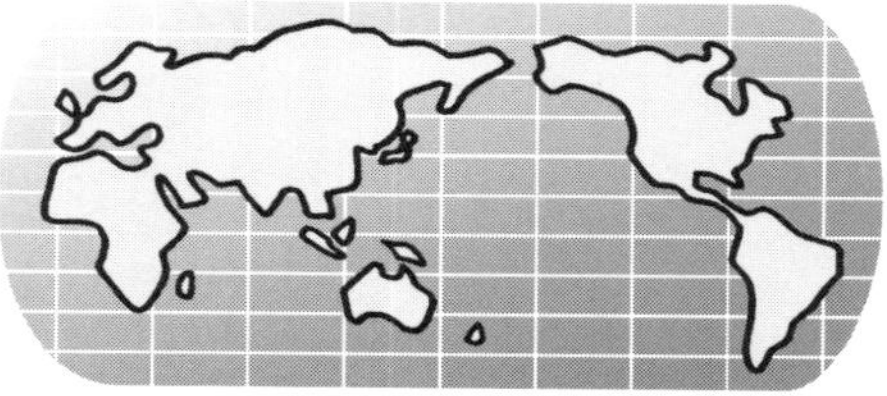

## ◎有名人の名言から生まれたことわざ

### 今日できることを明日に延ばすな

意 できることは思いついたらすぐにやれ。

解 アメリカ合衆国建国の父のひとりといわれ、現在のアメリカ100ドル紙幣に肖像が描かれている政治家、ベンジャミン・フランクリンの言葉。そのほか「時は金なり」「常に心に太陽をもて」「満足をしているのは誰か。誰もいない」などたくさんの名言を残した。

### 老兵は死なず、ただ消え去るのみ

意 これで表舞台を降りる。

解 敗戦後、占領司令官だったダグラス・マッカーサー元帥《げんすい》が退任演説の際にいった言葉。

### すべての道はローマに通ず

意 真理(目的)へはどのような手段を使っても必ず行き着く。または、真理へ行き着く手段はたくさんある。

解 フランスの詩人、ラ・フォンティーヌが書いた『寓話《ぐうわ》』にある一節に基づく。古代ローマ帝国の全盛期、各地からの道が首都ローマに通じていたことから。

### 我が亡きあとに洪水よ来たれ

意 今さえよければ、あとはどうなってもかまわない。

解 フランス国王、ルイ15世の愛人だったポンパドゥール伯爵夫人の言葉とされる。類義語に「あとは野となれ山となれ(➡P46)」。

## ◎聖書から生まれたことわざ

### 豚に真珠

意 どんなに立派なものも、その価値がわからない人には無意味だ。

解 原文は『新約聖書』マタイ伝第７章のCast not pearls before swine.（真珠を豚に投げ与えてはならない）。類義語は「猫に小判」。似合わないという意味で使うのは誤り。

### 目には目を歯には歯を

意 誰かに傷つけられたら、その罰は同程度でなければならない。

解 『旧約聖書』で唱えられた言葉。度を超えるようなひどい復讐はしてはならないという戒めの意味もある。

### 新しい酒は新しい革袋に盛れ

意 新しい思想や内容を表現するにはそれに応じた新しい様式が必要だ。

解 『新約聖書』マタイ伝第９章より。新しいぶどう酒を古い皮袋に入れれば破れて酒が漏れてしまう、といった意味。「新しい酒」はこれまでのユダヤ教に代わるキリスト教を指した。

### 人はパンのみにて生《い》くるものにあらず

意 人は物質的な満足だけを目的に生きているのではない。

解 『旧約聖書』より。「神の口から出る一つひとつの言葉で生きる」と続き、精神的なよりどころも必要ということ。

### 預言者郷里に容《い》れられず

意 優れた人物であっても身近な人には理解されにくかったり、故郷では受け入れられないことが多い。

解 『新約聖書』より。「預言者」は神の言葉を世に伝える伝道師を指し、世の中の先々を見通すような偉大な人物でも、幼少の頃を知る郷里の人からは高く評価されないということ。

## 日本発祥ではない意外なことわざ

### 疾《しっ》風《ぷう》怒《ど》濤《とう》

意 激しい風が吹き荒れて波が荒れ狂うといった意味で、時代が激しく動き、社会に大きな変化が起こること。

解『若きウェルテルの悩み』などで知られる詩人、ゲーテらを中心に展開された18世紀後半の文学革新運動（シュトゥルム・ウント・ドラング）のことで、ドイツ語からの訳。

### ピンからキリまで

意 最高から最低まで。始めから終わりまで。

解 ポルトガル語の西洋かるたから。ピンはさいころの１で最初（最上）、キリは十字架の意味で10＝最後（最低）という意味。

### 一石二鳥

意 一つのことをして、同時に二つの利益を得たり、目的を果たしたりすること。

解 四字熟語として定着している言葉だが、元は17世紀のイギリスのことわざ、Kill two birds with one stone.（一個の石を投げて二羽の鳥を殺す）から。

### 揺《ゆり》籠《かご》から墓場まで

意 誕生から死ぬまでの人間の一生。

解 第二次世界大戦後、イギリス労働党が掲げたスローガン。社会保障制度の充実により国民の最低限の生活を一生保障することを表した。

### 火のない所に煙は立たぬ

意 根拠がまったくなければ噂は立たない。

解 英語のことわざWhere there is smoke,there is fire.から。明治時代に西洋から入ってきたという説がある。

## ◎これは使える！ 哲学的なことわざ

### 友情は人生の酒である

意 ワインなどの酒と同様に、友情は時がたつほど味わいが増す。

解 イギリスの科学者であり詩人、エドワード・ヤングの言葉。またワインが食事の味を引き立ててくれるように、友情は人生をより味わい深く豊かなものにしてくれるという意味も。

### 涙ほど早く乾くものはない

意 人はすぐに悲しみを忘れ、立ち直ることができる。

解 何か悲しいことがあって涙を流したとしても、それはとても早く乾いてしまうことから。数多くの名言を残した共和政ローマ期の政治家、マルクス・トゥッリウス・キケロの言葉とされる。

### 天は自ら助くる者を助く

意 人に頼らず自ら努力する人は、天が助け、幸せをもたらしてくれる。

解 自分が努力しないと幸せにはなれず、困ったときにすぐ他人をあてにする者、または怠惰な者には幸福は訪れないという戒め。出典は『自序論』からといわれている。

### 必要は発明の母

意 発明は必要に迫られるからこそ生まれる。

解 必要に迫られるとあれこれ工夫をするものという意味。元はイギリスの作家スウィフトの言葉。類義語に「窮《きゅう》すれば通ず(➡P22)」。

### 夜明け前が一番暗い

意 苦難の時期は終わりかけの頃がもっとも苦しい。

解 イギリスのことわざ。困難に直面し、事態がどんどん悪い状況になってくると人はつい諦めてしまいがちだが、光はすぐそばまできている、もうすぐ事態は好転するということ。

## 有名なことわざの由来を知ろう

### ローマは一日にしてならず

意 大きなことは長年の努力があってこそ成し遂げられる。

解 ローマ帝国も築くまでには長年の歳月を費やしたことから。原文はRome was not built in a day.。フランス語では「ローマ」部分が「パリ」に、ロシア語は「モスクワ」になっている。

### 歴史は繰り返す

意 過去に起こったことは、同じようにして何度でも起こる。

解 古代ローマの歴史家、クルティウス・ルフスの言葉からとされる。彼はいつの時代も人間の本質は変わらないと考えていたという。

### 人間は考える葦《あし》である

意 人間はとても弱い生き物だが、しかし考えることができる能力をもつ存在として偉大である。

解 パスカルの定理などで知られるフランスの哲学者であり数学者、思想家のブレーズ・パスカルの言葉「人間は一本の葦、つまり自然の中でもっとも弱いものでしかない。しかし、それは考える葦である」より。

### ペンは剣よりも強し

意 言論の力はどんな武器や暴力より影響力がある。

解 イギリスの作家、エドワード・ブルワー＝リットンが発表した歴史劇「リシュリュー」にあった一節The pen is mightier than the sword.より。思想は武力以上に強い力を発揮するということ。

### 事実は小説より奇なり

意 現実に起こる出来事のほうが小説よりも不思議でおもしろい。

解 イギリスの詩人、バイロンの長編叙事詩「ドン・ジュアン」の一節より生まれた言葉。原文はTruth is stranger than fiction.。

# 10章　お金にまつわることわざ

お金のあるなしやお金の大切さ、お金による人間関係の変化など、お金にかかわることわざを集めました。

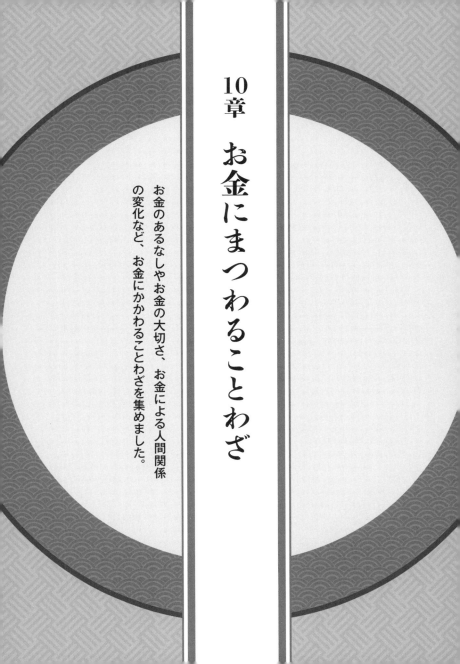

# 1 お金は大事

## 入るを量《はか》りて出ずるを為《な》す

意 収入に見合った支出を心がけることが大切。

解 収入を事前に計算し、それに見合った支出に抑えようという財政の基本を説いたことわざ。出典『礼記《らいき》(➡P335)』。

## 安物買いの銭失い

意 値段の安い物は、品質が悪くて使い物にならなかったり、すぐに壊れたりして、買い換えたり、修理したりして、かえって高くつくということ。

類「安い物は高い物」

## 親子の仲でも金銭は他人

意 お金に関することは、たとえ親子でも他人と同じようにきちんとけじめをつけなければならないということ。

解「金に親子はない」「貸し借りは他人」などともいう。

## 出雲《いずも》の神より恵比寿の紙

意 色恋沙汰よりお金のほうが大事。

解 出雲の神様といえば縁結びの神様。それよりも、恵比寿様の顔が描かれている紙、つまり紙幣のほうが大切という意味。恵比寿様の顔が書かれている紙幣は、明治時代に五円として発行されていた。

明治時代の五円札には恵比寿様が描かれていた。

# 山高ければ谷深し

意 株式相場は大きく上昇する場合もあるけれど、その後、急に下落する危険がある。

解 株式市場で使われる格言のひとつである。

# 一《いっ》銭《せん》を笑う者は一銭に泣く

意 小さな金額のお金でも大切に扱わなければならない。節約や倹約、貯金は大切である。

解 倹約することの大切さを説くときにも使う。ところで「銭」は一円の百分の一で、正式に廃止されたのは1953年。最近ではさすがに「一円を笑う者は一円に泣く」ということのほうが多いかもしれない。

# 盗人に追い銭

意 損の上に損を重ねること。一度支払いをしたのに、また払ってしまうこと。

解 泥棒に金品を盗まれて、さらにお金を渡したり、隠している場所を教えたりすることで、損を重ねることを表す。

# 金と子どもは片回り

意 お金と子どもはすでにあるところに集まる。

解 お金はお金持ちの家に入ってくるし、子どもはすでに子どものある家にまた生まれるという意味。「金は片行き」という言い方もある。

## 株式市場で使われる格言

**人の行く裏に道あり花の山**

人が売るときに買ったり、人が買うときに売ったりなど、利益を出すにはほかの人と逆のことをしたほうがうまくいく場合が多い。

**買いたい弱気売りたい強気**

株を買いたいと思ったら、まずは買う。売りたいと思ったらまずは売ることが大事。買いたい弱気はもう少し下がってから買おうという弱気、売りたい強気はもう少し上がってから売ろうとする強気を指す。

**見切り千両**

投資家が思い切って損切りしたときに使われる言葉。損売りすることで、大損は免れ、それは千金の価値があるという意。

**押し目待ちの押し目なし**

押し目*を待っていても、自分の思い通りの株価では買えないものだということ。

＊押し目とは、一時的な底値に近づいた状態のこと。

## 裸で道中はならぬ

【意】何をするにもそれなりの準備が必要である。

【解】「道中」とはここでは旅行の意味。お金も何も持たずに旅行はできない。物事には準備が必要だということ。

## 働けば回る

【意】一生懸命働けば、それに従って金回りもよくなる。

【類】「働くものに貧乏なし」「稼ぐに追いつく」

【例】働けば回るというから、真面目に働こう。

## 金なき者は金を使う

【意】お金のない人のほうがかえってお金を浪費しやすい。

【解】お金のない人は、お金に執着心がないので平気で使ってしまう。一方、お金のある人はお金を手放すのを嫌がるので、ますますお金がたまることになる。

【類】「金持ち金使わず」

## ない時の辛抱ある時の倹約

【意】お金がないときは借金などをせずに我慢し、あるときは無駄遣いしないで倹約していれば、お金に困ることなく生活できる。

## 財布の紐を握る

【意】家計のやりくりについて主導権を握る。

【解】家庭のお金の使い方を決めること。「うちでは夫（妻）が財布の紐を握っている」などというように使う。金銭のことをいうときに「財布の紐」はよく使う言葉で、「財布の紐が固い」「財布の紐をゆるめる」「財布の紐を締める」などの言い方がある。

## 爪で拾って箕《み》で零《こぼ》す

【意】コツコツとためたものを、一気に使ってしまうこと。または収入のわりに支出が多いこと。

【解】「箕」とは竹で編んだ、穀物をふるう農具。穀物からごみや殻を取り除くためのもの。一粒ずつ爪で拾ったようなものを、箕で全部こぼしてしまうことから。

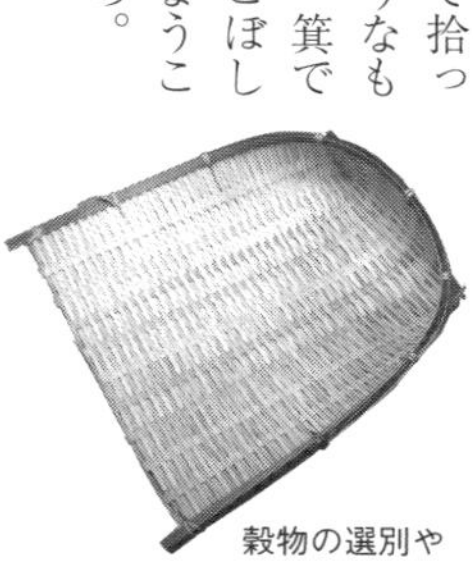

穀物の選別や運搬に使う箕。

# 2 お金で幸せ

## 江戸っ子は宵越しの銭は使わぬ

意 江戸っ子は稼いだお金はその日のうちに使い切って、翌日には持ち越さない。

解 江戸っ子のお金への執着のなさを表しているとも、江戸っ子のやせ我慢を表しているともとれる。今のように銀行に預けるシステムもないため、長屋の不用心さや、江戸の町はとにかく火事が多かったことを考えると、お金をためておいても無駄ともいわれた。「江戸っ子は宵越しの銭は持たぬ」ともいう。

## 金は天下の回りもの

意 金はひとりの持ち主のところに留まっているものではなく、常に人から人へ渡っていくものだということ。

解 真面目に働いていれば、いつかは回ってくるという励ましにも。「金は天下の回りもち」とも。

類 「金は浮き物」

## 金《かね》があれば馬鹿も旦那

意 お金さえもっていれば、その人の中身に関係なく、他人からもち上げられる。

解 「旦那」とは一家の主のことだったり、商家にとっては使用人から見た主人だったりする。お金があれば、くだらない人間でも旦那と呼ばれてほめそやされたりする。「金がいわせる旦那」ともいう。

## 金《かね》が物をいう

意 難しい問題でも、お金の力で解決できる。

解 金の力は強いということ。「物をいう」は「どうとでもできる」という意味があり、「権力が物をいう」などとも使う。

## 金持ち喧嘩《けんか》せず

意 利益や立場を失うのが嫌なので、金持ちはもめごとを避ける。喧嘩をするのは損と考えている。

解 有利な立場にいる者は、おっとりしていて、小さなことにはこだわらないことのたとえとしても使う。

類「金持ち舟に乗らず」

## 人間万事《ばんじ》金の世の中

意 この世の中は、すべて金によって左右されてしまう。人は金のために働き、金の力で解決できることもあり、世の中は金が支配しているということ。

解 歌舞伎の演目にも『人間万事金世中』というものがあり、初演は明治時代。

## 金さえあれば飛ぶ鳥も落ちる

意 世の中のほとんどのことは、お金で解決できる。お金さえあればなんでもできる。

解「飛ぶ鳥を落とす」ということわざもあるように、「飛ぶ鳥を落とす勢い」として威勢が盛んな様子を表す。それを落とすことができるくらい、お金には威力があるということ。

## 辛抱する木に金がなる

意 辛抱強くこつこつ働けば、やがては財産もできるものだ。

解 努力を続けることで、木が育って実るように豊かになるということ。「木」と「気」をかけて、我慢する気持ちの大切さもいっている。

## 金に糸目をつけぬ

意 限度を設けることなく、惜しげもなくお金を使うこと。

解「糸目」というのは、凧揚げの凧のバランスをとるために凧本体の表面につける糸のこと。つまり、「糸目をつけない」と、凧をコントロールすることはできず、風に乗って翻弄されてしまう。そんな様子とお金を際限なく使うことをかけた言葉。

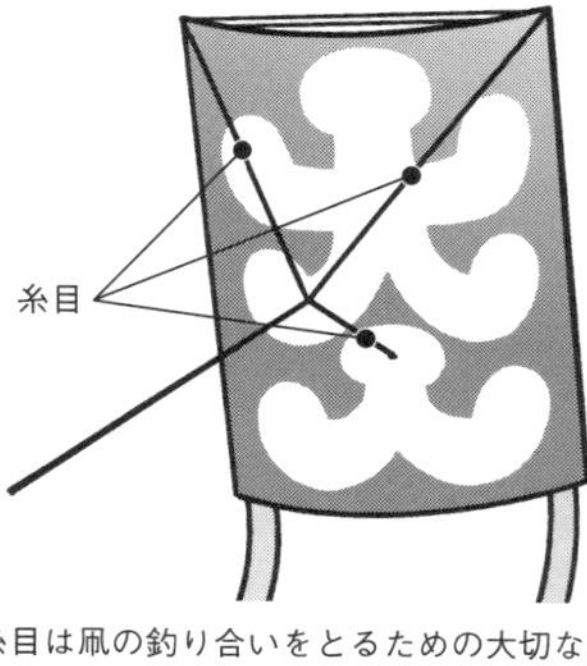

糸目は凧の釣り合いをとるための大切な糸。

## 懐《ふところ》が暖かい

意 所持金が豊富にある。

解 「懐」とは和服を着たときの胸の内側のこと。お金を懐に入れて持ち歩くことから、お金を手に入れることを「懐にする」などという。また、お金そのものを「懐」と表現することもあり、お金のあるなしを「懐具合」などといったりする。所持金が豊富なことを「懐が暖かい」といい、反対語として「懐が寒い」がある。

## 贅沢三昧《ぜいたくざんまい》

意 思う存分贅沢する。

解 「三昧」とは何かに熱中することを表し、「仕事三昧」「趣味三昧」などのように使う。本来は仏教語で、元はサンスクリット語の「サマーディ」という言葉。この音をそのまま漢字に翻訳した。「贅沢三昧」というとあまりいい意味にとられないが、三昧の本来の意味は、心が安定して一つのことに集中し乱されていないことで、非常によい状態を表している。

## 一攫千金《いっかくせんきん》

意 苦労しないで一気に大金を手に入れること。

解 「一攫」とは一つかみの意味。ただし「攫」は常用漢字ではないので「獲」を当て字として使った「一獲千金」という書き方もある。

## 恵比寿講の儲け話

意 実際にはありえないくらいの大儲けの話。

解 商売繁盛を願う恵比寿講の日に、商家同士が大金を儲ける架空の話をしたり、大口の売買の真似をしたりして商売の繁盛を祈ったことに由来する。

### 恵比寿講とは

旧暦10月の神無月、ほかの神々が出雲に赴くときに、恵比寿神は地元で留守番。そんな恵比寿神やかまど神を祀《まつ》るのが恵比寿講。

10月20日または11月20日に商売繁盛や五穀豊穣を願って祭りや民間行事として開かれている。神社で福笹や熊手などの縁起物が販売されたり、神輿をかついだり花火が上がる地域も。東京では「べったら市」として、べったら漬の屋台が並ぶ。

## 3 お金が人を変える

### 銭ある時は鬼をも使う

意 お金さえもっていれば、どんな人でも使うことができる。

解 「鬼をも」というのは、鬼のような怖い存在でも、つまりどんな人でもという意味を表している。

### 敵《かたき》の前より借金の前

意 借金をしている身というのは非常に辛《つら》いという意味。

解 敵の前では堂々としていられる人も、借金相手の前ではおどおどしてしまい平然とはしていられない。借金をしている肩身の狭さを表した言葉。「敵の前は通れるが借金の前は通れぬ」ともいう。

### 金が敵《かたき》

意 金をもっていたために災いを招き、身を滅ぼすことにもなる。これではまるで、恨みに思う敵のようなものだということ。

解 お金のせいで身を滅ぼしたり、友人を失ったり、災いを受けたりすることがある。金銭は悩みや苦しみの種でもある。また、敵というものは探し回っても見つかりにくいことから、なかなか手に入らないお金とかけたことわざでもある。

### 金は三欠《さんか》くにたまる

意 金は、義理を欠き、人情を欠き、交際を欠くくらいの覚悟がなければ、たまらないということ。人並みでは、金はたまらないということ。

解 金持ちへの皮肉とやっかみの言葉でもある。

### 悪銭身につかず

意 不正なことで得たお金はすぐに消えてしまう。

解「悪銭」とは、不正なことをして得たお金や、質の悪いお金のこと。盗みや賭博などで手に入れたお金は、浪費しすぐになくなり、一生懸命働いて得たお金こそ身につくと説いている。

## 金と塵《ちり》は積もるほど汚い

意 お金持ちになるほど、欲深く、けちになり、出し惜しみする。

解 金をもたぬ者の皮肉とあざけりの言葉。「塵」のほかに、「痰壺」、「灰吹き」、「掃き溜め」などでいうこともある。

## 借りる時の地蔵顔 済《な》す時の閻《えん》魔《ま》顔《がお》

意 人からお金を借りるときはにこにこしているが、返すときは不機嫌な顔になるという意味。

解 お地蔵様のようににこやかな顔と、閻魔様のような怖い顔を対比させている。「返済」の「済」の字は「済《な》す」と読み、金品を返すという意味がある。ちなみに「人を救済する」という意味もあり、「済《わた》す」と読む。

## 財布の底と心の底は人に見せるな

意 自分の財産と本音は人に見せないほうがよい。

解 自分の財産や心の内はやたら人に見せるものではない。見せてもよいことはないし、危険を伴う場合もあると、世渡りのコツを説いている。

## 金の切れ目が縁の切れ目

意 人と人が親しくしていても、どちらかにお金がなくなると縁が切れてしまうこと。お金があるときは慕ってきた者も、お金がなくなると知らん顔をすること。

解 元来は、遊女と客の関係を述べた言葉で、お金がある客は遊女が恋人のように優しくもてなすが、お金がなくなると、とたんに冷たくなるという意味。

元は遊女がお金のあるうちは客と親しくつき合うが、お金がなくなると相手にしなくなることから。

## のちの千金

意 タイミングを逸した援助は、たとえ大金でも役に立たない。

解 お金は必要なときにないと意味がないということ。タイミングがよいほうが金額が高いことより価値があるという意味で、「のちの千金今の百金」ともいう。

## 金の光は七光《ななひかり》

意 お金の威光はさまざまなところに広く及ぶ。お金には威力があるということ。

解 「七光」でよく耳にするのが「親の七光」という言葉。七光りというのは威光によって利益を受けることで、この場合の七という数字には具体性はなく、たくさんのという意味になる。つまり、お金の威光もたくさんのところに及ぶという意味。

## 後生《ごしょう》大事や金欲しや死んでも命のあるように

意 来世での安楽を願いながら、この世ではお金も欲しいという、人間の強欲さを表している。

解 「後生大事」は大切にしすぎることを揶揄《やゆ》した言葉。「そんなもの、後生大事にとっておいて」などと使う。元は仏教語で「後生」は死んで生まれ変わること。「後生大事」は元は来世の安楽を願い善行を積むこと。

## 布施《ふせ》ない経《きょう》に袈裟《けさ》を落とす

意 報酬が少なければ、仕事に熱が入らない。

解 「布施」は仏教の信者が僧に施しをすることだが、現代では読経などの謝礼として渡す金品のことを指す。「袈裟」は僧侶が身に着ける長方形の布状の衣装のこと。仕事の報酬としてのお布施が少ないなら、僧侶の象徴である袈裟も外して経を読むといっている。

袈裟は仏教の僧侶が法衣の上につける衣装。

# 11章　改めて理解したいことわざ

意味を間違えやすい、意味が二つある、言い間違えをしやすい、文字を間違えやすい、などのことわざをもう一度確認しましょう。

# ①意味を間違いやすいことわざ

## 秋茄子《あきなす》は嫁に食わすな

意 おいしい秋茄子はもったいないから嫁にやるな。または、子を産む嫁に体を冷やすとされる秋茄子を食べさせるな。

解 嫁いびりと嫁を大切にするという相反する二つの意味がある。鎌倉時代の和歌集『夫木和歌抄《ふぼくわかしょう》』の「秋なすび　わささの粕《かす》につきまぜて　よめにはくれじ　棚におくとも」*が出典とも。

## 破天荒《はてんこう》

意 先人の成し得なかったことを初めて行うこと。

解 「豪快で大胆な様子」と誤用されていることが多い。中国の唐の時代、官吏登用試験の合格者が一名も出ず「天荒（未開の荒れ地）」と呼ばれていた地から、合格者が出たときに「天荒を破った」と表現されたことから。

＊歌の意味は、秋なすの粕漬けを棚にしまうのはいいが、ネズミが食べないように注意せよ。よめ（夜目）はネズミのことで、ことわざは嫁とかけたのではといわれている。

## 君子は豹変《ひょうへん》す

意 人格の高い人物は過ちに気づけばすぐに改め正しい道に戻る。

解 「豹の毛皮が秋に一変するように、君子は時が変わるのに応じて自分の誤りをきっぱり改める」という意味。本来は、心変わりや態度の変化を批判する言葉ではない。出典『易経《えききょう》』。

## 犬も歩けば棒に当たる

意 何かをしようとしたり、でしゃばると、思わぬ災難に遭ってしまうものだ。

解 野良犬はえさを求めて徘徊していると棒で叩かれていたことから。また、思いがけない幸運に出合うという意味で使われる場合も。本来の意味ではないが、誤りとされていない。

## 他力本願《たりきほんがん》

意 仏の力によって救済されること。

解 元は仏教語で「他力」は阿弥陀如来の力、「本願」は人々を救済するための願いを意味する。自分では何もせずに、他人を頼る、他人をあてにするという使い方は誤り。

## 流れに棹《さお》さす

意 物事を流れに乗せて順調に進行させる。

解 船頭が水の底を長い棹で突いて、舟を水流に乗せて進める様子から。流れに棹をさしてせき止めると解し、流れを止める、流れに逆らうとする誤用が多い。

## 閑話休題《かんわきゅうだい》

意 余談を断ち切って本筋に戻すときの接続詞。それはさておき。

解 閑話は無駄話、休題は話をやめる。逸れてしまった話題を本筋に戻すときに使う。誤った使い方は、この言葉をおいてから、話を余談にもっていく、話を脇道へ逸らすというもの。

## 笑止千万《しょうしせんばん》

意 非常にばかばかしく、くだらないこと。

解 「笑止」には「滑稽《こっけい》」以外に、「気の毒」という意味もある。また「千万」は「このうえなく程度が高い」こと。また、「たいそう気の毒」という意味でも用いられる。

## 酒《しゅ》池《ち》肉《にく》林《りん》

意 酒や肉が豊富な、贅《ぜい》を極めた酒宴。

解 殷《いん》の紂《ちゅう》王《おう》が、大量の酒を注ぎ池を作り、肉の塊を木に吊るして林にし、豪《ごう》奢《しゃ》な宴をしたという故事から。「肉」には肉欲や女体の意味はない。出典『史記（⬇P334）』殷《いん》本《ほん》紀《ぎ》。

## 情けは人のためならず

意 人に対して情けをかけておけば、それがめぐりめぐって自分によい報いが返ってくること。

解「情けをかけるのは、結局はその人のためにならない」とするのは誤用。

## 一《いち》姫《ひめ》二《に》太《た》郎《ろう》

意 最初に生まれる子が女の子、次に授かる子は男の子が理想。

解 女の子は育てやすいとされ、理想的な出産順のこと。女の子一人、男の子二人ではない。

子どもをもつなら一番目が女の子、二番目が男の子の順が理想だということ。

## 海千山千《うみせんやません》

意 世間の荒波にもまれ、ずる賢くしたたかになっているさま。

解 「蛇《へび》は、海に千年、山に千年住んだら龍になる」という中国の言い伝えがあり、そこから生まれたと考えられている。技芸などの経験を積んだという意味で使うのは誤り。

## 兎《うさぎ》を見て犬を放つ

意 状況を見極めてから対策を講じても遅くはない。

解 ことわざは教訓的なものが多いため、「手遅れ」を意味する語句が多いが「今からやっても取り返しがつく」と励ます意味で使われる。ただし「手遅れ」として使っても誤りではない。

## 同工異曲《どうこういきょく》

意 技量は同じでも、趣や味わいが異なる。

解 「工」は、巧みさや技量。「見た目こそ違うが中身が同じ」と批判的に使われる場合も。漢字の構成がよく似た「異口同音（⬇P279）」と間違えないよう注意。

## 同じ穴の狢《むじな》

意 一見関係がないように見えるものが、仲間であること。

解 狢は狸《たぬき》や穴熊のこと。人を化かす悪い狸も穴熊も同じような穴で生活をすることから。基本的には悪事を働く者に使う言葉。仲間や同業の意味で使わないように。

## 他山《たざん》の石

意 他人の誤った言行でも、自分の才能や人格を磨くための助けになるということ。

解 よいところを手本にする、自分とは関係ないという意で使うのは誤り。目上の人の言動についてたとえるのも避けるべき。

## 役者が揃《そろ》う

意 働きや才能のある関係者が全員揃う。

解 歌舞伎界から生まれた言葉。顔見世興行で選りすぐりの役者が揃ったときの様子。似た言葉に「顔が揃う」があるが、こちらは「出席するはずの人が全員出てきたこと」を表す。

## 一宿《いっしゅく》一飯《いっぱん》

意 ひと晩の宿と、一回の食事を与えられる。旅の途中などの通りがかりにちょっとした世話になること。

解 「一宿一飯の恩義を忘れない」とは、ちょっとした恩でも忘れないという義理固さを表現。元は博打打ちの間で使われた。

## 一家を成す

意 独立して所帯をもつ。一家の主となる。また、学問や技術などの権威となることも意味する。

解 学問や技術などの権威となるという意味は、親分・子分、師弟関係などで結ばれた組織を「一家」と考えたことから。

## 身を立てる

意 生活の手段とする。生計をたてる。また、立身出世する。

解 ひとかどの人物になる、立身出世するという場合にも使われる。『将門記《しょうもんき》』*に「身を立て徳を修むるには忠行に過ぎたるはなし」とある。都の官吏として出世を目指すの意。

＊『将門記』は平安時代中期の軍記物語。平将門の乱を扱った作品。

## 名誉挽回《めいよばんかい》

意 失敗したことで失われた名誉を取り戻す。

解 「汚名返上」と混同し「汚名挽回」と使うことが誤用とされた。現在では「挽回」という単語に元に戻すという意味があることから、「汚名挽回」も誤りではないという解釈もある。

## 良薬口に苦し《りょうやくくちににがし》

意 本当に自分のためになる忠告や助言は、聞きづらい。

解 孔子の言葉で「良薬は口に苦けれども病《やまい》に利あり。忠言は耳に逆らえども、行いに利あり」から。「よく効く薬は苦い」という文字どおりの意味でも使われる。出典『孔子家語《こうしけご》』。

## お座敷がかかる

意 人から誘われること。

解 芸者や芸人が、宴会の席に呼ばれることが由来。「酒席に招かれる」という意味合いが強いが、「出演・講演・執筆を頼まれる」など、仕事の依頼がかかった場合に使われることも。

## 外連味《けれんみ》がない

意 はったりやごまかしがないこと。

解 外連《けれん》は芝居用語。歌舞伎で宙乗りなどの奇抜な演出のことを指す。外連味のない文章といえば「素直な文章」というほめ言葉で、「つまらない文章」ではない。

## 畑違い

意 専門分野や領域が違うこと。

解 ほかの意味で「異母兄弟」を指す場合もある。「場違い」と混同することが多い。場違いは、その場にふさわしくないこと。

例 その業務は、わが社とは畑違いだ。

## 侃侃諤諤《かんかんがくがく》

意 ひるまずに意見を出し合い、議論が活発なさま。

解 「侃侃」は、強くまっすぐひるまないこと。「諤諤」は、遠慮なく正しく直言すること。似た言葉で「喧喧諤諤《けんけんがくがく》」がある。これは、収集がつかずただやかましい状態のことをいう。

## 2 読み方と漢字を間違いやすいことわざ

### 逆鱗《げきりん》に触れる

意 身分の高い人を激昂《げきこう》させること。

解 龍の顎《あご》の下で、一枚逆さに生えた鱗《うろこ》を「逆鱗」という。「ぎゃくりん」ではない。この鱗を触ると、龍が怒り出し、必ず殺されるという伝説から。先生や上司など、目上の人に対して使い、目下の人を怒らせたときには使わない。

### 伸《の》るか反《そ》るか

意 成功するか失敗かわからなくても、運を天に任せて、思い切ってやってみること。

解 「乗るか」と書くのは誤り。竹で矢を作るときに、乾燥させた竹がまっすぐ伸びれば矢に使えるが、曲がったり反ったりしていたら使い物にならないことから。

## 末《まっ》席《せき》を汚《けが》す

意 自分の立場をへりくだって、集まりなどに出席したり仲間に加わったりすることをいう。

解 汚すを「よごす」と読むのは誤り。目上の方々や尊敬する人々の集まりに、自分が加えてもらうことを謙遜していった。

## 一《いち》言《げん》居《こ》士《じ》

意 何かひと言、必ずいわなければ気がすまない性格の人。

解 居士は在家で仏教に帰依する男子の称で、「ひとことこじつける」をもじっている。一言は「いちごん」とも読むが、「ひとこと」とは読まない。

## 的《まと》を射《い》る

意 物事の要点を的確に突いていること。

解 「的を得る」と混同しがち。「正鵠《せいこく》を得る」が正しく、正鵠は弓道用語で的の中心のこと。的を射ると正鵠を得るは同義。

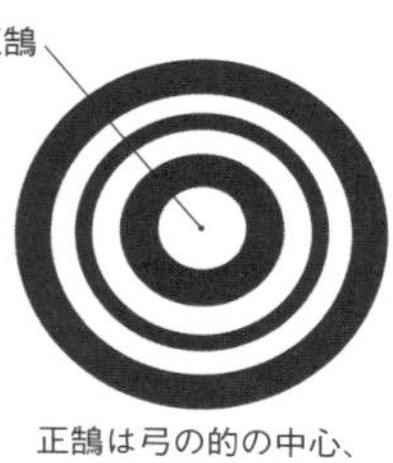


正鵠は弓の的の中心、ねらいどころのこと。

# 12章　愛、男と女のことわざ

愛することや愛し合うことは不変!?　恋愛や夫婦にまつわることわざで心得てみましょう。

# 1 恋愛にまつわることわざ

## 文《ふみ》は遣《や》りたし書く手はもたず

**意** 恋文を書きたいが、読み書きができず、代筆を頼むのも恥ずかしいとやきもきする様子。

**解** かつてはラブレターを代筆してくれる仕事があった。今や世界的に有名になった渋谷（東京）のランドマーク、１０９がある道玄坂の近くにも「恋文横丁」と呼ばれる通りがある。さほど歴史は古くはなく、進駐軍兵とのラブレターの翻訳や、代筆をする「恋文の店」があったことから名づけられた。

## 惚れた病に薬なし

**意** 恋の病に効く薬はない。

**解** 源泉が熱いため、入浴できる温度まで、お湯をもむことで有名な群馬県の草津温泉の「湯もみ歌」では、以下のように、拍子をつけて歌われる。「お医者様でも　草津の湯でも　アドッコイショ　惚れた病は　コーリャ　治りゃせぬよ　チョイナチョイナ」。

着物姿の女性が歌いながら湯をこねる、草津温泉の湯もみ。

## 愛は屋《お》烏《く》に及ぶ

**意** 愛する人だけでなく、その人に関係があるすべてのものを愛しく思う様子。相手に対する愛情が非常に深いこと。

**解** 「屋烏」は、愛する人が住む家の屋上にとまっている烏《からす》を指す。

## 惚れて通えば千里も一里

**意** 好きな人に会いに行くときは、

遠い道のりも苦にならない。

解 ことわざではよく「千里」が用いられる。『老子』の「千里の道も一歩から」の影響が考えられる。

## 痘痕《あばた》もえくぼ

意 惚れた相手は、欠点さえも長所にみえる。

解 「痘痕」は天然痘が治ったあとに肌に残る窪み。なお、天然痘は1980年にWHOによって、世界根絶宣言が出されている。

## 思い面瘡《おもくさ》思われ面皰《にきび》

意 人を恋しく思ったり、誰かから恋しいと思われたりすると、ニキビができる。

解 青春の象徴ともいわれるニキビを用い、若い年頃の男女を冷やかす言葉として使われる。顔のどこにニキビができたかで、恋を占う「ニキビ占い」もある。

## 蓼《たで》食う虫も好き好き

意 タデの辛《から》い葉を食う虫もあるように、人の好みというのはさまざまである。

解 タデは道端や湿地帯に生える草。同種のヤナギタデやアザブタデは刺身のツマや、アユを食べるときに添える、緑色の「蓼酢《たでず》」になる。

## 合わぬ蓋《ふた》あれば合う蓋あり

意 どんなに調整しても合わない蓋がある一方で、細工を一切しなくともぴったり合う蓋もあるという、相性をいったもの。

解 人に限らず、物事にも通じる言葉として使われる。人にも場所にもふさわしいものがあり、時によっては「慌てずともいつかは合うものが見つかるはずなので、気長に待て」という教えとしても用いられる。

類 「似合い似合いの釜の蓋」

## 出雲《いずも》の神の縁結び

意 結婚は出雲大社の神様が結ぶもの。人間の意思を超越したものである。

解 島根県の出雲大社に祀《まつ》られている大国主命《おおくにぬしのみこと》は、神代の時代に国造りをした。そのことから、あらゆる物事が豊かに栄える「縁」を結んでくれるといわれ、縁結びの神様として信仰されている。近年も、縁結びのパワースポットとして、結婚の縁や恋愛成就を願う人たちが、数多く訪れている。

## 縁は異なもの味なもの

意 縁というものは、どこでどう結ばれるかわからず、不思議でおもしろいものである。

解 基本的には「男女の縁」で使われることわざである。「異なもの」を「奇なもの」とするのは誤り。

## 遠くて近きは男女の仲

意 男と女は離れているようにみえて、意外と結ばれやすい。

解 『枕草子』第167段に「遠くて近きもの、極楽、舟の道、人(男女)の仲」とあり、清少納言はさらりと短い言葉で核心をついている。

## 磯の鮑《あわび》の片思い

意 一方からだけ恋い慕うことを、洒落ていうこと。

解 『万葉集』に「伊勢の白水郎《はくすいろう》の朝な夕なに潜《かづ》くといふ　鮑の貝の片思ひにして」とある。「伊勢の海女(=白水郎)が朝夕ごとに潜って採るという鮑のように、片思いなのです」という意味。鮑の殻が二枚貝の片方だけのように見えることから。実際には巻貝の一種。

## 百年の恋も一時《いちじ》に冷める

意 長く続いた愛情が、一瞬でなくなること。

解 恋に限らず、長く思ってきた物事のある一面を知り、気持ちがなくなった場合にも使われる。

## 酸漿《ほおずき》と娘は色づくと虫がつく

意 ホオズキが、赤く色づくと虫がつくようになるように、娘が色気づくと男が寄ってくる。

解 ホオズキが緑色をしているうちは、苦味と酸味のために虫が寄りつかない。ホオズキの名前の由来は「ホオ」というカメムシの一種が、その草を好きだからという説がある。

## 焼餅は膨《ふく》れながら熱くなる

意 嫉妬は、徐々に強くなって、しまいにはどうにもできなくなるというたとえ。

解 落語『夢の後家』に出てくる言い回し。夫の夢に登場する美人の後家に嫉妬する妻を題材にした滑稽噺《こっけいばなし》。

## 焼餅焼くとて手を焼くな

意 嫉妬も度を越せば、災いを招くということ。

解「手を焼く」とは、処理がうまくできなくて困る様子。嫉妬は構わないが、あとのことを考えないと相手を怒らせ、嫌われることになるという教訓を説く。

## 一《いち》押《お》し二《に》金《かね》三《さん》男《おとこ》

意 女の愛を得るために、男に求められる順位。一番は押しの強さ、二番目が金、三番目は顔がよい、男前であるという意味。

解「一押し二金三暇《さんひま》四男《しおとこ》五芸《ごげい》」ということもある。三番目に時間に余裕があること。最後に芸や技術をもっていることとあり「容姿はさほど重要ではない」という意味でも使える。

## 愛想《あいそ》づかしは金から起きる

意 女が男に愛想をつかすきっかけは、金銭問題から。

解 単純に稼ぎの悪さだけをいったものではない。金遣いのだらしなさは、甲斐性のなさにつながることも多いため。

類「貧乏が戸口から入ってくると、愛は窓から逃げ出す」

## 焼け木杭《ぼっくい》には火がつきやすい

意 過去に関係があった者同士は、縁が切れても元の関係に戻りやすい。

解 男女の仲を表すことが多い。「焼け木杭」は、一度燃えた木。生木に比べて乾いており、火がつきやすい。音の近さからか「焼けぼっ栗」という人がいるが誤用である。

## 恋は曲者《くせもの》

意 恋は分別を失わせ、とんでもないことを引き起こす。

解 曲者は、一筋縄ではいかない人のこと。室町時代の歌謡集『閑吟集《かんぎんしゅう》』に「来《こ》し方より今の世まで絶えせぬものは 恋といへる曲者（昔から今まで絶えないものは、恋という奇妙なもの）」という歌がある。ちなみに1956年にアメリカでヒットした「Why Do Fools Fall in Love」の邦題は「恋は曲者」。

## 据《す》え膳《ぜん》食わぬは男の恥

意 女性から誘惑してくるのを受け入れないのは、男の恥である。

解「据え膳」は、すぐに食べられるように支度が整った膳。それを用意してくれたのに食べないのは失礼という理論。

## 濡れぬ先こそ露をも厭《いと》え

意 初めは恐ろしいことだと思っていた過ちも、一度犯してしまうと、もっとひどい過ちでも平気でするようになってしまうこと。

解 主に男女の関係で使われる。濡れる前は少しの露でも嫌がるが、いったん濡れてしまうと、構わなくなるということから。

## 色は思案の外《ほか》

意 色恋は、常識では計りかねる。

解「恋は思案の外」ともいうが「色」は情事を指すので、情事はとにかく分別を越えやすいという解釈もある。

## 秋の扇《おうぎ》

意 男性の愛情が薄らいで、見捨てられた女性のたとえ。

解 夏には重宝がられた扇も、秋になると不要になり、顧みられなくなるということ。また、役に立たないもののたとえにも使われる。前漢の成帝《せいてい》の側室であった班婕妤《はんしょうよ》が、寵愛を失ったとき、わが身を「月のように丸く白い扇も、秋になれば捨てられる」とたとえて詠ったことから。丸くて白い扇の形状から「団雪《だんせつ》の扇」ともいう。

## 不義はお家の御法度《ごはっと》

意 不倫は厳禁。

解 特に、武家における戒めとされた。御法度は、禁止すること。

### 大名のための法律「武家諸法度《ぶけしょはっと》」

江戸時代に、幕府が大名を統制するために定めたもの。徳川家康の命で二代将軍秀忠のときに「元和令《げんなれい》」が発布され、以降、将軍の交代とともに改定が行われた。元和令は「武芸や学問をたしなむこと」といった心得が多くあった。三代将軍家光の発令した「寛永令《かんえいれい》」では、参勤交代の制度化、四代将軍家綱の「寛文令《かんぶんれい》」では、キリシタンの取り締まりの徹底が追加されるなど、江戸初期の時代背景を知ることができる。

## 女心と秋の空

意 女性の愛情は秋の空のように変わりやすいということ。

解 元は「男心と秋の空」であった。古くは、『御伽草子《おとぎぞうし》』では「夫の心と川の瀬は一夜《いちや》に変わる」、狂言では「男心と秋の空は一夜《ひとよ》に七度《しちど》変わる」などと用いられ、江戸時代には「男心と秋の空」が主に。元々は妻から夫への非難だったが、男女の関係が変わったためか、「女心と秋の空」が定着したようだ。

## 美しい花には棘《とげ》がある

意 美しい人には、人を傷つけるような面があるから気をつけよ。

解 西洋のことわざであるThere is no rose without a thorn.（棘のないバラはない）が元と考えられている。この日本語訳は「魅力のあるものには、危険がある」のほか、「楽あれば苦あり」とされる場合も。

## 両手に花

意 男性が二人の女性を連れていること。二つのよいものを同時に手に入れること。

解 花とは、梅と桜という説がある。

## 女と酒には毒がある

意 酒と同様に、女にも毒がある。

解 男性にとって、女性はしばしば厄介な存在になるという戒め。

## 東男《あずまおとこ》に京女《きょうおんな》

意 男はたくましく、粋な江戸の男がよく、女は美しく情のある京の女がよいということ。また、この男女の組み合わせをよいとしたもの。

解 「越前男に加賀女」「南部男に津軽女」「筑前女に筑後男」というバリエーションもある。

## 男は度胸、女は愛嬌

意 男にとって大切なのは物おじしない決断力で、女にとって大事なのは、チャーミングさである。

解 「坊主はお経」と続き、「きょう」で韻を踏んだことわざ。

## 色男、金と力はなかりけり

意 女性に好かれるような見た目がいい男は、金も腕力もない。

解 色男をからかって詠われた川柳が出典といわれている。

## 女の髪の毛には大象《たいぞう》も繋《つな》がる

**意** 女性の色香は、男を支配するような強い力があるというたとえ。

**解** 仏典『五苦章句経《ごくしょうくきょう》』に、巨象の脚を女の髪の毛で繋いだところ、一歩も動けなかったという話から生まれた言葉。

## 秋波《しゅうは》を送る

**意** 異性の気を引こうとして色目を使うこと。

**解** 「秋波」は、中国語で秋の澄んだ風が、水に生み出す波のこと。それを「女性の涼しい目元」にたとえたのが始まり。「秋波」にはウインクという意味もある。最近では政治家や政治団体が、別団体などに関心があるような素振りをみせた場合に、「秋波を送った」という言い回しが用いられている。

## 落《らっ》花《か》流《りゅう》水《すい》

**意** 男女が慕い合っていること。また、物事が衰えゆくこと。

**解** 落花は散る花のこと。散る花は「流水に乗って流れ去りたい」と思い、流れ去る水は「散る花を乗せて流れたい」と思っているとして、相思相愛の状態を表す。ちなみに、元々は、落ちた花が、水に従って流れる春の風情を詠ったもの。

**例** **落下流水のように惹かれたふたり。**

## 秋風が立つ

**意** 恋人同士の愛情が冷めてきたことをいう。

**解** 「秋」に「飽き」をかけた言い回し。

**例** **ふたりの仲に秋風が立ち始めた。**

## 角《つの》を出す

**意** 女性が嫉妬をしたり、やきもちを焼いたりすること。

**解** 能楽などで、女性の生霊はたいてい、嫉妬で鬼の姿として表現されることが多い。女性の和式の婚礼様式の「角隠し」の語源も、女性が嫉妬に狂わないようにというまじないであるという説がある。

角隠しは角を隠して夫に従うという意味も。

# 憎い憎いは可愛《かわい》の裏

意 男女の関係で「憎い」「憎い」というのは、可愛いと思う気持ちの裏返し。

解 まったく逆で、「可愛い可愛いは憎いの裏」ということわざもある。度を越えた愛情は憎しみに変わりやすいという意味で使う。

# 英雄《えいゆう》色《いろ》を好む

意 英雄は何事にも精力が旺盛だから、女性との色事も好むもの。

解 豊臣秀吉や古代ローマ帝国の英雄、ジュリアス・シーザーなどがこの言葉のたとえに挙げられることが多い。しかし、この言葉はあまり古くからいわれているとわざではなく、1898年に刊行された福沢諭吉の『福沢先生浮世談』や『金諺一万集』にようやく記述がみられる。

# 足駄《あしだ》をはいて首っ丈

意 異性に惚れ込んで、夢中になっている様子。

解 「首っ丈」を強めた言い方。そもそも「首っ丈」という言葉は、「首の高さまで深く入り込んだ様子」を指している。そこに「高下駄《たかげた》を履いてもまだ、首のあたりまで深みにはまっている」という言い回しで、惚れ込みようをより強めて表現している。

# 恋の鞘《さや》当て

意 恋敵同士が戦うこと。

解 「鞘当て」は道ですれ違うときに、鞘が触れたことを咎《とが》めて争うこと。この言葉は、二人の武士が遊女を巡って争う、歌舞伎の題材が出典。転じて、ささいなことから争うこと。

# 元の鞘《さや》へ収まる

意 一度別れた者同士が、元の関係に戻ることのたとえ。

解 抜かれた刀が元の鞘に収まるように、主に男女の人間関係において使われる。略して「元サヤ」ともいわれる。

# 思うに別れて思わぬに添う

意 好きな相手とは結婚できず、そうでない相手と結ばれることをいう。

解 転じて、男女の縁は思いどおりにならないということ。

**2**

# 夫婦にまつわることわざ

## 合《あい》縁《えん》奇《き》縁《えん》

意 人と人の交わりには、気の合う合わないがあるが、それもみな不思議な縁である。

解 「合縁」は仏教語。気心が合うという意味。「合縁」を「愛縁」「相縁」、「奇縁」を「機縁」と書く場合も。

## 女房の妬《や》くほど亭主もてもせず

意 自分の夫となるとやきもちを焼いてしまいがちだが、妻が思っているほどには、夫はもてていないということ。

解 元は、江戸時代に詠まれた川柳。妻は夫のこととなるとあれこれ想像してしまう。さらに、夫のほうも、自分の自慢を家でしがちになることから。

## 面《めん》々《めん》の楊貴妃

意 自分の妻や恋人を誰よりも美しいと思うさま。

解 楊貴妃は世界三大美女に数えられることで有名な、中国唐代の皇帝、玄宗《げんそう》の妃。玄宗はその美しさにおぼれた結果、「安史の乱」をまねいた。楊貴妃は、「傾国《けいこく》の美女」と呼ばれるようになった。

## 惚《ほ》れた腫《は》れたは当座のうち

意 「惚れた」「惚れられた」というのは新婚時代だけ。

解 銀行口座の「当座」といえば、小切手や手形の決済をすることを目的に作られる口座のこと。現金取引ではなく、間に合わせに小切手などで支払いをすることから。旅の餞別を「当座の足しに」という言葉を添えて渡すこともあるが、これも同じ理由によるもの。「当座」は最初の頃の間に合わせでという意味で使う。

## 雌鶏《めんどり》につつかれて時を歌う

意 夫が妻のいいなりになっている様子のたとえ。

解 ニワトリが「コケコッコー」と鳴くのは、オスだけ。ニワトリはインダス文明の時代から、夜明けを告げる鳥として知られていたという。

## 妻のいうに向こうの山も動く

意 身近な妻の意見は、夫にとっては、大きな影響力がある。

解 「向こうに見える、動くはずがない山が動くくらいの影響力」と表現している。また、「妻の意見を無視することはできない」という教訓としても使われる。

## 夫婦は二世

意 夫婦の関係は、来世まで続くということ。

解 同じ言い回しで、親子関係はこの世だけという「親子は一世」、主従関係は現在だけでなく過去・未来にわたるという「主従は三世」がある。

## 愛は小出しにせよ

意 人を愛するときは、少しずつ長く愛するのがよい。激しい愛は長続きしないという戒め。

解 英語のことわざLove me little, love me long.が元。人の愛は熱しやすく冷めやすいとして、愛情の小出しを勧めている。

### 「世界三大美女」とは

日本では、「楊貴妃」「クレオパトラ」「小野小町」を世界三大美女としている。

楊貴妃は、玄宗の息子に嫁いできたが、その美しさに心を奪われた玄宗が、息子から奪ってしまった。

古代エジプトの女王、クレオパトラは「英雄色を好む(➡P237)」の例として挙げられる、ジュリアス・シーザーの愛人。絶世の美女で、巧みな話術と小鳥のような美しい声の持ち主と伝わる。

小野小町は、生涯独身。「百人一首」にも「花の色は移りにけりないたづらにわが身世にふるながめせしまに」と、自分の美貌の衰えを、桜の花になぞらえた歌が収録されている。「高嶺の花」であったことがうかがえる。

ちなみに他国では「小野小町」ではなく、「マリー・アントワネット」や、ギリシア神話の女神「ヘレネ」がランクインする。

## 夫婦喧嘩《げんか》は貧乏の種まき

意 夫婦喧嘩をしている家庭は、だんだん貧乏になるという戒め。

解 夫婦仲が悪くなると、協力もしなくなって、家運やお金回りが悪くなるから。また、仲の悪さから、夫の女遊びや妻の浪費につながり貧乏になるという解釈もある。

## 糟糠《そうこう》の妻は堂より下《くだ》さず

意 貧しい頃から苦労をともにしてきた妻は、自分がどんなに出世しても、大事にしなさいという教え。

解 「糟糠」とは、酒かすと糠《ぬか》みそのこと。粗末な食事のたとえで、貧しさを表している。また「堂」は、住居や座敷のこと。「堂より下す」となると家から追い出すという意味になる。

## 琴《きん》瑟《しつ》相《あい》和《わ》す

意 夫婦の仲が極めてよいことのたとえ。

解 「琴」は七弦の楽器。「瑟」は琴に似た二十五弦の楽器。一緒に演奏したときに、その音色がよく合うという故事成語。出典『詩経《しきょう》(⬇P３３５)』。

## 比《ひ》翼《よく》連《れん》理《り》

意 夫婦仲のむつまじいたとえ。相思相愛としても使われる。

解 比翼は、中国の伝説上の鳥のこと。一枚の翼と一つの目しかないため、オスとメスが一体となり、互いに力を合わせて飛ぶと伝わる。なお、この鳥が飛ぶと洪水が起きるといわれている。連理は、根元は別々だが、枝が途中で一体化している木のこと。

力を合わせて飛ぶ比翼の鳥と、並んで生え枝でつながっている連理の枝。

## 落花《らっか》枝に返らず破鏡《はきょう》再び照らさず

意 夫婦の別離を指し、いったん壊れた関係は元には戻らない。

解 死んでしまったものは、二度と

元に戻らないという意味も。中国の宋《そう》の頃の仏教書『景徳伝灯録《けいとくでんとうろく》』が出典。

類「覆水盆《ふくすいぼん》に返らず」

## 釣り合わぬは不縁の基《もと》

意 身分が合わない結婚は、離縁をすることが多い。

解 身分だけでなく、財産が合わない例でも用いられる。

## 夫婦は合わせ物離れ物

意 他人同士が一緒になったのが夫婦。別れることがあっても仕方ない。

解 離婚するときなどに使われる。

類「退《の》けば他人」

## 破《わ》れ鍋に綴《と》じ蓋《ぶた》

意 どんな人にも、ふさわしい伴侶がいる。また、似た者同士の組み合わせはうまくいくこと。

解 破損した鍋にも、合う蓋があるという意味で「綴じ蓋」は修繕した蓋のこと。「閉じ蓋」と書くのは誤り。

## お前百までわしゃ九十九まで

意 夫婦ともに長生きしたいという言葉。

解 このあとに「ともに白髪の生えるまで」と続く。ちなみに、「お前」が夫で、「わし」は妻のことなので、妻側からの言葉となる。女性の一人称を「わし」とするのは、愛知近辺にみられた方言である。

## 偕《かい》老《ろう》同《どう》穴《けつ》

意 夫婦は仲よく、ともに老いて、死んでも同じ墓に葬られることをいう。

解 深海に棲む、円筒状の海綿生物の「カイロウドウケツ」には、エビが入り込んでそのまま成長し、外に出られなくなるという。たいていは、オスとメスの一対のエビが暮らしていることから、「偕老同穴」のようだとして、この生物の名前になったそう。

カイロウドウケツの中に
エビのつがいが棲む。

## 女房は台所から貰え

意 嫁は自分の家より格下の家からもらうほうがよい。

解 家柄を鼻にかけず、家計のやりくりも上手であろうことから。

## 男は妻《め》から

意 男の出世や幸せは妻次第。

解 「妻」でなく「女」とも。平安時代の書物である『栄花物語《えいがものがたり》』にも同様の記述がみられることから、人柄はもちろん、当時の出世に大きく影響を与えた、妻の家柄を重視した言い回しであったと考えられる。

## 男伊達《おとこだて》より小鍋立《こなべだ》て

意 格好をつけて男の面目を立てるより、一家の生活を立てよ。

解 「小鍋立て」は小さな土鍋や鉄鍋などで、料理すること。「だて」の音で洒落たもの。

## 一つまさりの女房は金《かね》の草鞋《わらじ》で探してもも持て

意 一つ年上の女房をもつとうまくいくものなので、金属製の草鞋を履いてでも探し出せ。

解 年上女房のよさをいうことわざ。金属製の草鞋とは、丈夫な草履のたとえ。

## 二人口《ふたりぐち》は過ごせるが一人口《ひとりぐち》は過ごせぬ

意 独身でいるよりも、所帯をもったほうが経済的には得になる。

解 夫婦生活は独身生活と比べて、単純に出費が二倍になるものではないことから。

## 姉女房は身代《しんだい》の薬

意 年上の女房は、家計のやりくり上手。夫もよく支えることができるので、円満な家庭になる。

解 「身代薬」は、一家の財産を保つ薬。転じて、しっかりした女房のことを表現している。

## 玉屋が取りもつ縁《えん》かいな

意 花火が縁となって、親しくなったこと。

解 「玉屋」は有名な花火師の屋号。明治時代初期に流行した「縁かいな節」と呼ばれる歌で、「〜が取りもつ縁かいな」で終わる。四季それぞれあり、春は「花」、夏は「風」、秋は「月」、冬は「雪」ほか、バリエーションがある。

## 去り跡《あと》へ行くとも死に跡へ行くな

意 離婚した男のところに後妻にいくのはよいが、死別した男のところにはいくべきではない。

解 憎くなって別れたのとは違い、死者に対しては愛情が残っていたり、思い出が美化されていたりと、苦労する可能性が高いことから。

## 男やもめに蛆《うじ》がわき女やもめに花が咲く

意 連れ合いを失った「やもめ」の男は不精で不潔になりがちだが、女性は身綺麗で、男が寄ってくることが多い。

解 やもめだけでなく、独身の男女にも用いられる。

## 月《げっ》下《か》氷《ひょう》人《じん》

意 仲人や、男女の縁の仲立ち人。

解 「月下の老人」と「氷人」が合わさった言葉。月下の老人は、唐時代にある男性が月夜の晩に出会った老人から、将来の妻を予言されたという『続《ぞく》幽《ゆう》怪《かい》録《ろく》』の物語が出典。氷人は、『晋書《しんじょ》』の氷の上に立ち、氷の下に入る人と語り合う夢を見たので、占いをしてもらったところ、結婚の仲介をする暗示といわれ、その通りになったという話から。氷の上と下は、陰陽、すなわち女性と男性を表す。

### 運命の赤い糸を結ぶ「月下老人」

「運命は人には見えない赤い糸で結ばれている」、この伝承の由来とされる物語を紹介。

ある男が夜道を歩いていると、老人が赤い糸がたくさん入った袋を脇に置き、月明りで本を読んでいる。老人は「この世の男女の縁組みを司り、夫婦になるはずの男女の足首を赤い糸で結んでいる」といった。立ち去る老人のあとを追って市場に着くと、前から目の不自由な女が醜い幼子を抱いて歩いてきた。老人は「お前はあの幼子と赤い糸で結ばれている」というので、男は腹を立て幼子を殺すよう刺客を仕向けた。幼子は眉間をナイフで刺された。

14年が過ぎ、男は上司の娘と結婚することになる。美しい娘であったが眉間に傷があった。理由を尋ねると「14年前、盲目の乳母といたときに、暴漢に襲われた」という。男は男女の縁組みは神が決めるものと悟り、その縁を大事にし、娘と幸せに暮らした。

# 内助の功

意 陰ながら援助する身内の功績。

解 この言葉を表すエピソードがある。土佐国高知藩主、山内一豊《かずとよ》の妻が、嫁入りの際の持参金で、高価な馬を購入させ、それが織田信長の目に留まり、出世の助けとなった。特に夫の活躍を支える妻の働きについていう。

# 結婚する前は目を開き結婚した後は片目を瞑《つぶ》れ

意 結婚前は、両目を見開いてしっかり見極め、結婚後は多少の欠点には目を瞑れということ。

解 イギリスの聖職者で、数々の名言を遺したトーマス・フラーの言葉。Keep your eyes wide open before marriage, and half shut afterwards.

# 華燭《かしょく》の典《てん》

意 華やかな結婚式の美称。

解 華燭は華やかなともしびという意味だが、中国では樺《かば》の火のことを華燭という。華燭はもちがよく、途中で消えないことから、縁起がよいとされる。祝いの言葉なので、自らの結婚式に「華燭の典」とは用いない。

# 夫婦別あり

意 夫婦には、それぞれが人として行うべき道があり、互いにその領域を侵すべきではない。

解 どんなに仲のよい夫婦であっても、礼儀や遠慮はするべきであるという教え。出典は『孟子《もうし》』で、人が遵守すべき五つの教え「五《ご》倫《りん》」の一節である。

## 人が守るべき五つの教え「五倫《ごりん》」

儒教における、五つの基本的な道徳。

**父子の親《しん》**

生まれながらに湧く、親愛の情。父は慈、子は孝。

**君臣の義**

後天的身分により生ずる上下の正しい道。君は臣を礼し、臣は君に忠であること。

**夫婦の別**

夫には外における夫の務め、妻には内における妻の務めがあって、それぞれその本分を乱さないこと。

**長幼《ちょうよう》の序**

年功の順序。長者を先にし、幼者をあとにすること。

**朋友《ほうゆう》の信**

友との間には、偽りや欺《あざむ》くようなことはない。言葉と心を一致させ誠であること。

# 13章　意味が反対のことわざ

どっちを信じればいいのやら、どっちもあるなら、都合のいいほうを信じてみても。反対の意味があるからおもしろい。

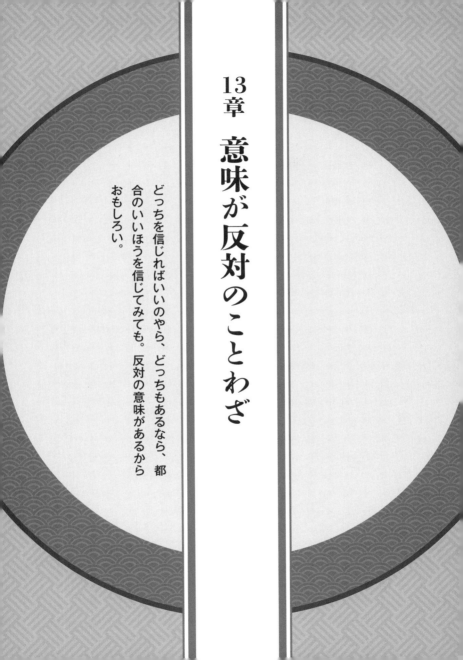

## 名よりも実

「名」は名声や名誉のこと。そういうものより実利をとったほうが賢明。

⇔

## 得を取るより名を取れ

お金などの利益を得ることよりも、名誉のほうが大切である。

## 正直の頭《こうべ》に神宿る

正直な人には必ず神のご加護があると、正直の大切さを説くことわざ。

⇔

## 正直《しょうじき》貧乏《びんぼう》横着《おうちゃく》栄耀《えよう》

正直な人はそれゆえに貧しい境遇に陥りがちで、逆に図々しい者は栄える。

## 女房と畳は新しいほうがよい

物事はすべて新しいほうが、新鮮で気持ちがいい。

⇔

## 女房と味噌は古いほどよい

味噌は古いと熟成されて味がよくなる。何でも古いほど味わいが出てきてよい。

## 親が親なら子も子

親と子は似るということわざだが、悪いほうの意味で使われることが多い。

⇔

## 親は親、子は子

親と子は別の個性をもつ人間。似ているとは限らず、ぜんぜん違うこともある。

## 鴨が葱《ねぎ》を背負《しょ》って来る

お人好しが好都合でやってくる。おあつらえむきである。

⟷

## 蒔かぬ種は生えぬ

何かを得たいならそれなりの努力が必要。何もしなければ成果はない。

## 坊主憎けりゃ袈裟《けさ》まで憎い

その人のことを憎いと思えば、関係することすべてが悪く思えてしまう。

⟷

## 愛は屋烏《おくう》に及ぶ

誰かのことを愛すると、その人に関係することすべてが愛おしくなる。

## 明日は明日の風が吹く

先々のことを思い悩んでも仕方ない。なるようになる。

⟷

## 今日の後《のち》に今日なし

今日という日はもう二度とこない。毎日を大切に生きよう。

## 嘘も方便

物事をスムーズに進めるために、ときには嘘や小さな非行が必要。

⟷

## 嘘つきは泥棒の始まり

平気で嘘をつけるようになると、泥棒するのも平気になる。嘘をつくのはよくない。

## 先《さき》んずれば人を制す

人よりも先に行動すれば、優位に立つことができる。

⇔

## 急《せ》いては事を仕損じる

物事をあせって行うと、かえって失敗してしまう。急ぐときほど落ち着いて行動すべき。

## 昔取った杵柄《きねづか》

過去に身に着けた技量のこと。また、その技量は年月がたっても衰えないこと。

⇔

## 昔千里も今一里

どんなに優れた能力をもつ者でも、年をとれば劣ってしまう。

## 話上手の聞き上手

本当に話すのが上手な人は、相手にも十分に話をさせ、その話に耳を傾けられるもの。

⇔

## 話上手の聞き下手《べた》

話がうまい人は、自分が話すことに夢中になり、相手の話を聞くのが下手なことが多い。

## 稼ぐに追いつく貧乏なし

常に一生懸命働いていれば、お金に困ることはない。

⇔

## 稼ぐに追い抜く貧乏神

稼ぐ早さより貧乏神のほうが早く、働いても貧乏から抜け出せない。

## 水清ければ魚《うお》棲《す》まず

澄みきった水には栄養がなく魚は棲まない。人も清廉《せいれん》すぎると親しまれず敬遠される。

↔

## 水清ければ月宿る

澄んだ水には月がきれいに映る。心が清らかな人には、神仏の加護がある。

## 大は小を兼ねる

大きいものは小さいものの代用になる。大きいもののほうが使い道が広く役立つ。

↔

## 長《なが》持《もち》枕《まくら》にならず

大きすぎるものは小さなものの代用にならない。類義語に「杓子《しゃくし》は耳《みみ》掻《か》きにならず」。

## 見ぬうちが花

実際に見るよりも、あれこれ想像しているほうがよい。

↔

## 百聞は一見にしかず

人から百回話を聞くより、自分の目で一度見るほうがよくわかる。

## 早いが勝ち

やり方はどうであれ、早いほうがよいということ。早い者勝ち。

↔

## 早いものに上手なし

仕事を早くこなす人には、仕上がりがよくないという欠点がある。

## 鶏口《けいこう》となるも牛後《ぎゅうご》となるなかれ

大きい集団で尻にいるより、小さい集団でもトップになるほうがよい。

↔

## 鰯《いわし》の頭をせんより鯛の尾につけ

小さい集団のトップでいるより、大きい集団で人に従ったほうが安全で気楽である。

## 朱に交われば赤くなる

人はつき合う仲間や環境で、よくも悪くもなる。悪環境の影響の強さをいうことが多い。

↔

## 泥中《でいちゅう》の蓮《はす》

周囲の悪い環境に染まらずに、清く正しく生きるさま。蓮は「はちす」とも読む。

## 昔は昔、今は今

昔と今は違う。昔にならって今もこうあるべきということは成り立たない。

↔

## 昔は今の鏡

昔の出来事は、現代の手本になる。歴史を学ぶことが今を生きる参考になる。

## 朝酒《あさざけ》は門田《かどた》を売っても飲め

「門田」とは家の前にあるもっともよい田。朝酒は無理をしても工面して飲む価値がある。

↔

## 朝寝朝酒は貧乏の基《もと》

朝寝坊をしたり、朝からお酒を飲んだりするような怠け者は、いずれ貧乏になる。

## 馬子《まご》にも衣装

身なりを整えれば人は立派に見える。ほめ言葉で使うのは誤用。謙遜するときなどに使う。

↔

## 衣ばかりで和《お》尚《しょう》はできぬ

形だけ整えても役に立たないこと。人は見かけで判断できない。

## 鬼に金棒

元々強いものに、さらに強みが加わること。また、似合うものが加わって一層よくなる。

↔

## 餓《が》鬼《き》に苧《お》殻《がら》

力ない亡者が折れやすい麻の茎を振り回すように、まったく頼りにならないこと。

## 能ある鷹は爪隠す

才能のある人は、それをひけらかすことはしない。いざというときにだけ実力を発揮する。

↔

## 錐《きり》は嚢《ふくろ》を通す

錐は袋に入れても突き破って出ることから、才能のある人は隠れていても目立つもの。

## 女は相《あい》見《み》互《たが》い

女には女にしかわからない思いがあり、互いに同情し助け合うものだ。

↔

## 女同士は角《つの》目《め》立《だ》つ

女の人は心が狭いため、互いに敵対し、争い合うことが多い。

## 命長ければ恥多し

長生きをすれば、それだけ恥をさらす機会も多くなる。

⇔

## 命長ければ蓬莱《ほうらい》を見る

長生きをすれば、幸運にめぐり合うことができる。「蓬莱」は中国にある霊山のこと。

## 娘三人は一身代《ひとしんだい》

娘を三人もてば、働き手が増え、財産を増やせる。養蚕《ようさん》が盛んだった長野県のことわざ。

⇔

## 娘三人あれば身代《しんだい》が潰《つぶ》れる

娘を三人もてば、嫁入り支度の出費がかさみ、財産がなくなってしまう。

## 付和雷同《ふわらいどう》

自分にしっかりとした意見や主張がなく、むやみに他者の意見に同調すること。

⇔

## 旗幟鮮明《きしせんめい》

旗印が鮮やかだということから、自分の主義、主張、態度をはっきりと示すこと。

## 三人寄れば文殊の知恵

凡人でも三人集まって相談すれば、いい知恵が出るというたとえ。

⇔

## 三人寄っても下衆《げす》は下衆

心がいやしい人ばかり三人集まったところで、よい考えは浮かばないというたとえ。

## 義《ぎ》を見てせざるは勇《ゆう》なきなり

人として行うべき正しいことと知りながら、実行しないのは勇気がないから。

⟷

## 触らぬ神に祟《たた》りなし

物事にかかわらなければ、余計な災いを受けることもない。

## 人はパンのみにて生《い》くるものにあらず

人は物質的に足りていれば満足するものではない。精神的なよりどころが必要。

⟷

## 詩を作るより田を作れ

非生産的な文芸や風流にふけるより、実利のある仕事に精をだすべきだ。

## 蛙の子は蛙

平凡な親からは平凡な子が生まれる。親子は似る。子が親以上になれないことをいう。

⟷

## 鳶《とび》が鷹を生む

平凡な親から非凡な優れた子が生まれること。鳶は「とんび」とも読む。

## 君子《くんし》危《あや》うきに近寄らず

人格者は分別があるため、危険なところには近づかない。危険を回避できる。

⟷

## 虎《こ》穴《けつ》に入《い》らずんば虎子《こじ》を得《え》ず

危険を冒さなければ、大きな成功や功名など、望むものを得ることはできない。

**頭でっかち尻つぼみ**

最初は勢いがよいが、終わりは勢いが衰えること。初めが大きく、終わりの小さいこと。

↔

**始めは処女《しょじょ》の如《ごと》く後《あと》は脱兎《だっと》の如し**

最初は弱々しくふるまって敵を油断させ、あとで一気に力を発揮すること。

---

**酒は百薬《ひゃくやく》の長《ちょう》**

酒は適量を守って飲めば、どんな良薬よりも体にいい。

↔

**酒は百毒《ひゃくどく》の長**

酒は体に害となるもののなかでもっとも悪いもの。あらゆる病気の元である。

---

**大木《おおき》の下に小木《おぎ》育たず**

強い者の庇護下にいては、力を伸ばすことはできない。優れた人物は育ちにくい。

↔

**寄らば大樹《たいじゅ》の陰《かげ》**

人の力を借りるなら、勢力のある者を頼ったほうがいい。

---

**女は国のたいらげ**

女性によって世の中が穏やかに、円滑に運ぶ。国が平穏に治まる。

↔

**女は乱の基《もとい》**

国や家庭の乱れ、争いは、女性が原因となって起こりやすい。

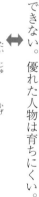

# 14章　いろいろな場で使ってみたいことわざ

比喩にできる便利なことわざや慣用句。状態や気持ち、人柄などを表すものをピックアップしました。

# 美しい

## 掃《は》き溜《だ》めに鶴

掃き溜めとは、ごみ捨て場のこと。つまらないもののなかに、鶴のように美しいものやすばらしいものが交ざっていること。

## 色の白いは七《しち》難《なん》隠す

色が白いのは美しく、多少の欠点もカバーするという意味。

## 妍《けん》を競う

妖艶さや優美さ（＝妍）を競い合うこと。特に女性が競うことをいう。

**例** **パーティーでは着飾った女性たちが妍を競っている。**

## 仙《せん》姿《し》玉《ぎょく》質《しつ》

人並み外れて美しい女性をたとえていう言葉。「仙姿」は女性の仙人や妖精のこと。「玉質」は宝石のようになめらかな肌のこと。

## 羞《しゅう》月《げつ》閉《へい》花《か》

容姿がとても美しいこと。あまりの美しさに、月も恥じらい花も閉じてしまうという意味。「羞花閉月」ともいう。

## 瓜《うり》実《ざね》顔《がお》で富《ふ》士《じ》額《びたい》

美人の基準のひとつ。瓜実とは瓜の種のことで、色白、ふっくら、細長い様子。富士額は髪の生え際の真ん中だけが下がっている様子。

富士額は髪の生え際が富士山の形に似ていることから。

## 解《かい》語《ご》の花

唐《とう》の玄宗皇帝が楊貴妃のことをいったという言葉。言葉を理解する花という意味で、美人のたとえに用いられる。

# 驚く

## 鳩が豆鉄砲を食らったよう

きょとんとした顔で驚いている様子。豆鉄砲はおもちゃの鉄砲。

## 驚天動地《きょうてんどうち》

「天地がひっくり返る」と似ており、天を驚かし地を動かすようなという意味。世の中を非常に驚かせることのたとえとして使う。

## 驚き桃の木山椒《さんしょ》の木

驚いた、たまげたという言葉を語呂合わせでおもしろくいったもの。

## 寝耳に水

突然の出来事にびっくりすることのたとえ。由来には耳に水が入ってきた、耳に洪水の音が聞こえたなど諸説あり。

## 青天《せいてん》の霹靂《へきれき》

急に予期しない大事件が起きること。突然衝撃を受けること。晴れ渡った青空に突然雷が鳴り響く様子からきている。

## 藪《やぶ》から棒

藪の中から突然棒を突き出すことから、予期せぬことが突然起こる様子。また、物事のやり方が出し抜けであること。

## 山の芋が鰻《うなぎ》となる

あるはずのないことが時には起こること。思いもよらないほど変化すること。また、身分の低い者が突然出世すること。

## 周章狼狽《しゅうしょうろうばい》

慌ててうろたえること。「狼」「狽」はどちらも伝説上の獣で、一緒に動かないと倒れてしまうことから、あわてふためく意味に使う。

## めったにない

### 雨《あま》夜《よ》の月

雨が降っている夜でも月はあるはずだけれど目には見えない。現実にあるものでも見えないもの、転じて、めったにないもの。

### 千《せん》載《ざい》一《いち》遇《ぐう》

千年に一度、出会う機会という意から、またとない絶好の機会。「千載」は千年、長い年月を表す。「千載」を「千歳」と書くのは誤り。

## ありえない

### 朝日が西から出る

朝日が西から昇ることは絶対にありえないことから、ありえないことのたとえ。「西から日が出る」ともいう。

### 亀《き》毛《もう》兎《と》角《かく》

亀から毛がはえて、兎《うさぎ》から角がはえるということから、ありえないことのたとえ。類義語には「亀毛蛇《だ》足《そく》」。

### 耳取って鼻をかむ

耳を取って、その耳で鼻をかむような、突拍子もないこと、とてつもないことのたとえ。江戸時代の俳句にみられたフレーズ。

### 死に馬が屁をこく

ありえないこと。またはありえないことが起こること。

### 鼈《すっぽん》が時をつくる

「時をつくる」とは鶏のように鳴いて時間を知らせること。鼈は声を出せないので、ありえないことのたとえとして使う。

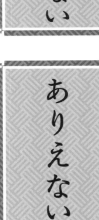

# もどかしい

## 二階から目薬

二階にいる人が階下にいる人に向けて目薬をさそうとしても的中しない様子から、もどかしい、回りくどいといった意味になる。

## 糠《ぬか》に釘

やわらかい糠に釘を打ってもすぐに抜けてしまうことから、なんの手応えもないこと、効き目のないことを表す。

## 暖簾《のれん》に腕押し

「糠に釘」と同様の意味。暖簾を押してもなんの手応えもないことから、もどかしいことのたとえとして使われる。

## 隔《かっ》靴《か》掻《そう》痒《よう》

靴の上から足のかゆいところをかくようなもどかしさを表す四字熟語。かゆいところに手が届くことは「*麻姑《まこ》掻痒」という。

## 提《ちょう》灯《ちん》で餅をつく

提灯で餅をつくことはできないので、思うようにならないという意。また餅つきは性交の隠語で老年の男性をあざけっていう言葉でも。

# 何もかも

## 猫も杓子《しゃくし》も

誰も彼もの意味。「杓子」とはしゃもじのことで、しゃもじは主婦が使うものなので、猫も主婦もというのが由来という説がある。

## 竈《かまど》の下の灰まで

「竈の下の灰」というのは、残りかすでつまらないものの代名詞。そんなものまで含めて家の中のもの全部という意味がある。

＊麻姑とは中国の伝説上の仙女の名。鳥のように長い爪をもっているので、かゆいところをかくのに適しているといわれた。

# 思い通りにならない

## にっちもさっちもいかない

どんなにがんばっても、工夫しても、思うようにいかない、金銭のやりくりがつかないという意味。特に、商売に関することで使う。「にっち」は「二進《にしん》」のことで、「さっち」は「三進《さんしん》」のことを表す。それぞれ二と三で割り切れるため、逆に割り切れない＝どうしようもない場合に、「にっちもさっちもいかない」というようになった。

## 暗礁《あんしょう》に乗り上げる

「暗礁」とは海の中に隠れていて見えない岩石。つまり障害のこと。

## 五里霧中

「五里」は20kmほどの距離。五里四方もの霧の中にいては方向を見失うことから、物事の判断がつかなくなって迷うこと。

## 煮ても焼いても食えない

どうやっても思うようにはいかないこと。手に負えないもののこと。

## 膝頭《ひざがしら》で江戸へ行く

大変な苦労のわりに、物事が遅々《ちち》としてはかどらないこと。膝をついて遠方へ行くという意味から。「膝で京へ上る」ともいう。

## 灯心《とうしん》で竹の根を掘る

「灯心」は灯油に浸して火を灯すためのひも。そんなやわらかいもので、土の中に張った堅い竹の根を掘るのは無理ということ。一生懸命やってもとてもできないこと。苦労しても効果があがらないこと。「竹の根」を「根笹《ねざさ》」や「楠《くす》の根」とかえていうことも。類義語に「灯心で鐘を撞《つ》く」「灯心で首をくくる」などがある。

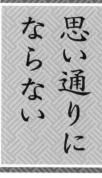

## 日暮れて道遠し

「日暮れて」は年をとったことのたとえ。年を重ねたのに、人生の目標が達成できていないこと。仕事が終わらないときなどにも使う。

## 一筋縄ではいかぬ

一本の縄では縛れない。癖があって普通のやり方が通じないこと。

## 笛吹けど踊らず

あれこれいろいろな準備をし、段取りを整えたというのに、応じてくれる人がいない様子。「踊らず」は「動かない」という意味。

## 水を以《もっ》て石に投ず

水を石にかけても何にもならないことから、何の効果もないこと。

## 艱《かん》難《なん》辛《しん》苦《く》

非常な困難にあって思うようにいかず、苦しみ悩むこと。「艱」「難」「辛苦」の文字すべてが、辛《つら》く苦しいことを表している。

## そうは問《とん》屋《や》が卸《おろ》さない

安い値段では問屋が卸売しないことから、都合よくいかないこと。

## 百足《むかで》に草鞋《わらじ》を履かすよう

足がたくさんある百足に草鞋を履かせるように、面倒で困難なこと。

## いすかの嘴《はし》の食い違い

イスカというのは、雀《すずめ》よりも少し大きい鳥で、嘴《くちばし》の先が上下で食い違っている。物事が食い違ってうまくいかない様子。

イスカの嘴は上と下が交差していて、松かさの種などをついばみやすい。

# 手遅れ

## 遅かりし由良之助《ゆらのすけ》

タイミングを逃して用をなさない場合や、待ちかねた様子を表す。由来は浄瑠璃、または、これに続く歌舞伎の演目『仮名手本忠臣《かなでほんちゅうしん》蔵《ぐら》』。家老である大星《おおぼし》由良之助が、主君の塩冶《えんや》判官の切腹の場に遅れた場面からきている。『仮名手本忠臣蔵』は浄瑠璃・歌舞伎の代表的名作のひとつで、いまだに繰り返し上演されている。

## 盗人を捕らえて縄を綯《な》う

何も準備をせず、ことが起こってから慌てて用意をすること。

## 六日《むいか》の菖蒲《あやめ》十日《とおか》の菊

菖蒲は五月五日の端午の節句に用意する花。菊は九月九日の重陽《ちょうよう》の節句に用意する花。それぞれ六日や十日に咲いたのでは、間に合わない。そこから、必要とするときに間に合わず、手遅れで役に立たないことのたとえとして使われるようになった。「六日の菖蒲」「十日の菊」と単独で使われることもある。

## 割った茶碗を接《つ》いでみる

取り返しがつかないのに、どうにかしようとすること。

## 彼岸過ぎての麦の肥《こえ》三十過ぎての男に意見

どちらも間に合わないことのたとえ。彼岸を過ぎてから麦に肥料を与えても遅いし、三十過ぎて自分では分別のある大人だと思っている男に意見をしても聞き入れてもらえない（役に立たない）ことから。

# 信用できない

## 狐《きつね》を馬に乗せたよう

落ち着きがないこと。いい加減で信用できないこと。由来は『今昔物語集』。夕暮れ時になると、ある川のほとりにきれいな娘が立ち、馬に乗って京都に向かう人を見つけては、乗せてほしいと頼む。娘を馬に乗せてしばらく行くと急に飛び降りて逃げていくが、その姿は狐だったという話。それが転じて信用できないという意味に。

## 軽諾寡信《けいだくかしん》

「軽く諾《うべな》う者は、必ず信寡《しんすくな》し」の略。軽々しく物事を引き受ける人は約束を守らないことが多く、信用に値しないという意味。

## 与太《よた》を飛ばす

いい加減なことやふざけたことをいうこと。「与太」とは、愚かで役に立たないことや、その様子、そのような人のことを指す。

## 商人《あきんど》の元値

値切ると、「それでは元にもならない」などと商人がいうが、本当かどうか信用できない。信用できないことのたとえとして用いる。

## 紺屋《こうや》の明後日《あさって》

紺屋とは染物屋のこと。染物を乾かすため商売は天候に左右される。いつになるかと催促すると「明後日」といい、それがあてにならないことが、信用できないことのたとえに。

江戸時代の紺屋(『職人尽絵詞《しょくにんづくしえことば》』国立国会図書館)。

## うれしい・楽しい

### 手の舞い足の踏む所を知らず

あまりのうれしさに小躍りする様子。有頂天になる様子。

### 快《かい》哉《さい》を叫ぶ

「快哉」とは胸がすくような思い、愉快だと思う様子。「快哉を叫ぶ」はうれしくて思わず声が出ること。歓声を上げること。

### 喜《き》色《しょく》満《まん》面《めん》

喜びのあまり、抑えきれない感情が表情に出てしまうこと。「色」は表情や様子。「満面の笑み」というように「満面」は顔じゅうの意。

### 欣《きん》喜《き》雀《じゃく》躍《やく》

「雀躍」とは雀《すずめ》がピョンピョンと跳ねるように喜ぶこと。「欣」も「喜」も喜びの意味で、とにかく全面的にうれしい様子を表す。

### 歓《かん》天《てん》喜《き》地《ち》

じっとしておれず、思わず踊りだしたくなるほどうれしい様子。「歓天」は空に向かって喜ぶこと、「喜地」は大地に向かって喜ぶこと。

## おかしくてたまらない

### 臍《へそ》で茶を沸かす

お腹を抱えて大笑いするような様子が、お湯が沸く様子に似ていることからできた。どちらかといえば、あざけり笑うときに使う。

### 呵《か》呵《か》大《たい》笑《しょう》

大きな声を出して大いに笑うこと。類義語は「抱《ほう》腹《ふく》絶《ぜっ》倒《とう》」。例 **先生が話してくれたエピソードに、みんな呵呵大笑だった。**

# 思いがけない幸運

## 棚から牡《ぼ》丹《た》餅《もち》

棚から牡丹餅が落ちてくるように、思いがけない幸運がやってくること。略して「たなぼた」といったり、「開いた口に牡丹餅」といったりする。なお、牡丹餅とは、お米の粒が残る程度に丸めた餅にあんをまぶしたもの。「牡丹餅」と「おはぎ」の違いや、違うものなのか同じものなのかといったことには諸説あるが、春のものを牡丹《ぼたん》の花から「牡丹餅」、秋のものを萩の花から「おはぎ」という説が有力。

## 勿《もっ》怪《け》の幸い

思いがけない幸運のこと。降って湧いたようなチャンス。「勿怪」とは本来は「物の怪」のことで、人間に取り憑いて苦しめたり、時には死に至らせたりする怨霊、死霊、生霊といった存在。そのうちに、「もののけ」が「もっけ」となり、妖怪や変化という意味をもつようになり、「意外なこと」を表す言葉になった。例 **一人で困っていたところに君たちが通りかかってくれるなんて、勿怪の幸いだ。**

## 闇夜の提《ちょう》灯《ちん》

真っ暗な中で出会う提灯のように、困ったり悩んでいたりするときに、頼りになるものに出会うこと。「地獄で仏に会ったよう」と同じ意味。

# 似たりよったり

## 青《あお》柿《がき》が熟《じゅく》柿《し》弔《とむら》う

まだ青い柿が、熟して落ちていく柿のことを気の毒に思うけれど、いずれは自分も同じように落ちる。両者にたいした違いはないこと。

## 大《だい》同《どう》小《しょう》異《い》

細かいところは違っていても、大きな部分、おおよそのところは同じであること。例 **どこのメーカーのものも大同小異だと思うよ。**

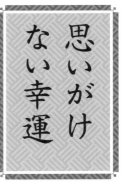

## 変動が激しい

### 猫の目のよう

物事がそのときの事情によって目まぐるしく変化する様子。猫の瞳が周囲の明るさによって細くなったり丸くなったりすることから。

### 栄《えい》枯《こ》盛《せい》衰《すい》

栄えたり衰えたりを繰り返すこと。また、そのはかなさ。「栄枯」とは、植物が茂ったり枯れたりすることを意味する。例**栄枯盛衰は世の常。**

### 波《は》瀾《らん》万《ばん》丈《じょう》

物事の変化が激しいこと。大波の意味の「瀾」は常用漢字ではなく、日本新聞協会用語懇談会が定めた「波乱万丈」を用いる場合も。

### 雀《すずめ》海に入って蛤《はまぐり》となる

思いがけない変化が起こること。古くから中国には、晩秋の海辺で騒ぐ雀が蛤になるという俗信がある。蛤になってしまうから、春から秋にたくさん見かけた雀を、冬に見かけなくなるという。省略した言葉の「雀蛤《すずめはまぐり》となる」は秋の季語。「蛤になるか雀の声かなし」「蛤になりすまして居る雀哉」という句を詠んだのは正岡子規。

## 熱中する

### 寸《すん》暇《か》を惜しむ

わずかな時間も惜しんで何かに打ち込むこと。「寸暇を惜しまず」と使うのは誤用。例**検定試験前なので寸暇を惜しんで勉強しよう。**

### うつつを抜かす

「うつつ」とは「現」と書き、現実や本心などを表す。現実がはっきりしない状態、何かに心を奪われている状態を指す。

# 忙しい

## 尻に火がつく

事態が差し迫っていて、追い詰められた状態であること。類義語に「焦眉《しょうび》の急《きゅう》（⬇P284）」があるが、こちらは眉毛に火がつく状態。

## 多《た》事《じ》多《た》端《たん》

やるべきことが多すぎて非常に忙しいこと。「端」はここでは、物事の始まりを意味する。例 **多事多端の折、もう一つ案件が増えた。**

## 席の暖まる暇《いとま》もない

忙しすぎて、一か所にとどまっていることができないさま。

## 猫の手も借りたい

あまりにも忙しすぎて、誰でもいいから手伝ってほしいという意味。近松門左衛門の浄瑠璃から誕生した言葉といわれている。「誰でもいいから（普段あまり役に立たないような人でもいいから）」という意味を含むので、人に手伝いを依頼するときに使うと失礼にあたるので注意を。類義語に「犬の手も人の手にしたい」がある。

## てんてこ舞い

忙しくて休む間もなく動き回ること。「てんてこ」は小太鼓の音のこと。里神楽《さとかぐら》などで、速いリズムで慌ただしく舞うイメージから。

## 南《なん》船《せん》北《ほく》馬《ば》

旅から旅への生活で非常に忙しくしている様子。中国のことわざだが、中国は南のほうは川や湖が多いので、旅をするときには船を使うことが多い。一方、北のほうは山野が多く、雨も少ないため、馬に乗って旅する。中国の広大な国土やその土地によって風土が異なることから生まれた言葉で出典は明らかになっていない。類義語にあちこち忙しく駆け回る意の「東《とう》奔《ほん》西《せい》走《そう》」がある。

# かけ離れて違う

## 月と鼈《すっぽん》

まったく違うもののこと。江戸時代、鼈の甲羅が丸いため、別名「丸《まる》」と呼ばれるように。月も鼈も丸いけれど、まったく違うことから。

鼈は「丸」とも呼ばれ、鼈の鍋は「まる鍋」ともいわれる。

## 提灯《ちょうちん》に釣鐘

「提灯」と「釣鐘」は似た形をしているのにぜんぜん違うもの。釣り合いがとれていないことや、比較にならないといった意味で用いる。

## 雲泥《うんでい》の差

「雲」は天のこと、「泥」は地のこと。つまり、天と地ほどの大きな差、隔たりがあるという意味。例 あの店とこの店では、味は雲泥の差だ。

## 鑢《やすり》と薬の飲み違い

「やすり」と「くすり」ちょっと聞いただけでは似ているが、まったく違うものということ。また、早合点や早とちりをすること。

## 朝比奈《あさひな》と首引き

力の差がありすぎて、勝負をしてもまったく敵わないこと。「朝比奈」とは朝比奈義秀《よしひで》のこと。「首引き」とは首にひもをかけて引っ張り合うこと。義秀は鎌倉時代の武将で、海に潜って三匹の鮫《さめ》を捕まえたなど、数々の怪力エピソードを残す。鎌倉(神奈川)の朝比奈切通しは、義秀が一晩にして切り開いたという伝説もある。

鎌倉七口《ななくち》のひとつ、朝比奈切通し。

## 小坊主一人に天狗八人

力の釣り合いがとれない。天狗は*神通力《じんつうりき》をもった強い存在とされた。

## 大木《たいぼく》に蝉《せみ》

大きなものに小さなものがつかまっている様子。大小の差が激しいこと。不釣り合いな組み合わせ。「大木に蝉のとまったよう」とも。

## 同日《どうじつ》の論ではない

違うもの過ぎて、同じ次元では論じることができない。

## 駿河《するが》の富士と一里塚《いちりづか》

「一里塚」とは街道の一里の目印に土を盛って木を植えるなどした塚のこと。この小さな山と「富士山」では比べものにならないことから、ぜんぜん違うもののたとえとして使う。

江戸時代に街道の側に一里（約４km）の目印に築かれた一里塚。

## 桁《けた》が違う

格段の差があるという意味。規模や価値などがほかと比較にならないさま。「桁外れに大きい」「桁外れに高い」などともいう。

## 雪と墨

真っ白な雪と真っ黒な墨で、二つのことがらが正反対であることのたとえ。違いが大きすぎて比較できないときにも使う。

## 水と油

互いに反発し合って仲が悪いこと。まったく違いすぎて（異質で）、混じり合えないもの。**例** **あの兄弟は顔は似ているけど、性格は水と油だ。**

＊神通力とは、なんでも自由自在に操れる超人的な能力のこと。

# 不幸が重なる

## 泣きっ面《つら》に蜂

泣いて顔が腫れているところに、さらに蜂に刺されること。不幸なところに、さらなる不幸が追い打ちをかけるような状況をいう。

## 傷口に塩

傷があって痛いところにさらに痛い目にあう。不幸に不幸が重なること。「傷口に塩を塗る」「傷口に塩をなする」ともいう。

## 雨が降れば土砂降《どしゃぶ》り

雨が降って、さらにそれが土砂降り。悪いことは重なって起きるという意味。「雨が降れば必ず土砂降り」と強調していうことも。

## 弱り目に祟《たた》り目

弱っているところに、さらに祟りまで加わるという意味から、不幸が連続で起こることをいう。「祟り」とは、神や仏、また霊地や神木などに対して禁忌を破った場合、人々がこうむる災いのこと。簡単にいえば「罰が当たる」ということ。神仏に限らず、何か悪いことをして、その結果、よくないことが起こることをいうこともある。

例 **事故で怪我をしているうえに風邪までひいて、弱り目に祟り目だ。**

## 弱みにつけこむ風邪の神

寝込んでいられないときに限って風邪をひくことから、悪いことが重なること。この言葉を題材にした落語が「風邪の神送り」。江戸時代、悪い風邪が流行《はや》ると、風邪の神の人形を鐘や太鼓で囃《はや》し立てて追いやった。最後は人形を川に投げるが、夜に魚捕り網にかかる。「風邪の神が夜網（弱み）につけこむ」という落ちである。

## 青息《あおいき》吐息《といき》

苦しいときや不運が続くようなとき、困り果てたときに出るため息。またはそういう状態。「青息」は苦しくて青ざめて吐く息から。

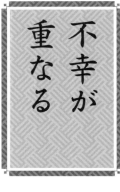

## 一難去ってまた一難

困難や災難などの「難」が次々に訪れること。

## 火を避けて水に陥る

火から逃げて水に溺れることから、災難を避けて災難にあうこと。

## 踏んだり蹴ったり

踏まれた上に蹴られることから、いやなことが続くことのたとえ。

## とかく浮世《うきよ》はままならぬ

世の中はなかなか自分の思い通りにならず、辛《つら》いことも多いものだという意味。「浮世」とは本来「憂《う》き世」と書いて、辛い世の中を意味する。それと、はかない世の中の意味である漢語の「浮世《ふせい》」が混ざり合い、辛くてはかない、変わりやすい世の中を意味する言葉になった。トラブル続きのときなどに使う。

## 転べば糞《くそ》の上

不運にあった上に、また不運が重なることのたとえ。江戸時代の名物は「火事・喧嘩《けんか》・犬の糞」といわれ、犬の糞が多かった。

# はかない

## 人生朝露《ちょうろ》の如《ごと》し

「朝露」は日が出るとたちまち消えてしまう露。そんな朝露のように人生ははかない。朝露ははかないものや命のたとえに使われる。

## 槿花《きんか》一日《いちじつ》の栄《えい》

「槿花」とは木槿《むくげ》の花のこと。夏の朝咲いて、その日の夕方にはしぼんでしまう花なので、栄華のはかなさを表す言葉になった。

# けち

## 一文銭《いちもんせん》で生爪《なまづめ》剥《は》がす

一文銭は主に江戸時代の最低額の貨幣。つまり、今でいう一円玉と同じで、わずかなお金のために自分の体を傷つけることもいとわないという意味。

江戸時代に広く流通した一文銭「寛永通宝」。

## 一文惜しみの百知らず

目先のわずかな金銭を惜しんで、あとで大きく損をする愚かさのこと。井原西鶴の『武家義理物語』の、小銭を川に落とした武士が大金を払って人に落としたお金を探させる話が由来といわれる。お金のことだけに限らず、目先のことにとらわれて、見通しがきかないという意味も。「一文吝《おし》みの百損」「一文儲けの百失い」ともいう。

## 六日《むいか》知らず

けちのたとえ。一日、二日と日にちを指を折って数えるが、六日目は一度折った指を開く。けちは一度握ったものは離さないことから。

## 出すことは舌を出すのも嫌い

どんなものも出し惜しみするくらいけちなことのたとえ。

## 爪に火をともす

極端な倹約。非常に貧しくて、ろうそくの代わりに爪に火をつけなくてはならないほどという意。例 戦後は、爪に火をともす生活をした。

## けちん坊の柿の種

柿の種やへたのようなものまでしまいこむくらいのけちをいう。

## 火事あとの釘《くぎ》拾い

火事で家が焼けてしまってから、釘を拾って使おうとしても意味がない。大きな損をしてからの、少しくらいの倹約は役に立たない。

## もらうものは夏も小袖

もらえるものは何でももらうこと。夏に、綿の入った小袖でももらうということ。

江戸時代の小袖姿。袖口の開きが狭いのが特徴。

# 図々しい

## 面《つら》の皮が厚い

図々しいこと。図々しい人は何があっても表情を変えないことから、顔の皮が厚い（表情がわかりにくい）といわれるようになった。

## 心臓に毛が生えている

江戸時代は肝《きも》に毛が生えるといわれた。あつかましい。度胸がある。

# 無邪気

## 天《てん》衣《い》無《む》縫《ほう》

無邪気で飾り気やわざとらしさがない人。また文章などが自然で美しい様子にもいう。天女の衣には縫い目がないという伝説が由来。

## 泥《でい》中《ちゅう》の蓮《はす》

汚れた環境の中でも、影響を受けず清く生きること。蓮の花は泥の中でも美しい花を咲かせることから。「蓮」は「はちす」とも。

# 無駄・見当違い

## 畑に蛤《はまぐり》

畑を掘って蛤を探すこと。つまり、見当違いのことをするという意味。ありえないという意味でも使う。類義語に「木に縁《よ》りて魚《うお》を求む」。

## 尻に目薬

尻に目薬をさしても効き目がないことから、見当違いのこと、何の効果もないこと。「膝っ子に目薬」というのも同じ意味。

## 月夜に提灯《ちょうちん》

明るい夜に提灯を持っていても必要がなく、むしろ無駄なくらいなことから、必要がないこと、無駄なことのたとえとして使う。

## 蚤《のみ》の頭《かしら》を斧《よき》で割る

蚤の頭を割るために斧《おの》を持ち出すこと。些細なことや小さなことを解決するためにわざわざ過剰な道具、無駄な道具を使うこと。

## 下手《へた》の考え休むに似たり

いい考えが浮かばないのに時間ばかりかけるのは無駄という意味。

## 畑《はたけ》水練《すいれん》

「水練」とは泳ぐ練習のこと。畑で泳ぐ練習をしても役に立たないことから、役に立たないことのたとえ。「畳水練」「炬燵《こたつ》水練」とも。

## 船盗人《ふなぬすびと》を徒歩《かち》で追う

無駄に骨折りすることのたとえ。船を盗んで水の上を漕いで逃げていく泥棒を、陸路を歩いて追いかけて捕まえようとしても、泥棒は捕まりっこなく、無駄なことだという意味。やり方が適切でない、間違っているという意味でも使われる。「船盗人を陸で追う」ともいう。例 **あの馬を手なずけるなんて、船盗人を徒歩で追うようなものだ。**

## 仏のない堂《どう》へ参る

御本尊のいないお堂へお参りするように、無駄な努力をすること。

## 骨折り損のくたびれ儲け

努力をしても効果がなく疲れだけが残ること。「しんどが利」とも。

## 水に絵を描く

水に絵を描いても何も残らないことから、無駄な苦労や努力をすること。**例** **あの人を説得するのは水に絵を描くようなものだ。**

## 焼け石に水

熱く焼けた石に水をかけてもすぐに蒸発して冷えないことから、努力が役に立たないこと、努力が少なすぎることを指す。

## 養《よう》由《ゆう》に弓をいう

「養由」とは養《よう》由《ゆう》基《き》のことで、春秋時代の楚《そ》の荘《そう》王《おう》に仕えた弓の名手。その弓の威力は甲冑《かっちゅう》七枚を貫くほどで、狙った白猿《はくえん》は養由基が弓を整えているだけで泣き叫んだという伝説が残っている。また、一本の矢で複数の兵士を倒すことができたという。それほどの人物に、弓の使い方について講釈するということから、無駄なこと、間が抜けていること。類義語に「釈迦に説法」「孔子に論語」。

## 湯を沸かして水にする

お湯をまた冷まして水にすることから、努力を無駄にすること。

## 横《よこ》車《ぐるま》を押す

車輪のついた車を横から押しても動かないことから、理屈に合わないことを無理に押し通そうとすることのたとえとして使う。

江戸時代に使われていた、大(代)八車。

## 夏《か》炉《ろ》冬《とう》扇《せん》

時期外れのもの。無駄なもの。役に立たないもの。夏の火鉢、冬の扇《おうぎ》のように、いまあっても役に立たないものの意味から。

## 沢庵《たくあん》のおもしに茶袋《ちゃぶくろ》

沢庵を漬けるのに軽い茶袋を乗せても無意味。効き目のないこと。

## 籠で水を汲む

籠で水を汲んでもまったくたまらないことから、無駄なこと、効果が上がらないこと。「笊《ざる》に水」「味噌漉《こ》しで水を掬《すく》う」ともいう。

## 屋《おく》上《じょう》屋《おく》を架《か》す

「屋」とは屋根のこと。屋根の上にもう一枚屋根を架けるように、無駄なことのたとえとして使う。「屋上屋を重ねる」ともいう。

## 馬の耳に念仏

ありがたみがわからず、少しも効果がないことのたとえ。無駄なことという意味でも使う。同じ意味で「馬耳東風」という四字熟語もあり、本来は馬耳東風を使ってい た。馬の耳に風が吹き抜けるように聞き流すという意味。それが「馬の耳に風」と使われるようになり、「馬の耳に念仏」に変化していった。「猫に小判（⬇Ｐ２９７）」「犬に論語」「牛に経文《きょうもん》」とほとんど同じ意味で使う。

## 水《すい》泡《ほう》に帰《き》する

「水泡」とは水の泡のこと。できたそばからあっという間に消えていくことから、努力したことが無駄になってしまうこと。

## 棒に振る

天秤棒をかついで物を売る「棒手《ぼて》振《ふ》り」が由来。全部売り切ったらなくなるため、努力や苦労がなかったことになるたとえとなった。

江戸の町を歩き回って、さまざまな物を売り歩いた棒手振り。

# できるはずがない

## 大海《たいかい》を手で塞《ふさ》ぐ

海の水を手でせき止めるという意味から、できるはずのないこと、不可能なこと。例 **発想はすばらしいが、大海を手で塞ぐようなものだ。**

## 蚯蚓《みみず》の木登り

できるはずのないことのたとえ。「蚯蚓の木登り蛙の鯱《しゃちほこ》立ち」ということも。ただし実際には木登りをする蚯蚓がいるらしい。

## 泥鰌《どじょう》の地団駄《じだんだ》

泥鰌が地団駄を踏んでもなんの効果もないように、能力のない者、弱い者の無謀な挑戦やどうにもならないことを指す。

## 連木《れんぎ》で腹を切る

「連木」とはすりこぎのこと。すりこぎで切腹はできないことから、不可能なことのたとえとして使う。類義語に「杓子《しゃくし》で腹を切る」。

すり鉢でごまなどをする道具がすりこぎ（連木）。

## 進退《しんたい》これ谷《きわ》まる

進むことも退くこともできない様子。「きわまる」を「谷まる」と書くのは、谷間に落ちてしまうと身動きとれないということから。

## 蜘蛛《くも》の糸で石を吊る

できるはずのないことのたとえ。危険な挑戦のことをいうことも。

## 難攻不落《なんこうふらく》

攻めることが難しく、なかなか陥落しないこと。相手が納得してくれず許してくれないこと、要望を聞き入れてもらえないこともいう。

# いろいろなことや人

## 入船《いりふね》あれば出船《でふね》あり

港に入る船、出る船があるように、世の中はいろいろであるという意。

## 玉石混淆《ぎょくせきこんこう》

宝石とただの石が交ざり合っている様子。優れたものと劣ったものが入り交じっている様子を表す。「玉石混交」とも書く。

## 難波《なにわ》の葦《あし》は伊勢《いせ》の浜荻《はまおぎ》

物の名前や風俗、習慣などは土地によってさまざまで、定まってはいないことのたとえ。難波は現在の大阪市周辺のことで、海上交通の要地として栄えた。ここで「葦」と呼ばれている植物は、伊勢では「浜荻」と呼ばれていることから。ほかに、「難波の鯔《ぼら》は伊勢の名吉《みょうぎち》」ともいう。類義語に「所変われば品変わる(⬇P119)」。

## 十人十色《じゅうにんといろ》

人の好み、考え方、性格などは、個人によって全部違うという意味。夏目漱石は『吾輩は猫である』のなかで、猫も十人十色と書いた。

## 人の心は面《おもて》の如《ごと》し

人の顔が一人ひとり違うように、心も全員違うという意味。

## 仏法《ぶっぽう》あれば世法《せほう》あり

出家して修行をして仏教の基本となる真理を実践することと、世間の慣習や決まりなどの中で生きること。違うことが同居して世の中が成り立っているという意。「世法」は俗世間の法則、世の中の習わしを表し、「仏法」とは反対の意味の言葉ともいえる。物事には対応するものがあるという意も。類義語に「煩悩《ぼんのう》あれば菩提《ぼだい》あり」。

# どちらも同じ

## 人の心は九《く》分《ぶ》十《じゅう》分《ぶ》

人間が考えることはみな似たりよったりで、それほど大きな違いはないということ。「九分十分」は大した違いはないという意味で、「五十歩百歩《ごじっぽひゃっぽ》」と同じように使う。「人の心は九合十合《くごうじゅうごう》」「人の目は九分十分」ともいう。例 やはりみんなが同じように間違っているという。人の心は九分十分ということだろう。

## 雪の上に霜

雪が積もっているところに霜が降りても、似たようなものだということ。「雪上《せつじょう》に霜を加える」ともいう。余計な努力のことも指す。

## 山《やま》桃《もも》の選《え》り食い

山桃を食べるときに、初めはよさそうなものを選んで食べているが、だんだん残っているものを食べるので、結局のところ同じことだという意味。

初夏に葉のつけ根に真っ赤な実をつける山桃。

## 団《どん》栗《ぐり》の背《せい》競《くら》べ

どれも似たりよったりということ。ネガティブな意味合いで使う。団栗は形も大きさもほとんど同じで優劣がつきにくいことから。

## 伯《はく》仲《ちゅう》の間《かん》

「伯」は長兄、「仲」は次兄の意味。どちらが勝っているか負けてるか判断しにくいこと、両者の能力にあまり差がないことをいう。

## 異《い》口《く》同《どう》音《おん》

違う口が同じ音を発する。つまり多くの人が同じことをいうこと。みなの意見が一致すること。例 この件に関しては異口同音で賛成だ。

# 絶好調

## 飛ぶ鳥を落とす勢い

飛んでいる鳥を落とすくらいの勢いがあること。

## 凡夫盛《ぼんぶさか》んに神祟《かみたた》りなし

平凡な人間でも勢いに乗っていると、神や仏の力も及ばない。

## 破竹《はちく》の勢い

猛烈な勢いがあること。竹は刃物で一節だけ割ったら、あとは一気に割れる性質があることが由来。

例 破竹の勢いで急成長している企業。

## 泣く子も黙る

泣いている子どもが黙ってしまうほど、勢いや力があること。この言葉が生まれた背景には、『三国志』に登場する張遼《ちょうりょう》という武将がかかわっている。張遼は若いときから武力が圧倒的に常人を超えていて、七千人の兵に交ざって大活躍して、十万人の敵軍に勝利したという。こういった武勇伝から、泣き止まない子どもに対して「張遼がくる」といって泣き止ませたという。

## 沖天《ちゅうてん》の勢い

「沖天」とは天高く昇ること、空高く上がることの意味。「沖天」とも書く。人の勢いが非常に強いときに「沖天の勢い」という。

## 余勢《よせい》を駆《か》る

「余勢」とは何かのあとに残っているはずみのついた勢いのこと。一つのことを成し遂げた勢いによって、さらに別のことをする意。

## 燎原《りょうげん》の火

勢いが盛んで止められないことのたとえ。「燎原」とは野原を焼くこと。野原に火をつけると、勢いよく燃え広がっていくことから。

# 簡単に成し遂げる

## 朝飯前

時間がなく空腹なときでもできるほど簡単ということ。江戸時代は一日二食が普通だったため、朝は特に空腹だった。

## お安い御用

まったく苦ではない、気軽にできるという意味。頼まれごとをされたときなどに使う。類語は「造作《ぞうさ》ない」「わけない」「たやすい」など。

## お茶の子さいさい

物事がとても簡単にできることのたとえ。「お茶の子」はお茶に添えて出される茶菓子のことで、簡単に食べられることから。また、朝飯の前に食べる「茶粥」を「茶の子」ということから「朝飯前」の意味になったという説もある。「さいさい」は特に意味のない囃《はや》子詞《しことば》で、「よいよい」や「ほいほい」などと同じような使い方。俗謡の「のんこさいさい」からきたという説もある。

## 赤子の手をひねる

相手をたやすく負かしたり、物事をやすやすと行うことのたとえ。

# 未練が残る

## 後ろ髪を引かれる

後ろに生えている髪の毛をつかまれているかのようになかなか前に進めない様子。心残りがあって、思い切れないこと。

## 死んだ子の年を数える

仕方のないことについて、思い出したり、悔やんだりすること。

# 頑固

## 這《は》っても黒豆

間違っていても認めないこと。黒豆だと思っていたものが這い出しても、虫だとは認めないで黒豆だと言い張ることから。

## 金《きん》科《か》玉《ぎょく》条《じょう》

本来は、人が絶対的に守るべき立派な法律のこと。現在は「金科玉条のごとく守る」などと、融通のきかないという意味で使うことも。

## 頑《がん》迷《めい》固《こ》陋《ろう》

頑固で狭い視野でしか物事を考えないこと。自分の考えにこだわって、客観的な判断ができないこと。頭が古くて頑ななこと。

## 杓《しゃく》子《し》定《じょう》規《ぎ》

「杓子」とは今でいうしゃもじのようなものだが、昔は柄が曲がっていた。それを無理にまっすぐの定規にしようとすることから、一定の基準ですべてを決めようとして融通がきかない様子をいう。

昔の木杓子は柄が曲がっていた。

## 志《し》操《そう》堅《けん》固《ご》

志や考え、主義などを守って、どんなことがあっても変えない様子。「道心堅固」ともいう。例 彼は志操堅固な人だから、いっても無駄だよ。

## 鉄《てっ》心《しん》石《せき》腸《ちょう》

外界の何にも影響されることのない、どんな困難にも負けない、石のように固い精神。頑固というのではなく、いい意味で使う。

## 老いの一《いっ》徹《てつ》

高齢者の思い込んだら絶対に譲らないという頑固な性質のこと。一徹とは一筋に押し通すという意で、「一徹な性格」などと使う。

## 石《いし》部《べ》金《きん》吉《きち》

硬い「石」と「金」の文字を入れて人名風にした言葉。真面目で色仕掛けなどに惑わされない人。また融通のきかない人にも使う。

## 梃《て》子《こ》でも動かない

どんな手段でも、その場から動かすことができないこと。どんなに言い聞かせても、聞き入れないこと。「梃子」とは重い物を動かす道具で小さい力を大きな力に変える。梃子を使えば重い物や大きい物をわずかな力で動かせるはずなのに、それでも動かないということから。例 **相手がそうくるなら、こちらは梃子でも動かない姿勢だ。**

# わがまま・勝手

## 傍《ぼう》若《じゃく》無《ぶ》人《じん》

そばに人がいないかのような勝手な振る舞いをするということから、自分勝手なことをいう。例 **あの人は傍若無人だから苦手だ。**

## 駄《だ》々《だ》を捏《こ》ねる

無理をいって相手を困らせること。「駄々」は「地団駄を踏む」の地団駄が変化したものと考えられる。「駄々をいう」ともいう。

## 我《が》田《でん》引《いん》水《すい》

自分の田んぼにだけ水を引き入れるという意味。他人のことを考えず、自分勝手な行動をすること。自己中心的な言動のこと。

## 笠に着る

「笠」は頭にかぶる笠のことで権力や地位を笠のようにかぶり、自分は守られながら面倒を避けたり、自分勝手にいばったりすること。

## 生《せい》殺《さつ》与《よ》奪《だつ》

他人に対して生かすことも殺すこともできる権利があるという意味。何でも思い通りにできる、絶対的な権力を握っていることをいう。

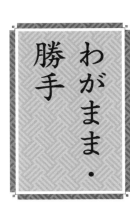

# 大ピンチ

## 風《ふう》前《ぜん》の灯《ともしび》

風の吹いている場所にある灯のように、危険が差し迫っていて今にも滅びそうなこと。少しのことで終わってしまいそうな危うい様子。

## 焦《しょう》眉《び》の急《きゅう》

目の前に危機が差し迫っている様子。すぐに対応しなければ危険という状況。火が眉を焼くくらいのところまで迫っていることから。

## 途方に暮れる

「途方」とは手段や方法のこと。それらがすべて尽きて、どうしてよいかわからない状態。**例** 初めての場所で道に迷って途方に暮れた。

## 危《き》急《きゅう》存《そん》亡《ぼう》

生きるか死ぬかの瀬戸際。滅びるか存続するかの危険が迫っている様子。特に組織に対して使い、「危急存亡の秋《とき》」と使うことが多い。

## 気《き》息《そく》奄《えん》奄《えん》

「気息」は呼吸のこと。「奄」にはふさがるという意味があり、つまり非常に苦しい状態を表す。息も絶え絶えで死にそうな様子。

## 命《めい》旦《たん》夕《せき》に迫る

旦夕の「旦」は朝のこと。今日の夕方か明日の朝かというくらい事態が切迫している状況。命がかかっているようなときに使う。

## 熱《あつ》火《び》子《こ》に払う

人間、本当にピンチのときはわが身一番になること。火に焼かれそうな場合は、わが子のほうに火を払ってでも逃れるということから。

## 絶体絶命

大変な苦境に立たされていること。「体」や「命」が尽きるような大ピンチのことを表すので、「絶対」と書くのは誤りである。

# 慎重

## 石橋を叩いて渡る

慎重なことというポジティブな意味で使う場合と、過剰に用心深い、決断が遅いというネガティブな意味で使う場合がある。かつて、橋といえば木製だったが、徐々に石の橋も造られるようになった。それでも壊れないかどうか心配で、叩いて安全を確かめてから渡る人がいたためにできたことわざだといわれている。

## 転ばぬ先の杖

失敗しないように、あらかじめ十分な準備をしておくこと。類義語に「濡れぬ先の傘」「用心は前にあり」「よいうちから養生」。

## 羹《あつもの》に懲りて膾《なます》を吹く

失敗した経験に懲りて、必要以上に用心深くなってしまうこと。心配をしすぎること。「羹」とは熱い汁物の料理のこと。羹を食べたら熱くて驚いた人が、必要以上に警戒して、「膾」（生肉の刺し身）も息を吹いて冷ましてから食べようとするということから。「蛇に噛まれて朽縄《くちなわ》に怖《お》じる（⬇P311）」と似ている言葉。

# こびる

## 髭《ひげ》の塵《ちり》を払う

下の者が上の者にこびへつらうこと、おべっかを使うこと。上司の髭が吸い物で汚れたときに拭いてたしなめられたという故事から。

## 阿《あ》諛《ゆ》追従《ついしょう》

気に入られようとしてへつらうこと。調子のいいことばかりを並べること。「追従」は「ついじゅう」ではなく「ついしょう」と読む。

## 誠実・しっかりしている

### 温《おん》厚《こう》篤《とく》実《じつ》

穏やかで優しく、人情に厚く、実直。「篤」は真心がこもっている、念入りという意。例 **温厚篤実な彼はチームのリーダーにふさわしい。**

### 外《がい》柔《じゅう》内《ない》剛《ごう》

外見は物腰がやわらかそうだが、心の中は強い意志をもち、しっかりしている様子。逆の意味の「内柔外剛」という言葉もある。

### 謹《きん》厳《げん》実《じっ》直《ちょく》

慎み深く真面目、正直なこと。「謹厳」は慎み深く厳格であることの意味で、「謹厳温厚」「謹厳重厚」「謹厳慎《しん》行《こう》」などの言葉がある。

### 剛《ごう》毅《き》木《ぼく》訥《とつ》

飾り気はないが、しっかりと強い心をもっていること。少々の物事にはくじけず、屈しない。例 **そっけなく見えるが、剛毅木訥の人物だ。**

### 武士に二《に》言《ごん》はない

武士は一度いったことを取り消さない。武士は信義と面目が大事なことから生まれた。二言は前にいったことと違うことをいうこと。

## うぬぼれる

### 天狗になる

うぬぼれて自慢すること。傲慢な僧は死ぬと「天狗道」という魔界に転生するという。また、天狗の鼻が高いことも傲慢に結びついた。

### 自《じ》高《こう》自《じ》大《だい》

大きな態度で他人を見下すこと、他人を軽視すること。「自高」と「自大」のどちらも、自分を大きいものだとする意味がある。

# 器が大きい・度量が大きい

## 豪《ごう》放《ほう》磊《らい》落《らく》

気持ちが大きく、細かいことは気にしない性格。さっぱりしていること。**例** **豪放磊落な人なので、きちんと謝れば許してくれるはずだ。**

## 天《てん》空《くう》海《かい》闊《かつ》

空のようにからりとしていて、海のように大きく広々としていること。度量が大きく、小さなことにこだわらない性質を表す。

## 清《せい》濁《だく》併せ呑《の》む

善人も悪人も区別なく、すべて受け入れる度量の大きさのこと。包容力が大きいこと。**例** **あの経営者は清濁併せ呑む人物だ。**

## 泰《たい》然《ぜん》自《じ》若《じゃく》

落ち着いていて慌てたりしない様子。些細なことに動じない様子。「自若」には自分を保つ、その人自身である様子という意味がある。

## 寛《かん》仁《じん》大《たい》度《ど》

心が広く情が深く、細かいことにこだわらない様子。「寛仁」は心に奥行きがあること。**例** **寛仁大度な人なので安心して任せられる。**

## 大《たい》海《かい》は芥《あくた》を択《えら》ばず

「芥」とはつまらないもの、ごみやちりのたとえ。広い海はどんなにつまらないものでも気にすることなく受け入れるということから、大人物は度量が広くて、いろいろな人をわけへだてなく受け入れるという意味で使う。「大海は塵を選ばず」ともいう。類義語に「泰《たい》山《ざん》は土壌を譲らず（⬇Ｐ１６５）」「河《か》海《かい》は細流を択ばず」

## 気《き》宇《う》壮《そう》大《だい》

度量や発想が人並み外れて大きくて立派であること。スケールが非常に大きいこと。**例** **気宇壮大な計画で起業した。**

# 賢い・才能がある

## 一を聞いて十を知る

物事の一端を聞いただけで全体を理解すること。出典『論語』。

## 才気煥発《さいきかんぱつ》

優れた才能があふれ出ていること。頭がよく、次から次へと発想が生まれるような様子。例 才気煥発な彼女と仕事をすると刺激を受ける。

## 山椒《さんしょ》は小粒でもぴりりと辛《から》い

「山椒」は小粒でも辛みがきいていて、スパイスとして料理を引き立てる。また佃煮としても古くから親しまれている。そんな山椒のように、体は小さくても鋭い才能にあふれ、優れていることのたとえとして使う。また、侮《あなど》れないこと。「山椒」は正確には「さんしょう」と読むが「さんしょ」と読んだほうが語呂がいい。

## 博学多才《はくがくたさい》

幅広い学問に通じていて、多くの知識があり、さまざまな才能をもっていること。「博識《はくしき》多才」という言い方もある。

## 一頭地《いっとうち》を抜く

他の人より頭一つ抜きん出ていること。学問や芸術などが人より一段と優れていること。「一頭」とは頭一つ分の高さを表す。

## 泰山北斗《たいざんほくと》

第一人者のこと。その道で大家《たいか》とされ尊敬を集めている人。泰山は中国を代表する山、北斗は北斗七星で、どちらも仰ぎ見るもの。

## 白眉最良《はくびさいりょう》

多くの中でもっとも優れているもの。中国の故事より、優秀な五人兄弟の中で特に優れていた者の眉に白い毛が生えていたことから。

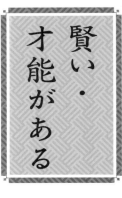

# 役に立たない

## 有象無象《うぞうむぞう》

世の中にたくさんあるくだらないもの。ろくでもない連中のこと。「象」は形の意味なので、形のあるものないものを含む。

## 多弁能なし

口数ばかり多くて、実際に動くべきときには役に立たないこと。例 多弁彼は立派なことをいうけれど、多弁能なしであまり仕事はできない。

## 絵に描いた餅

計画などは立派だが実行が伴わないこと。どんなにおいしそうに描かれていても、しょせん絵に描いた餅は食べられないことから。

## 帯に短し襷《たすき》に長し

中途半端で何の役にも立たないこと。「帯」にするには短すぎるし、「襷」にするには長すぎるという意味から生まれた言葉。ちなみに襷は2m強くらいがほどよい長さだという。長すぎると垂れ下がってしまいじゃまになる。「襷に長し」を「まわしに長し」ともいう。ほかに「褌《ふんどし》には短し手拭には長し」といいかえた言葉もある。

## 喧嘩《けんか》過ぎての棒千切り《ぼうちぎり》

喧嘩が終わってから棒切れを持ち出すこと。役に立たないこと。

## 独活《うど》の大木

独活の茎は長く育つものの、やわらかくて木材のようには使えない。転じて、体が大きいのに役に立たない人のたとえに。

花が咲いている山独活。独活の木は丈は高くなるが茎はやわらかく弱い。

# 愚か・才能がない

## 士族の商法

不慣れな商売に手を出して失敗すること。明治時代に特権を失った士族が生活のために慣れない商売に手を出して失敗したことから。

## 空樽《あきだる》は音が高い

中身が入っている樽を叩くと重い音がするが、空樽は甲高い音がする。中身のない軽薄な人が、大げさによくしゃべるという意味。

## 東西《とうざい》を弁《べん》せず

東と西の区別もつかないことから、物事の判断能力がない、物事をわきまえないことをいう。「東西をわきまえず」「東西を知らず」とも。

## 人後《じんご》に落ちる

人の後ろに落ちるということから、人より劣る、遅れをとるという意。逆に人に遅れをとらないことを「人後に落ちない」という。

## 無知蒙昧《むちもうまい》

知識や知恵がなく愚かなこと。物事の道理がよくわかっていないこと。常識がないこと。例 無知蒙昧にならないように勉強しよう。

## 焼面《やけづら》火に懲りず

同じ失敗を繰り返すこと。顔に火傷をしても懲りずに火にあたることから。例 過去を教訓としないから、焼面火に懲りずになるんだよ。

## 一丁字《いっていじ》を識《し》らず

一文字も読めないほど知識がないこと。無学であること。「丁」は本来は「个」が正しい。伝写を誤って「丁」となったという。

## 無為無策《むいむさく》

何の手立ても打てず、ただ見ているだけのこと。何もできない様子。例 経営が悪化しているのに、無為無策のままでは倒産してしまう。

# 大げさ

## はったりを利かせる

大げさにいったり、わざと強気な態度をとったりして威圧すること。

## 大《おお》風《ぶ》呂《ろ》敷《しき》を広げる

実際にはできないような大げさなことをいったり、誇大なことをいったりすること。また、実現しそうもない計画を立てる意味も。

## 牛《ぎゅう》刀《とう》を以《もっ》て鶏《にわとり》を割《さ》く

小さなことを実行するのに、大げさな手段を用いること。

## 大《おお》見《み》得《え》を切る

歌舞伎で役者が大きな動作で見得を演じること。同様に、自分を誇示するように大げさな態度や言葉遣いをすること。

歌舞伎では感情の高まりなどを表現するときに動きを止めてポーズをとる見得の演技が見せ場。

## 餓《が》鬼《き》の断《だん》食《じき》

「餓鬼」とは餓鬼道に落ちた亡者。常に断食の状態なのに、断食をすることから、当然のことをわざわざ言い立てて取り繕うこと。

## 大根を正《まさ》宗《むね》で切る

名刀の正宗で大根を切るように、大げさなことをするたとえ。また、才能のある人につまらない仕事をさせること。

## 針《しん》小《しょう》棒《ぼう》大《だい》

針のように小さいことを、棒のように大きくいうことから、物事を大げさにいうことを意味する。例

**若いときの武勇伝を針小棒大で話す。**

# いろはかるたのことわざ

仮名をわかりやすく覚えるために京都で江戸中期に生まれ、次第に大阪や江戸などにも広がった、「いろはかるた」。「いろは」の47文字に「京」を加えた48枚からなる。各地方でまったく違うことわざが選ばれているのがおもしろい。

## ◎江戸・大阪・京都で違うことわざ8選

【ほ】

江戸

**骨折り損のくたびれ儲け**

苦労するばかりで努力のかいもなく利益や効果は上がらず、疲れだけが残ること。むだな努力。

大阪

**惚れたが因果《いんが》**

好きになってしまったのだから苦労するのも仕方がないという諦めの境地をいう。惚れたのが運のつき。

京都

**仏の顔も三度**

「仏の顔も三度撫《な》ずれば腹立つ」の略。どんなに温厚な人でも、失礼な態度を何度も繰り返せば腹を立てる。

【た】

江戸

**旅は道連れ、世は情け**

旅行時に同行者がいると心強いように、互いに助け合い、仲よくやっていくことが大切ということ。

大阪

**大食《たいしょく》上戸《じょうご》の餅《もち》食《くら》い(食らい)**

大食いな上に酒もたらふく飲み、さらに餅まで食べること。いいところが何もないといった意味でも使われる。

京都

**立て板に水**

話術が巧みですらすらと流暢《りゅうちょう》にしゃべること。立てかけてある板に水をかけるとさらさら流れていく様子から。

## 【け】

江戸

### 芸は身を助ける

一つでも何か芸を身につけておくといざというときに役に立ち、生計の助けになることもある。

大阪

### 下戸《げこ》の建てた蔵はない

酒を飲まない人がその酒代で財を成した話は聞いたことがない、飲んで楽しむほうがいいという酒飲みの主張。

京都

### 下駄と焼き味噌

形は似ていても内容はまったく違うこと。板につけて焼いた味噌の形と下駄が似ていたことから。

## 【え】

江戸

### 得手《えて》に帆を揚げる

追い風に帆を揚げるように、得意とすることを発揮できる絶好の機会に恵まれたので張り切って行うこと。

大阪

### 閻魔《えんま》の色事《いろごと》

世にも恐ろしい閻魔様が恋愛をするような、不似合いだったりバランスが悪いことのたとえ。

京都

### 緑の下の力持ち

人目につかないところで努力し、人や会社などを支えている存在のこと。陰で他人のためにがんばっている人。

## 【み】

江戸

### 身から出た錆《さび》

自らの行いで苦しんだり、災いを受けること。悪い振る舞いは自らの首を絞めるという戒め。自業自得《じごうじとく》。

大阪

### 蓑《み》売《う》りの古蓑《ふるみ》

みのを売る人の着るみのは古いことからきた言葉で、自分のことはどうしてもおろそかになること。

京都

### 身は身で通る裸ん坊

人には貧富や能力などの差はあるが、それぞれにふさわしい生き方をしていくもの。体ひとつで生きていける。

【し】

江戸

**知らぬが仏**

知ってしまえば腹が立ったり悩んだりすることも、知らないでいれば仏のように穏やかな心でいられる。

大阪

**尻《しり》食《く》らえ観音**

受けた恩を忘れて罵《ののし》る、または知らん顔をすること。困ったときは念じるが、楽になると平気で罵ることから。

京都

**しはん坊の柿の種**

しはん坊はけちん坊のこと。柿の種のようなものまで捨てるのを惜しむようなひどいけちを罵っていう言葉。

【せ】

江戸

**背に腹はかえられぬ**

大事なことのためには小事を犠牲にするのはやむを得ない。臓器の詰まった腹は犠牲にできないことから。

大阪

**背戸《せど》の馬も相口《あいくち》**

扱いにくい人にも気の合う人はいる。裏口につないでおくしかない暴れ馬も扱い方次第でおとなしくなることから。

京都

**性《せい》(聖)は道によりて賢し**

それぞれの物事はその道の専門家がもっとも精通している。類義語に「芸は道によって賢し」。

【す】

江戸

**粋《すい》は身を食《く》う**

花柳界などでもてはやされると、ついいい気になって深入りしてしまい、結局は身を滅ぼしてしまうこと。

大阪

**墨に染まれば黒くなる**

人は環境やつき合う相手などから影響を受けてよくも悪くもなること。類義語に「朱に交われば赤くなる(➡P250)」。

京都

**雀《すずめ》 百まで踊り忘れず**

幼い頃に身につけた悪い習慣はいつまでも直らない。雀は飛び跳ねるくせが死ぬまで抜けないことから。

# 15章　Plus one もっと知りたいことわざ

動物や空想の生き物、飲食、体の部位、数字などから、ことわざによく使われている語句が入ったことわざを取り集めました。

【動物】

# 犬

## 尾を振る犬は叩《たた》かれず

従順で愛想のよい人は、誰からもひどい仕打ちを受けることがない。

## 米食った犬が叩かれずに糠《ぬか》食った犬が叩かれる

大きな悪事を犯した者が罪を免れて、小さな悪事を犯した者が罰せられること。

## 自慢の糞は犬も食わぬ

自慢をする者はまわりの人に嫌われ、糞をかぎ回る犬でさえ、そういう人の糞は避けることから、誰からも相手にされないことをいう。

## 夫婦喧嘩《げんか》は犬も食わぬ

夫婦喧嘩はつまらない原因だったり、一時的ですぐに仲直りするから、他人が間に入って仲裁したり、心配することはないということ。

## 犬兎《けんと》の争い

両者が争って、共倒れになったところを、第三者が苦労なく両者を手に入れること。類義語に「漁夫の利」。

## 犬《いぬ》骨《ほね》折《お》って鷹の餌食《えじき》

鷹狩りで、犬が苦労して追い出した獲物を鷹に横取りされることから、苦労して手に入れたものを他人に奪われること。

## 飼い犬に手を噛まれる

日頃からかわいがり面倒をみていた者にひどく裏切られたり、害を加えられたりすること。

## 犬は三日飼えば三年恩を忘れぬ

犬は三日養えば、三年間その恩を忘れない。人間は受けた恩を忘れずに誠意を尽くすべきだという戒め。

## 喪家《そうか》の狗《いぬ》

喪中の家で悲しみから犬に餌をやることを忘れてしまい、犬がやせ衰えてしまうことから、やつれて元気のない人のこと。

## 煩悩の犬は追えども去らず

煩悩というものは、いくら追い払ってもついてくる犬のように、人にまとわりついて離れない。

## 一犬《いっけん》影《かげ》に吠ゆれば百犬《ひゃっけん》声《こえ》に吠ゆ

一人がいいかげんなことをいうと、多くの人がそれを真実として伝え、広めてしまうこと。

【動物】
# 猫

## 猫の首に鈴をつける
ネズミたちが猫から身を守るため、猫の首に鈴をつける方法を思いついたが、実行するネズミがいなかったことから、計画ではよいことでも、いざ実行となると、引き受け手のない困難なこと。

## 猫に鰹節《かつおぶし》
猫のそばに好物の鰹節を置くことから、油断できない、危険であること。

## 猫にまたたび
非常に好きなもののこと。また、それを与えれば効果が著しいこと。「またたび」はつる性の落葉木本《もくほん》で猫はマタタビラクトンを感知し、興奮などする。

## 猫に小判
価値のわからない人に貴重なものを与えても、値打ちもわからず、何の役にも立たないこと。

## 猫の額ほど
場所や土地がとても狭いこと。「猫《ねこ》額《びたい》」ともいう。

## 借りてきた猫
普段と違って、おとなしくかしこまっているさま。

## 鳴く猫は鼠《ねずみ》を捕らぬ
おしゃべりな者は、口先だけで実行力が伴わないこと。

## 猫は三年の恩を三日で忘れる
猫は三年間飼っても、その恩を三日で忘れてしまう。猫はつれない動物だというたとえ。

## 猫の魚辞退《うおじたい》
猫が大好物の魚を遠慮することから、本当は欲しいのに、口先だけで断ること。また、その場だけで長続きしないこと。

## 鼠《ねずみ》捕る猫は爪隠す
人より優れた才能のある者は、普段は謙虚でそれをむやみにひけらかさないということ。

## 皿嘗《な》めた猫が科《とが》を負う
皿にあった魚を食べた猫は逃げ、あとから来て皿を嘗めた猫が捕まって罰を受けることから、犯罪で大物が捕まらずに、小物ばかりが捕まって罰を受けること。

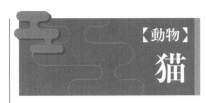

## 【動物】虎《とら》

### 虎を描いて猫に類《るい》す

虎の絵を描こうとして猫のような絵になってしまう意から、実力や素質のない者が優れた人物の真似をして失敗すること。「猫」を「狗《いぬ》」とも。

### 騎虎《きこ》の勢い

虎に乗った者は激しい勢いの途中で降りることができないように、やりかけたことを途中でやめることができない、あとへ引けないこと。

### 口は虎、舌は剣

口のきき方が悪いと、何気ないひと言がもとで人を傷つけたり、一生を台無しにすることがあること。

### 虎は死して皮を留《とど》め人は死して名を残す

虎は死後に立派な毛皮を残すように、偉業を成した人は死後その名を語り継がれる。人は死後に名を残すような生き方をすべきだということ。

### 虎視眈々《こしたんたん》

虎が獲物を狙うように、機会を狙って油断なく様子をうかがうこと。

### 前門《ぜんもん》の虎、後門《こうもん》の狼

一つの災いを乗り越えたと思ったら、すぐに次の災難がやってくること。

### 虎に翼

元から強い虎に翼を与えれば、さらに威力が加わり天下無敵になる。勢いのある者、強い者にさらに新たな力が加わることのたとえ。

### 虎口《ここう》を逃れて竜穴《りゅうけつ》に入《い》る

虎の棲む穴から逃げたあと、竜の棲む穴へ入ってしまったことから、一難逃れてさらにほかの災難に遭うこと。類義語に「一難去ってまた一難」。

### 虎狼《とらおおかみ》よりも人の口恐ろし

虎や狼に遭遇したときには逃げればよいが、人のうわさや中傷は防ぎようがなく、虎や狼の被害よりも恐ろしいものだということ。

### 暴虎馮河《ぼうこひょうが》の勇《ゆう》

虎を素手で打ち、大河を歩いて渡るような、向こう見ずで無謀な勇気。命知らずに思えるような勇気のこと。

### 虎の威《い》を借《か》る狐《きつね》

力の弱い者が、強い者の権力をかさに着て威張ることのたとえ。

## 【動物】馬

### 馬脚《ばきゃく》を露《あらわ》す
馬の脚を演じる役者がうっかり姿を現すことから、ボロを出すこと。悪事が明らかになるときに使う。

### 馬のはなむけ
昔、旅に出る人の無事を祈って、乗る馬の鼻を行き先の方向に向けた習慣からきた言葉。旅立つ人のために宴をしたり、餞別《せんべつ》の品を贈ること。

### 痩せ馬鞭《むち》を恐れず
酷使された馬は鞭で打たれることに慣れ、主人の命令にも従わなくなる。罰を与えるよりも、愛情をもって使いなさいということ。

### 生き馬の目を抜く
生きた馬の目でも抜き取るほど、素早いことのたとえ。抜け目がなく、他人を出し抜いて利益を得ること。

### 名馬に癖あり
名馬には強い個性をもつものが多い。人間もおとなしいだけでは非凡な働きはできないということ。

### 馬が合う
乗馬中の馬と騎手の呼吸が合い、順調に走れている様子からできた言葉。お互いの性格や気持ちが合うこと。

### 老いたる馬は道を忘れず
人生経験を積んだ老人は、とるべき道や判断を誤らないということ。

### ロバが旅に出たところで馬になって帰ってくるわけではない
知識のない者、愚かな者が旅に出ても出発前と何も変わらない。本質は簡単には変えられないこと。

### 馬に乗るまでは牛に乗れ
馬に乗りたくても乗れないとき、牛に乗って少しずつでも進んでおいたほうがよい。つまり、高い地位につくまでは、現在の環境で実力をつけておくのがよいということ。

### 人食い馬にも合い口
噛みつく癖のある馬でも性《しょう》が合う乗り手がいるように、乱暴者にも頭の上がらない人や気の合う人がいる。

### 馬齢《ばれい》を重ねる
これといったこともせず、ただ無駄に年をとること。

【動物】
# 牛

## 牛の歩みも千里《せんり》
牛のようなゆっくりとした速度で歩いても、いずれは千里に届く。コツコツと努力を続ければ、やがて大きな成果をあげることができる。

## 浮世《うきよ》は牛の小車《おぐるま》
「牛」と「憂し」をかけた言葉で、この世は辛《つら》く苦しいことばかりがめぐってくるものだということ。「小車」は浮世の変転のたとえ。

## 雌牛《めうし》に腹《はら》突かれる
おとなしい雌牛に油断していたら腹を攻撃されたことから、思わぬことでひどい目にあうことをいう。

## 暗がりから牛
暗い場所に黒い牛がいても、ぼんやりして形がはっきりしないことから、物の区別がつきにくいこと。ぐずぐずしていたり、動作が鈍いことのたとえにも使われる。

## 牛に引かれて善光寺参り
昔、信濃にいた老女が、さらしていた布を角に引っかけて走る牛を追いかけたところ善光寺に着き、のちに深く信仰したという話からきた言葉。思いがけないことで、よいほうへ導かれることをいう。

## 牛を馬に乗り換える
牛より馬のほうが速いことから、不利なことから有利なこと、都合のよいほうへ乗り換えること。

## 商《あきな》いは牛の涎《よだれ》
商売というものは、利益を得ようとせっかちにならず、牛の涎が細く切れ目がないように、気長に辛抱強く続けるべきであるということ。

## 牛に乗って牛を尋ねる
尋ねることが、すぐそばにあるのに気がつかず、遠くを探すこと。類義語に「背中の子を三年探す」。

## 蒔絵《まきえ》の重箱《じゅうばこ》に牛の糞《くそ》を盛る
立派な入れ物につまらない物を入れる意から、立派な外見と中身が伴わず、釣り合わないこと。

## 遅牛《おそうし》も淀《よど》、早牛《はやうし》も淀《よど》
京を出発した牛は、歩みの速さは違っても、結局は淀*に着く。経過の遅い速いはあるが、結果は同じであるし、慌てても仕方がないということ。

＊淀とは京都市伏見区の地名。江戸時代、河川水運の要地であり、豊臣秀吉により淀城も築かれ、城下町としても栄えた。

## 牛の一散《いっさん》

歩みの遅い牛が何かのはずみで一目散に走るように、いつもはぐずぐずしている人が、深く思慮することなく、勇んで行動すること。

## 牛の角《つの》を蜂《はち》が刺す

牛の硬い角を刺しても痛くもかゆくもないことから、なんの影響も受けないこと。類義語に「蛙の面《つら》に水」。

## 汗牛充棟《かんぎゅうじゅうとう》

蔵書が非常に多いことのたとえ。牛車に積んで引くと、牛も汗をかくほどの重さで、積み上げると家の棟木《むなぎ》にまで届くほど多いという意。

## 学ぶ者は牛毛《ぎゅうもう》の如《ご》く<br>成《な》る者は麟角《きかく》の如し

学問を志す者は牛毛の数ほど大勢いるが、学問を成し遂げ、究めることができる者は「麒麟(想像上の動物)」の角の数ほどしかいないという意。それほど難しいということ。

## 牛耳《ぎゅうじ》を執《と》る

昔、中国では、各国の国王が同盟を結ぶとき、牛の耳を切ってその血を飲む習慣があった。意味は組織のリーダーになり、意のままに操ること。「牛耳《ぎゅうじ》る」の元になった言葉。

## 食べてすぐ寝ると牛になる

牛は餌を食べたあと、すぐに横になることから、食後すぐに横になるのは行儀が悪いという教え。ちなみに牛は食後、反芻《はんすう》する習性がある。

## 牛飲馬食《ぎゅういんばしょく》

牛が水を飲むように、馬が草を食べるように、たくさん飲み食いをすること。「鯨飲《げいいん》馬食」ともいう。

## 寝た牛に芥《あくた》かくる

牛が寝ているところに、ごみ(芥)をかけても、牛は何のことだかわからない。何も知らない無関係の者に、罪を着せることのたとえ。「芥かける」ともいう。

## 卵を盗む者は牛も盗む

小さな悪事が成功すると、いずれ大きな犯罪に手を染めるようになる。そうならないよう、小さな悪事も見逃さないことが大事という意。類義語に「針とる者は車をとる」。

## 角《つの》を矯《た》めて牛を殺す

牛の曲がっている角をまっすぐに直そうとして、かえって牛を死なせてしまうことから、小さな欠点をどうにかしようとして、肝心な根本や全体をだめにしてしまうこと。

## 【動物】
## 兎《うさぎ》

### 兎《うさぎ》も七日《なぬか》なぶれば噛みつく

どんなにおとなしい者でも、何度もいじめられたり、限度を超えれば怒り出してしまうこと。類義語に「仏の顔も三度(➡P292)」。

### 兎《うさぎ》の登り坂

得意分野で実力を発揮すること。また、物事がよい条件に恵まれ早く進むこと。後ろ足の長い兎は坂を上手に速く登ることができることから。

### 二兎《にと》を追う者は一兎《いっと》をも得ず

二羽の兎を同時に捕まえようとする者は、結局は一羽も捕まえられないという西洋のことわざから。欲を出しすぎて同時に二つのことをうまくやろうとすると、どちらも成功しないということ。

### 兎波《うさぎなみ》を走る

白く流れ飛んで見えることから、月影が水面に映っている様子。また、兎は水に入ることが少ないことから、仏教の悟りにおいて低い段階に留まっている人のこと。

## 【動物】
## 鼠《ねずみ》

### 鼠壁《ねずみかべ》を忘《わす》る、壁鼠《かべねずみ》を忘れず

壁をかじった鼠が壁のことを忘れても、壁のほうは鼠のことを忘れない。人を傷つけたり困らせたほうは忘れても、被害を受けた者は加害者をずっと覚えているということ。

### 窮鼠《きゅうそ》猫を噛む

追いつめられ、逃げ場のなくなった鼠が猫に噛みついて反撃するように、弱い者も絶体絶命の場面では強い者を逆襲することがある。

### 頭の黒い鼠

頭髪の黒い人間を鼠になぞらえ、物を盗むのは鼠だけではなく、身近な人も盗むということ。類義語に「盗人を捕らえてみれば我が子なり」。

### 大山鳴動《たいざんめいどう》して鼠一匹

事前の騒ぎや前ぶれが大きいわりに、実際の結果は小さいこと。大きい山が音を響かせ揺れ動くので何が起こるかと思っていたら、鼠が一匹出てきただけだったことから。「大山」は「泰山」とも書く。

## 【動物】そのほかの動物

### 豚《ぶた》に念仏、猫に経《きょう》
どんな立派な教えも、それを理解できない者に聞かせたところで、ありがたさがわからない。何の意味もないということ。

### 鼬《いたち》の道《みち》切《き》り
鼬は同じ道を二度と通らないといわれることから、交際や音信がぱったりと途絶えること。

### 鼬《いたち》の最後《さいご》っ屁《ぺ》
追いつめられて困ったときに非常手段に訴えること。鼬が窮地に追い込まれたときに尻から悪臭を放って敵をひるませることから。

### 羊《よう》頭《とう》狗《く》肉《にく》
見た目は立派だが、実質がないこと。羊の頭を看板に掲げながら、実際は犬の肉を売るという中国の故事から。

### 狼《おおかみ》に衣《ころも》
狼が僧衣をまとうように、凶悪な人間が表面だけ慈悲深い善人のように見せかけること。

## 【動物】猿《さる》

### 猿が仏を笑う
利口ぶっている者、小賢しい者が、知恵深い人の偉大さや考えの深さがわからず、あざ笑うこと。

### 猿の尻《しり》笑い
自分の尻の赤さに気づかない猿が、ほかの猿の尻を笑うことからきた言葉。自分のいたらぬ点に気づかず、他人の欠点をばかにすること。

### 毛のない猿
人としての良心や人情がない人をさげすんだり、なじったりする言葉。猿から毛を取っただけの人間ということから。

### 猿も木から落ちる
どんな名人や優れた者でも、ときには失敗することがあるということ。類義語に「弘法も筆の誤り」。

### 木から落ちた猿
頼りとしていたものを失って、どうしてよいかわからないこと。類義語に「水を離れた魚《うお》」。

### 烏《からす》の頭《かしら》白くなる

いつまでもその時期がこないこと、ありえないことのたとえ。人は年をとると白髪になるが、烏の頭は年月を経ても白くならないことから。

### 烏《からす》を鷺《さぎ》

黒を白というように、明らかに正しくないのに、不合理なことをいうこと。類義語に「馬を鹿」「雪を墨」。

### どこの烏《からす》も黒さは変わらぬ

どこへ行ったとしても、たいした変化はないこと。人間の本質はどこでも変わらないというたとえ。

### 今泣いた烏《からす》がもう笑う

今まで泣いていたのに、すぐに機嫌を直して笑うこと。子どもの喜怒哀楽が変わりやすいことのたとえ。

### 鵜《う》の真似する烏《からす》

姿形が似ている鵜の真似をして、水に入った烏が溺れてしまう意から、自分の能力を考えずに人の真似をすると、失敗するということ。

### 烏《う》合《ごう》の衆《しゅう》

烏の集まりが無秩序なことから、規律も統一もなく、ただ寄り集まって騒いでいるだけの集団のこと。

## 【動物】
## 鳥・鶏・烏《からす》

### 立つ鳥跡を濁さず

水鳥が飛び立つとき、その場に水の濁りを残さないことから、人間も引き際は美しくあるべきということ。

### 鳥は木を択《えら》べども木は鳥を択ばず

臣には君主を選ぶ自由はあるが、君主には臣を選ぶ自由がないこと。

### 足《あし》元《もと》から鳥が立つ

身近なところで、突然意外なことが起きること。急に行動を起こすこと。

### 鶏《にわとり》は三歩歩くと忘れる

鶏は犬のように芸をしたり人に従うことがないことから、すぐに物忘れをするという意。よく忘れる人をからかうときに使う言葉。

### 鶏《けい》鳴《めい》狗《く》盗《とう》

鶏のように鳴き真似をして人を騙したり、狗《いぬ》のようにこそこそと忍び込んで物を盗む者という意から、卑しい者。また、くだらない者でも役に立つことがあること。

### 憎い鷹には餌《え》を飼え
逆らう者には、利益を与えて手なずけるほうが得策だということ。

### 鷹のない国では雀が鷹をする
強い者がいないと、たいして力がない者でも威張るということ。

### 鶴は千年、亀は万年
長寿や縁起を祝うときの言葉。昔から鶴や亀は寿命が長いことから、めでたいものとされている。

### 亀の年を鶴が羨《うらや》む
千年の寿命をもつといわれる鶴が、寿命が万年の亀をうらやむ。欲にはどこまでも限りがないこと。類義語に「亀も上々《うえうえ》」。

### 鶴の一声《ひとこえ》
鶴の鳴き声は甲高くて大きく、ほかの鳥と比べて迫力があることから、鶴の声が有力者や権力者のひと言にたとえられた。あれこれ議論して決まらなかったことが、たったひと言であっさり決定すること。

### 鶏群《けいぐん》の一鶴《いっかく》
鶏の群れの中に一羽だけ鶴が交じっている意から、多くの凡人のなかに一人だけ優れた人物がいること。



## 【動物】鷹・鶴

### 欲の熊鷹《くまたか》股《また》裂《さ》ける
欲が深いと自分の身に災いを招くこと。熊鷹が二頭の猪《いのしし》を同時につかんだが、猪は左右に分かれて逃げた。熊鷹はどちらも離さなかったため、股が裂けて死んだという昔話から。

### 鷹《たか》骨折って旦那の餌食《えじき》
鷹狩りでは、鷹が苦労して捕った獲物が鷹のものにならないように、苦労して得たものや手柄をほかの者に奪われること。

### 鵜《う》の目、鷹《たか》の目
獲物を狙う鵜や鷹の目つきを表し、注意を集中して真剣にものを探し出そうとする様子。相手の弱点など、あら探しをするときの目つきを指して使われることも。

### 鷹《たか》は飢えても穂《ほ》は摘《つ》まず
鷹は飢えても稲穂を食べないことから、品性が高く、正義を守る人は、どんなに困難な状況にあっても不正には手を出さないこと。類義語に「武士は食わねど高楊枝《たかようじ》」。

## 啄木鳥《きつつき》の子は卵から頷《うなず》く

啄木鳥の子は、えさを捕るために、生まれてすぐのときから首を上下に動かす癖があることから、生まれながらの才能は、幼少の早い時期から自然に現れること。対義語に「大器晩成(➡P197)」「氏より育ち」。

## 鳶《とんび》に油揚げをさらわれる

当然自分のものになるはずだと思っていたもの、大切にしていたものを、不意に横から奪い取られて、呆然としている様子。鳶を「とび」とも読む。「鳶に掛けられる」ともいう。

## 閑古鳥《かんこどり》が鳴く

人が集まらず、静かでものさびしい様子。商売がはやらず、閑散としているときなどに使う。「閑古鳥」はカッコウの別称。

## 鶯《うぐいす》鳴かせたこともある

美しい梅の花にとまった鶯がさえずるように、昔は異性の心を引きつけ、もてはやされた時代があったことを誇示するときに使う。

## 鶯《うぐいす》のかいごの中の時鳥《ほととぎす》

時鳥は鶯の巣に卵を産み、育てさせることから、自分の子でありながら、自分の子ではないこと。

# 【動物】そのほかの鳥など

## 後《あと》の雁《かり》が先になる

雁は一列に並んで飛ぶが、後尾の雁が前に出て列が乱れる様子から、あとから来た者が、先の者が油断している隙に追い越すこと。後輩が先輩を追い越したり、若い者が先に死んでしまったときなどに使う。

## 雁《がん》が飛べば石亀《いしがめ》も地団駄《じだんだ》

飛べない石亀が雁のように飛ぼうとしてもできないように、自分の力量をわきまえず、むやみに他人の真似をする愚かさを諭す言葉。類義語に「鯉が躍れば泥鰌《どじょう》も躍る」。

## 雁《がん》も鳩《はと》も食わねば知れぬ

雁の肉か鳩の肉かは食べてみなければわからないことから、ものの本当の価値は、経験のない者には理解できないということ。

## 雀百《すずめひゃく》まで踊り忘れず

雀が死ぬまで飛び跳ねるように、人が幼いときに身につけた習慣は、いくつになっても直らないこと。浮気の癖が直りにくいときによく使う。

## 目白押し

目白が木の上にたくさん並んで押し合う性質があることから、多くの人や物がこみ合って並んでいること。物事が集中してあること。

## 鴨《かも》の水掻き

のんびりと水に浮かんでいる鴨も、水中では絶えず足で水を掻き続けていることから、人には他人に見えない苦労や心配があること。

## 蝙蝠《こうもり》も鳥のうち

蝙蝠も空を飛ぶことから、鳥と同類だといえる。つまり、取るに足らない者でも、人数の一部、仲間の一部であるということ。つまらない者が、優れた者の中に交じっていること。類義語に「田作りも魚《うお》のうち」「目高《だか》も魚《とと》のうち」。

## あの声で蜥蜴《とかげ》食《くら》うか時鳥《ほととぎす》

美しく、はかない声で鳴く時鳥がほかの鳥も食わない蜥蜴を食べることから、人は見かけによらない、外見と中身は違うという意味。江戸時代の俳人、榎本《えのもと》其角《きかく》の句から。

## 鳥なき里の蝙蝠《こうもり》

優れた者がいない場所では、つまらぬ者が威張っていること。

## 燕雀《えんじゃく》安《いず》んぞ鴻鵠《こうこく》の志《こころざし》を知らんや

燕《つばめ》や雀《すずめ》のような小さな鳥には、鴻《おおとり》や鵠《こうのとり》のような大きな鳥の志を理解できない。小人物には大人物の大志や考えはわからない。類義語に「猫は虎の心を知らず」。

## 一燕《いちえん》夏《なつ》をなさず

一羽の燕《つばめ》が飛んできただけで、夏がきたと思ってはいけないことから、物事の一部を見て、全体がわかったと思ってはいけないこと。

## 雉《きじ》も鳴かずば撃たれまい

雉は鳴かなければ居所を気づかれず、撃たれることもないという意から、無用な発言をすると自ら災いを招くため、沈黙を守るのがよいこと。

## 客と白鷺《しらさぎ》は立ったが見事

客はあまり長居をせず、早めに席を立つほうがよいという意。立ち姿が優雅な白鷺にたとえた言葉。

## 門前《もんぜん》雀羅《じゃくら》を張る

門前に群がる雀《すずめ》を雀網(雀羅)で捕るほど暇であるという意から、訪ねてくる客もなく、さびれている様子。対義語に「門前市を成す」「千客万来《せんきゃくばんらい》(➡P333)」。

## 【動物】
# 魚など

### 魚《うお》と水
魚と水のように、密接で親しい間柄、切っても切れない関係のこと。

### 魚《うお》の釜中《ふちゅう》に遊ぶが如《ごと》し
魚がやがて煮られるのも知らずに釜の中で泳いでいるように、目前に災難が迫っているのも気づかず、のんきに暮らしていること。

### 魚《うお》の木に登るが如《ごと》し
実行不可能なことをしようとすること。手も足も出ないときに使う。類義語に「陸《おか》に上がった河童《かっぱ》」。

### 魚《うお》を得《え》て筌《うえ》を忘る
魚を釣ってしまうと、筌（魚を捕る竹の道具）のことは忘れてしまう。目的を達したあとに、それまでの苦労や手段、方法を忘れること。人から受けた恩恵を忘れてしまうことへの戒めにも。筌は「せん」とも読む。

### 魚《うお》の水を得《え》たるが如《ごと》し
親密な関係のことや、活躍にふさわしい機会を得ていきいきすること。

### 魚《うお》の目に水見えず 人《ひと》の目に空見えず
魚にとって水、人にとって空気はあたりまえの存在で意識することがなく、大切さがわからない。なくてはならないものも、あまりに身近すぎて気づかないこと。

### 雑魚《ざこ》の魚《とと》交《ま》じり
大物（強者）のなかにつまらない小物（弱者）が交じっていることから、実力や能力、身分などが低い者が、高い者のなかにいること。

### 呑舟《どんしゅう》の魚《うお》
舟をまるごとのみこんでしまうほどの大きな魚の意から、常人をはるかに超えた才能をもつ大物のたとえ。善人、悪人ともに用いる。

### 地震《じしん》のある前には 魚が浮き上がる
地震の前には魚が浮き上がってくるという、言い伝えのひとつ。

### 釣り落とした魚は大きい
釣り上げる直前に逃げられた魚が大きく見えるように、あと一歩で手に入れかけて失ったものは一段と惜しく感じられること。類義語に「逃がした魚は大きい」。

## 鮒《ふな》の仲間には鮒《ふな》が王

つまらない者の集まりのなかでは、つまらない者が大将になること。つまらない人間の中には、賢者や立派な人はいないという意。類義語に「団栗《どんぐり》の背競《せいくら》べ（➡P279）」。

## 鮟鱇《あんこう》の待《ま》ち食《ぐ》い

鮟鱇は深海の底や岩陰でじっと潜んで獲物を待ち受けていることから、働きもせず、積極的な努力もせずに、よい結果や利益を望むこと。

## 河豚《ふぐ》食う馬鹿《ばか》
## 河豚《ふぐ》食わぬ馬鹿《ばか》

猛毒をもつ河豚を平気で食べ、命を落とすのは愚か者だが、むやみに恐れてまったく食べず、河豚のおいしさを知ろうとしないのも愚か者だ。

## 河豚汁《ふぐじる》や鯛《たい》もあるのに無分別《むふんべつ》

鯛のようにほかにおいしい魚もあるのに、どうして毒にあたる危険をおかしてまで、河豚汁を食べるのかという意。河豚の味にはそれだけの魅力があり、おいしいということ。類義語に「食い物あるのに鉄砲汁」。

## 干潟《ひがた》の鰯《いわし》

干潟にいる鰯は乾いて死ぬしかないことから、手も足も出ないこと。

## 網《あみ》、呑舟《どんしゅう》の魚《うお》を漏らす

法律の網が大まかなため、大罪人（呑舟の魚）を取り逃がしてしまうことのたとえ。

## 鯛《たい》なくば狗母魚《えそ》

狗母魚は上質なかまぼこの原料となる魚。高級な鯛がなければ、それよりは劣るが狗母魚で代用するという意から、目当てのものが無理な場合は代用品でいくしかないということ。

## 腐《くさ》っても鯛《たい》

鯛が腐っても、ほかの魚と同じ価値になるわけではないという意から、優れたものは傷んでも、落ちぶれても価値を失わないこと。対義語に「麒麟《きりん》も老いては駑馬《どば》に劣る」。

## 鯛《たい》も鮃《ひらめ》も食うた者が知る

鯛でも平目でも、味が本当にわかるのは、それを食べた者だけ。人の話をいくら聞いても、書物をいくら読んだとしても、経験がないと知ったことにはならないということ。

## 親を睨《にら》むと鮃《ひらめ》になる

親を睨むようなことをすると、罰が当たって、鮃のように目が片方に寄ってしまう。親に逆らったり、粗末に扱ってはならないという戒め。

## 蟹《かに》の念仏

蟹が口から泡を出すように、小声でぶつぶつとつぶやく様子。

## 慌てる蟹《かに》は穴へ入《はい》れず

慌てると、慣れていることでも失敗することがある。急いでいるときこそ、落ち着くことが肝心だという戒め。

## 月夜《つきよ》の蟹《かに》

月夜に捕れる蟹は身が少なく、痩せているといわれることから、頭の中や、中身がからっぽの人のこと。

## 海鼠《なまこ》の油揚げを食う

海鼠のようにヌルヌルしているものを、油で揚げるとさらに滑りやすいことから、それを食べた口は滑りやすい、つまり口がよく回ること。

## 蛤《はまぐり》で海《うみ》をかえる

蛤の貝殻で海水をくんで海の水を入れかえるという意から、いくら努力しても無駄なこと、到底成し遂げられないことをいう。類義語に「貝殻で海を測る」「大海を手で塞ぐ」。

## 山に蛤《はまぐり》を求む

海で捕れる蛤は、決して山では捕れない。方法を間違うと、できるものもできなくなること。

## 鱧《はも》も一期《いちご》、海老《えび》も一期《いちご》

生まれや育ちなど境遇の違いはあっても、人の一生は生まれて数十年を生き、そして死ぬということでは、大体同じであるということ。

## 瓢箪《ひょうたん》で鯰《なまず》を押さえる

ツルツルした瓢箪ではヌルヌルした鯰を押さえることができないことから、言動があいまいで要領を得ない、とらえどころがないこと。

## 鰻《うなぎ》の寝床《ねどこ》

細長い体の鰻のように、間口が狭く、奥行きの深い建物や場所のこと。

## 鯉《こい》の滝登《たきのぼ》り

中国の伝説にある、黄河上流の龍門《りゅうもん》の急流を登りきった鯉が龍になる話から。立身出世すること。

## 海老《えび》で鯛《たい》を釣《つ》る

高級な鯛を海老のような小さな餌で釣り上げる意から、わずかな投資や労力で、大きな利益を得ること。

## 蝦《えび》踊れども川を出《い》でず

川に棲む蝦はどんなにはねても一生川から出られないことから、人や物にはそれぞれ天から決められた運命が定まっているということ。

## 【動物】
# 蛇《へび》

### 蛇《じゃ》の道は蛇《へび》
同じ種類の者同士には、同類のやったことはすぐに推測できるということ。また、その道の専門家はその道に詳しいというたとえ。

### 蛇《へび》が蚊《か》を呑《の》んだよう
大きな獲物をまるのみできる蛇が、蚊をのみ込んだときのように、少なすぎて腹の足しにならないこと。小さすぎて問題にならないこと。

### 蛇《へび》に噛《か》まれて朽縄《くちなわ》に怖《お》じる
一度ひどい目にあうと、そのときと似た形を見ただけで、必要以上に怖がること。蛇に噛まれた経験がある者は、朽ちた縄を見ても蛇と勘違いして怯えることから。類義語に「羹《あつもの》に懲《こ》りて膾《なます》を吹く（➡P285）」。

### 蛇《へび》の生殺《なまごろ》し
ひと思いに殺さず、痛めつけたまま、生かしも殺しもしない状態にしておくこと。物事をはっきりさせずに放置して苦しめるときにも使う。

### 藪《やぶ》をつついて蛇《へび》を出す
藪をつついてわざわざ蛇を追い出し、その蛇に噛まれるとことから、余計なことをして、かえって悪い結果を招くこと。「藪蛇」とも。

### 牛《うし》は水を飲んで乳《ちち》とし 蛇《へび》は水を飲んで毒《どく》とす
同じものだとしても、用い方によって、毒にも薬にもなるということ。

### 蛇《へび》は竹の筒《つつ》に入れても まっすぐにならぬ
蛇をまっすぐな竹の筒に入れたとしても、体は曲がりくねったままのように、生まれつきの精神や根性の曲がった者は、その性格を直しにくいということ。

### 杯中《はいちゅう》の蛇影《だえい》
疑って物事をみると、なんでもないことでも疑わしくみえてくること。昔、杯中に蛇の影が映り蛇を飲んだと思って病に倒れたが、のちにそれは弓の影だったと知り、病気がけろりと治ったという中国の故事から。類義語に「茄子《なすび》を踏んで蛙と思う」。

### 灰吹《はいふき》から蛇《じゃ》が出る
灰吹（たばこの吸い殻入れ）から蛇が出るという意から、意外で思いがけないことが起こること。

【動物】

## 虫など

### 千丈《せんじょう》の堤《つつみ》も蟻の一穴《いっけつ》から

千丈(約3km)もあるような長い堤(堤防)でも、蟻の開けた穴からくずれることから、ちょっとした油断が大きな事態を招くこと。

### 蟻の熊野参り

人が列をなして集まる様子。

### 飛んで火に入る夏の虫

自ら進んで、危険や災難に飛び込んでいくこと。

### 虫が好かない

何となく気に食わない様子。自分の気持ちとは別に体内の虫が嫌がっていることから。昔、人の体内には虫がいて体や感情、意識にさまざまな影響を与えると考えられていた。この「虫」の言葉には「腹の虫が治まらない」「虫の居所が悪い」などがある。

### 虫の知らせ

よくないことが起こりそうであると感じること。上記の「虫」が不思議な現象を起こすと考えられた。

### 一寸の虫にも五分《ごぶ》の魂

どんなに小さく弱い者でも、それ相応の意地や考えがあり、ばかにしてはいけないというたとえ。

### 蟻《あり》の塔《とう》を組む如《ごと》し

弱小な者でも、怠けることなく、少しずつ努力して、大事業を成し遂げること。

### 大黒柱《だいこくばしら》を蟻がせせる

大黒柱を蟻がかじるという意味から、びくともしないこと。また、無力な者が、大きなことをいったり、分不相応に大きな仕事に取り組むたとえとしても使われる。類義語に「大仏を蟻が曳《ひ》く」。

### 龍の髭《ひげ》を蟻が狙う

弱い者が身のほどをわきまえず、大物に立ち向かうこと。自分の力以上に大それたことを望む場合にも。

### 富士の山ほど願《ねご》うて蟻塚ほど叶う

たくさん願っても、ほんの少ししかかなわないこと。

### 甘いものには蟻がたかる

利益の出るようなうまい話には人が集まること。

## 鳴かぬ蛍が身を焦がす

外に現れるものより、心で思っていることのほうがかえって切実である。恋に焦がれる様子で使われる。

## 蛙《かえる》におんばこ

薬がよく効くこと。おんばこ（オオバコ）は、漢方薬にもなる植物。死んだ蛙にこの葉をかぶせると生き返るといわれていたことから。

## 蛙の面《つら》に水

蛙は水をかけられても、少しも嫌がらないことから、どんなに辛《つら》い目に合わされても、一向に気にしない様子。皮肉として使うことが多い。

## 蛙は口ゆえ蛇《へび》に呑まるる

黙っていればよいのに、つまらぬことをいって、身を滅ぼすこと。

## 蛇《へび》に睨《にら》まれた蛙

体がすくんでしまい、逃げることも立ち向かうこともできない状態。「蛇に見込まれた蛙」ともいう。

## 蛞蝓《なめくじ》に塩

元気をなくして、しょげること。また、苦手なものを前にして、縮みあがること。蛞蝓に塩をかけると体が縮むことから。

## 獅子身中《ししし んちゅう》の虫

内部の者でありながら、その組織に害を与える者。獅子の体内に養われている虫が獅子を滅ぼすことから。元は経典の言葉で仏の弟子であるのに、仏教に害を与える者という意。

## 百足《ひゃくそく》の虫は死しても倒れず

助けの多い者は簡単に滅びない。百足《むかで》の足は多く、死んでも倒れないことから。

## 虻蜂《あぶはち》捕らず

二つのものを捕ろうとして、両方とも結局手に入れられないこと。

## 蜂の巣を突いたよう

大騒ぎになって手がつけられない様子のこと。

## 蟷螂《とうろう》の斧

弱者が強敵に立ち向かう様子。蟷螂《かまきり》が前足の斧をあげて、*隆車《りゅうしゃ》の進行を止めようとした中国の故事から。

## 蛍雪《けいせつ》の功

苦労して学んだ成果。夏は蛍の光で、冬は雪明かりで苦学した二人の故事から。1932年から続く『螢雪時代』という大学受験雑誌がある。「蛍の光」の歌詞の元にも。

＊隆車とは丈が高く大きくて立派な乗り物で、高貴な人が乗った。

## 【空想の生き物】
# 鬼

### 断じて行えば鬼神《きしん》もこれを避《さ》く

決心して行えば、どんな困難もしりぞけて必ず成功する。「鬼神」とは荒々しく恐ろしい力をもつ神霊。断固とした態度で行動すれば、鬼神でさえ道をよけるという意味。

### 鬼も頼めば人食わぬ

相手がどれほどやりたいことであったとしても、こちらから逆に頼むと、もったいぶってやってくれない。

### 寺の隣にも鬼が棲む

この世は善人と悪人が入り交じっている。情深い人のそばにも残酷な人がいることがあるという意味も。

### 鬼の霍乱《かくらん》

普段とても丈夫な人が、珍しく病気になること。霍乱は日射病や暑気あたりのこと。

### 鬼の念仏

冷酷な人が心にもない殊勝《しゅしょう》なことをいう様子。鬼が心にもなく念仏を唱えてみせることから。「鬼の空《そら》念仏」ともいう。ちなみに、鬼が法衣を着ている姿の絵を「鬼の念仏」と呼び、この絵を飾ると子どもの夜泣きがなくなるという言い伝えがある。

### 鬼も十八番茶《ばんちゃ》も出花《でばな》

どんなに器量が悪くても、年頃になれば、娘らしい魅力が出てくることをたとえた言い方。鬼も十八は「鬼も年頃になれば」という意味。「出花」は、湯を注いだばかりで香味のよいお茶のこと。

### 鬼の首を取ったよう

大きな手柄を立てたかのように、得意になっているさま。特に、たいしたことでもないのに、当人が得意になっている場合などに、あざけっていったり、批判的に用いる。

### 小姑《こじゅうと》一人《ひとり》は鬼千匹

嫁からみると、小姑は鬼千匹にあたるほど恐ろしく、苦労するものであるということ。「小姑」は配偶者の姉妹。

### 鬼のいぬ間に洗濯

怖い人やうるさい人がいない間に、のんびりくつろいで気晴らしをすること。ここでの洗濯は「命の洗濯」「心の洗濯」と同義。

## 竜に翼を得たる如《ごと》し

強いものがさらなる力を手に入れること。「虎に翼」と同義。

## 蛟竜《こうりゅう》、雲雨《うんう》を得《う》

優れた力をもつ者が、機会を得て大いに実力を発揮すること。「蛟竜」は、水中に棲み、雲や雨を使って天に昇るとされている。

## 亢竜《こうりゅう》悔いあり

栄華を極めすぎた者は必ず衰える。「亢竜」は天に昇りつめた竜のこと。あとは下るだけだから。

## 竜蟠虎踞《りゅうばんこきょ》

竜や虎のように抜きんでた能力をもったものが、ある地に留まって能力を発揮すること。「蟠」はじっと居座る、「踞」はうずくまること。

## 龍吟《ぎん》ずれば雲起《おこ》る

龍がうめくと、雲が湧きたつように、英雄が立ち上がると、多くの人がこれに倣《なら》うというたとえ。

## 竜頭蛇尾《りゅうとうだび》

始めは勢いがいいが、終わりになると衰えてしまうこと。頭は竜のように立派なのに、尾は蛇のようにか細いということから。

# 【空想の生き物】河童《かっぱ》・竜

## 河童も一度は川流れ

いきなり名人になれる人はいない。河童も上手に泳げるようになるまでに一度は溺れているということから。

## 河童の寒稽古《かんげいこ》

苦しみを与えても、相手が平気な顔をして何も感じないことのたとえ。河童は寒い日でも裸で水中を泳ぎ回っていることから。

## 陸《おか》に上がった河童

環境が変わると、能力を十分に発揮できず、手も足も出ない状態になること。

## 屁の河童

なんとも思わないこと。あっけないことや他愛のないことを「木《こ》っ端《ぱ》の火」というが、それがなまり「河童の屁」、さらに転じて「屁の河童」となった。

## 竜は一寸にして昇天《しょうてん》の気《き》あり

大成する人は、幼い頃から非凡なところがある。

## お神酒《みき》上がらぬ神はない
神様ですらお酒を飲むのだから、人間が酒を飲むのはあたりまえ。酒飲みの言い訳。

## 酒は憂《うれ》いの玉箒《たまぼうき》
酒は心配事を拭い去り、暗い気持ちを取り除くほうきのようなものであるとしたことわざ。

## 忘憂《ぼうゆう》の物
酒のこと。飲むことで憂いを忘れてしまえるから。

## 酒は飲むとも飲まるるな
酒を飲み過ぎて、他人に迷惑をかけるようなことがあってはならない。

## 上戸《じょうご》に餅、下戸《げこ》に酒
見当違い、ありがた迷惑のたとえ。酒好きに餅を出し、酒の飲めない人に酒を出すこと。

## 亭主《ていしゅ》三杯《さんばい》客《きゃく》一杯《いっぱい》
お酒を振る舞うときに、主人が客をダシに客より多く飲むこと。

## 林間《りんかん》に酒を煖《あたた》めて紅葉《こうよう》を焼く
風流な遊びをすることのたとえ。林の中でも落ち葉を燃やして酒を温めるという、秋の風情の楽しみ方。

# 【飲食】茶・酒

## 茶腹《ちゃばら》も一時《いっとき》
わずかなものでも一時しのぎになること。茶を飲んでも、一時は空腹をしのげることから。

## 宵越《よいご》しの茶は飲むな
お茶はおいしいうちに飲むべしということ。実際に、茶に含まれるたんぱく質は、ひと晩おいておくと腐敗の原因に。一杯しか淹れていなかったとしても、時間が経った茶葉を使うのはよくない。

## 朝茶はその日の難逃れ
朝、お茶を飲むと災難除けになる。「朝茶は福が増す」など、朝のお茶を勧めることわざは多い。

## 朝茶は七里帰っても飲め
災難除けのお茶を朝に飲み忘れて旅に出たら、七里(約28km)の道を帰ってでも必ず飲めということ。

## 酒なくて何《なん》の己《おのれ》が桜かな
花見に酒はつきものだから、酒がなくては花見もおもしろくない。

### 酒は飲むべし飲むべからず
酒は適量なら飲んだほうがよいが、飲みすぎると健康を害したり、とんでもない失敗をしたりとよいことがない。飲みすぎるべきではない。

### 友と酒は古いほどいい
友人は古いほど、気心が知れる。酒も古いほど味がよくなる。

### 酔いどれ怪我《けが》せず
足元がおぼつかないような酔っ払いでも、意外と怪我をしない。我を忘れて無心になっている人は、大きな失敗はしないもの。

### 上戸《じょうご》めでたや丸裸《まるはだか》
酒飲みの人物は、たくさん飲んでいい気持ちになってしまい、気がつけば全財産を飲みつくしてしまう。

### とかく浮世は色と酒
この世の楽しみは色恋と酒である。

### 人酒《ひとさけ》を飲む<br>酒酒《さけさけ》を飲む<br>酒人《さけひと》を飲む
人が酒を飲むとき、最初は自制心が働くが、やがて酔いが回り、味わうどころか、最後は酒に飲まれてしまう、という状態を表している。

### 下手《へた》な大工《だいく》でのみ一丁
酒を飲むだけが芸で、ほかに何も取り柄がないこと。大工道具の「鑿《のみ》」と「飲み」をかけた洒落言葉。「下手な大工でのみつぶし」ともいう。

### 即時一杯《そくじいっぱい》の酒
死んでから名誉を受けるなら、今すぐ飲める一杯のほうがいいということ。あとの大きな利益より、すぐの小さな利益のほうがよいこと。「即時一杯」ともいう。

### 酒飲み本性違《ほんしょうたが》わず
酒が好きな人は、酔っ払ったところで、本来の性格を失うようなことはないということ。「酒の酔い本性忘れず」ともいう。

### 礼に始まり乱に終わる
酒宴は、最初は礼儀正しく振る舞っているが、宴の終わる頃には乱れるものだということ。類義語に「酒極まって乱となる」。

### 海中より盃中《はいちゅう》に<br>溺死《できし》する者多し
海で溺れて死ぬ人よりも、酒に溺れて死ぬ人のほうが多いということ。飲みすぎには注意しなければならないという戒めの言葉。

## 【飲食】
# 餅《もち》

### 栄耀《えいよう》の餅の皮
ぜいたくをする様子。餅の皮も剥いて食べるようになること。「栄耀」はぜいたくな暮らしをするという意。

### 一升の餅に五升の取粉《とりこ》
主なものより、そこに付随するものが多いこと。取粉は餅にまぶす粉。

### 餅は粉《こ》で取れ
餅をきれいにのすには、取粉を使わなければうまくいかないことから、目的を達するためには、ふさわしい手段や方法をとるのがよいということ。

### 餅食ってから火にあたる
餅を焼かないで食べたあとに、腹を火であぶるという意から、物事の順序が逆、手順が食い違っていること。

### 意見と餅はつくほど練れる
餅はつけばつくほど、練られておいしくなる。同様に他人の意見を聞けば聞くほど、よい結果が得られるということ。

### 餅は餅屋
専門家に任せるのが一番という意味。各家庭でも餅は作れるが、それでも専門の人が作った餅の味にはかなわないことから。

### 開いた口へ牡丹餅《ぼたもち》
努力なしに、思いがけない幸運が、都合よく舞い込んでくること。

### 隣の餅も食ってみよ
実際に経験してみないとわからないというたとえ。隣の家の餅がおいしいかどうかも食べてみないとわからないということから。

### 寝ていて餅食えば目に粉が入る
面倒くさいと寝ながら餅を食べれば、目に粉が入ることを表し、楽をして生きていこうとすると、悪い報いを受けてしまうということ。

### 夜食《やしょく》すぎての牡丹餅
時期を逸して値打ちがなくなり、ありがたみが薄れること。夜の食事が終わってから、牡丹餅をもらってもうれしくないことから。

### 餅に砂糖
話がうまくできすぎていること。両方、貴重なものであったことから。

【飲食】
## そのほかの食べ物

### 毬栗《いがぐり》も中から割れる
鋭いとげに包まれた栗も、熟せば自然にはじけて実が飛び出すように、年頃になると自然ときれいになり色気が出てくる。特に女性に対して使う。

### 青菜《あおな》に塩
元気をなくしてしょげているさま。

### 雨後《うご》の筍《たけのこ》
物事が相次いで現れることのたとえ。雨が降ったあと、筍が次々と現れることから。

### 米を数えて炊《かし》ぐ
つまらないことに手間をかけること、いちいち細かく気を使う人のこと。

### いつも月夜に米《こめ》の飯《めし》
不足のない生活のこと。満足な生活を願ってもそうはいかないことも意味する。電気がない時代の理想。

### 梅根性《うめこんじょう》
なかなか変えがたい性質。梅はなかなか酸味を失わないことから。

【飲食】
## 豆・豆腐

### 炒《い》り豆に花が咲く
一度、衰えたものが再び盛り返すこと。または、ありえないことが実現すること。

### 豌豆《えんどう》は日陰でもはじける
日陰で育った豌豆も、時期がくれば実が熟すように、誰でも年頃になれば、自然と男女の情に目覚める。

### 豆を煮るに豆がらを燃《た》く
豆を煮るときに豆がらを燃料に使うことから、兄弟や仲間がお互いに傷つけ合うこと。

### 豆腐と浮世は やわらかでなければゆかず
豆腐は四角四面でも、実際にはやわらかい。同様に心には優しさをもちつつ、真面目で物事のけじめをしっかりしておかないと、世渡りはうまくできない。

### 豆腐に鎹《かすがい》
少しも手応えがなく効き目がないことのたとえ。

【自然】

# 花・植物

## 花に嵐

物事は準備が整っても、支障が起こりやすいというたとえ。よいことにはじゃまが入りやすいもの。

## 綺麗《きれい》な花は山に咲く

本当によいものや、価値があるものは、人が気づかない場所にあるということ。庭に咲く花よりも、野山の自然のなかで咲いている花のほうが美しいことから。

## やはり野に置け蓮華草《れんげそう》

蓮華草は、野原に咲いているのが美しい。つまり、それぞれにふさわしい場所があるというたとえ。類義語に「花は山人は里」。

## 柳の枝に雪折れなし

柳の枝はしなやかなため、雪が積もっても重みに耐えることができる。柔軟なもののほうが、硬いものよりもよく耐えて丈夫であるように、一見弱々しく見えても、やわらかいもののほうが硬いものよりも強いというたとえ。類義語に「柳に風(➡P77)」「柔よく剛を制す」。

## 柳は風に従う

相手に逆らわずに、上手にあしらうことのたとえ。

## 桜切る馬鹿 梅切らぬ馬鹿

剪定《せんてい》の方法をいったもの。桜は切ると腐りやすくなるので、切らないほうがよく、梅は枝を切らなければ、無駄な枝がつくので、切らなくてはならない。

## 桜は花に顕《あらわ》れる

普段は平凡な人々に紛れていても、才能のある人は機会を得れば才能を発揮する。桜は雑木に紛れていても、花を咲かせればすぐにわかる。

## 栴檀《ぜんだん》は双葉《ふたば》より芳《かんば》し

大成する人は子どものときから優れている。栴檀は白檀《びゃくだん》の別名。発芽した頃には香りを放ち始めることから。

## 柳は緑 花は紅《くれない》

自然そのまま、ありのままであるさま。世の中はさまざまだが、「それぞれが自然の摂理にかなっている」という場合にも用いられる。また、春の美しい景色を形容した言葉としても使われる。

## 紅《くれない》は園生《そのう》に植えても隠れなし

優れた人物は、どんなところにいても目立ってみえる。園生は草木が生い茂る庭園のこと。

## 末成《うらな》りの瓢箪《ひょうたん》

顔が青白く、体が弱そうな人のこと。蔓《つる》の末になる瓢箪のことから。「末成り」は、夏目漱石の小説『坊ちゃん』に登場する英語教師の特徴を表すあだ名として使われている。

## 桜花爛漫《おうからんまん》

桜の花が満開に咲き乱れる様子。4月の時候のあいさつとして「桜花爛漫の候」としても用いられる。

## 枯れ木に花

枯れ木に花が咲くように、ありえないようなことが起こるたとえ。一度衰退したものが、再び盛り返すという意味もある。「埋れ木に花咲く」「老い木に花咲く」ともいう。

## 枯れ木も山の賑《にぎ》わい

つまらないものでも、ないよりはあったほうがましだということ。また、役に立たない者でも、いないよりはいるほうがましだということ。自分のことを謙遜して使う言葉なので、相手に対して使わないように注意。

## いずれ菖蒲《あやめ》か杜若《かきつばた》

どちらも優れていて、選択に迷うことのたとえ。菖蒲と杜若は区別がつきにくいことから。

## 朝顔の花一時《ひととき》

物事の盛りはとても短く、衰えやすいことを表す言葉。

## 葦《よし》の髄《ずい》から天井覗く

細い葦の茎の管を通して見て、天井全体を見たと思い込むように、狭い見識に基づいて、勝手に判断することのたとえ。

## 梨の礫《つぶて》

礫は小石。石を投げても戻ってこないように、便りをやっても返事がこないこと。「無し」と「梨」をかけている。

## ごぼう抜きにする

一気に追い抜くこと。または、多くの者の中から、人材を引き抜く場合にも用いられる。

## 白砂青松《はくしゃせいしょう》

白い砂浜に、青々した松林が映える美しい海岸の景色のこと。日本特有の美しい海岸のたとえ。「はくさせいしょう」とも。

## 【体の部位】目

### 目から鱗《うろこ》が落ちる
あることがきっかけで、急に物事が見え、理解できるようになること。鱗で目がふさがれたような状態だったのが、鱗が落ちて、視界が開けることから。『新約聖書』の言葉。

### 目から鼻へ抜ける
目の穴から入ってすぐ鼻の穴から出るということから、頭の回転が速く、賢いさまをいう。抜け目がない。

### 目くじらを立てる
些細なことを取り立ててとがめること。「目くじら」は目の角、目尻のこと。錐《きり》のような道具を「くじり」といい、吊り上がった目を「目くじり」といったことから変化した説も。

### 目の正月
美しいものや珍しいものを見て楽しむことをいう。目の保養。

### 目《め》糞《くそ》鼻《はな》糞《くそ》を笑う
自分の欠点を顧みず、似たような他人の欠点を笑うことのたとえ。

### 目で目は見えぬ
他人のことはよく見えても、自分のことは見えない。自分の欠点には気づきにくいことのたとえ。

### 目を皿にする
目をまん丸に大きく見開くこと。驚いた様子や探し物をする様子を表す。

### 眼光紙背《がんこうしはい》
書物を読むとき、ただ語句を解釈するだけではなく、作者の深意まで読み解くこと。目の光が紙の裏まで突き抜けるようなたとえから。

### 炭団《たどん》に目鼻
色が黒く、目鼻立ちがはっきりしない顔のたとえ。不美人の形容。「炭団」は炭の粉を丸く固めた燃料のこと。対義語は「卵に目鼻」。

### 十目《じゅうもく》の見るところ 十指《じっしゅ》の指すところ
十人の人の目が見て、十人の人が指を差すことから、多くの人の判断や意見が一致し、それを認めること。「衆目《しゅうもく》の一致するところ」ともいう。

### 目は口ほどに物をいう
目の表情からは、言葉で話すのと同じように、相手に気持ちが伝わる。

## 阿鼻叫喚《あびきょうかん》

苦しみの中で号泣し救いを求めるさま。悲惨でむごたらしいさま。「阿鼻」とは、仏教における八熱《はちねつ》地獄のひとつである無間《むけん》地獄を、「叫喚」は大叫喚地獄を意味するともいわれる。

## 時の用には鼻をも削《そ》ぐ

緊急の際には、鼻を切り落とすような手段でもとったほうがよい。緊急時には手段を選んでいられないこと。

## 木で鼻をくくる

そっけない、不愛想で冷淡な態度をとること。「くくる」は、「こする」という意味の「こくる」が誤用され一般化したといわれる。

## 耳をおおいて鐘を盗む

良心に反する行為をしながら、考えないようにして悪事を働くこと。また、罪を隠したつもりでも、知れ渡っていること。鐘を盗むため、割って持ち帰ろうとしたが、大きな音が鳴り響いたので、自分の耳をふさいで、音が聞こえないようにして盗もうとしたという中国の故事から。

## 飛耳長目《ひじちょうもく》

遠くのことをよく見聞する耳と目の意から、観察が広く鋭いこと。

# 【体の部位】口・鼻・耳

## 物言えば唇寂し秋の風

他人の悪口をいったり自慢話をしたあとのむなしい気持ちを表す。松尾芭蕉の句から。転じて、余計なことをいうと災いを招くという意に。

## 口八丁《くちはっちょう》手八丁《てはっちょう》

いうことも、することも、とても達者であること。「八丁」は八つの道具を使うことができるほど達者なこと。多くは、信頼がおけないとけなす場合に使われる。

## 口から生まれて口で果てる

口から生まれてきたようなおしゃべりな人は、その口数の多さゆえに失敗し、身を滅ぼすということ。

## 口から出れば世間

秘密ごとも一度口にしてしまえば、世間に発表したのと同じことになるという意味。口を慎めという教訓。

## 舌先三寸《したさきさんずん》

口先だけで相手をうまくあしらうこと。言葉だけで中身がないこと。

### 腹蔵《ふくぞう》ない
心の中に何も隠していないこと。思っているまま。「腹蔵」とは、「覆蔵」とも書き、心の中に秘め隠すこと。

### 七重《ななえ》の膝を八重《やえ》に折る
これ以上ないほどていねいな態度で、詫びたり願ったりすること。普通なら二重にしか折れない膝を七重に折り、さらに八重にも折りたいほどだということから。

### 膝とも談合《だんごう》
本当に困ったときには自分の膝でさえ相談相手になるということから、どんな相手でも相談すれば役に立つということ。

### 二の足を踏む
ちゅうちょすること。「二の足」は二歩目を意味し、一歩目は踏み出したものの、二歩目を思い悩むさまから。

### 足を棒にする
長時間、歩き回ること。足が疲れて棒のように硬くなることから。

### 芋茎《いもがら》で足を突く
油断して思わぬ失敗をすること。また、大げさなこと。弱いものに痛めつけられることをいう場合もある。

## 【体の部位】頭・腹・足

### 頭隠して尻隠さず
悪事や欠点を一部隠しただけで、すべてを隠したつもりでいること。追われた雉《きじ》が草むらに頭を突っ込んだだけで隠れたつもりになっている様子から。

### 頭の天辺《てっぺん》から足の爪先《つまさき》まで
体の上から下まで全身全部のこと。一から十まで、何から何まで。

### 腹が北山《きたやま》
腹が来た、つまり腹がすいてきたという意味。「北」と「来た」をかけた洒落言葉。

### 面従腹背《めんじゅうふくはい》
表面的には素直に服従するように見せかけて、心の中では反抗していること。

### 腹が膨《ふく》れる
肥えて腹が大きくなる、満腹になるという意味のほか、いいたいことをいわないので不快感がたまるという意味も。

## 指呼《しこ》の間《かん》
指を指して呼べば返事がくるほどの近い距離のこと。

## 爪の垢《あか》を煎じて飲む
優れた人に少しでもあやかろうとすることのたとえ。

## 切《せっ》歯《し》扼《やく》腕《わん》
押さえきれないほどの激しい怒りや悔しい思いの形容。歯ぎしりや自分の腕を握りしめる様子から。

## 骨に刻む
深く記憶して、決して忘れないこと。「肝に銘じる」という言い方もある。

## 顔に似ぬ心
顔の印象と心が裏腹なこと。美しい顔なのに冷たい人や、怖い顔に似ずやさしい人がいることをいう。

## 眉を曇らせる
心配事や不快感によって暗い表情になることをいう。心が曇ると眉を寄せることから。心が晴れたときの表情は「眉が晴れる」ともいう。

## 十月の木《こ》の葉髪《はがみ》
旧暦十月の木の葉が落ちる頃に、髪の毛もよく抜け落ちるということ。

# 【体の部位】体・顔など

## 断腸の思い
はらわたがちぎれるほどの辛《つら》く悲しい思い。子猿を捕らえられ、泣き叫び追いかけたが息絶えた母猿の腹を切ってみると、腸が断ち切られていたという中国の逸話が由来。

## 臍《ほぞ》を噛む
どうにもならないことを悔やむこと。「臍」とはへそ。決して届かない場所を噛もうとして苛立つ様子から。

## 尻に帆を掛ける
慌てて逃げだすさま。大急ぎで出かけるさま。風になびく褌《ふんどし》が帆を掛けたように見えることから。

## 手《て》練《れん》手《て》管《くだ》
巧みに人を操り騙すさまをいう。また、その手段や方法のこと。

## 徒《と》手《しゅ》空《くう》拳《けん》
「徒手」と「空拳」、どちらも何ももたないことを意味する言葉。手に何ももっていないこと。また、資金や地位などがなく身ひとつであること。

## 【数字】一

### 一知半解《いっちはんかい》
一つのことを知っていても、その半分しか理解していないということ。知識や理解が十分ではない。生かじりの知識。

### 一か八《ばち》か
運を天にまかせてやってみること。また、二つのうちのどちらかであること。賭博用語で、「一か罰か（一の目が出るかしくじるか）」を元とする説、「丁か半か」のそれぞれの漢字の上部をとったものとする説がある。

### 一言《いちげん》の信
たったひと言でも、一度口に出したことは必ず守ること。

### 一升入《い》る壺は一升
一升入りの容器には一升以上は入らない。ものには限度がある。「壺」は「瓶《かめ》」や「徳利」などともいう。

### 一日《いちじつ》の長《ちょう》
少し年上であること。転じて経験や力量が相手より少し勝っていること。

### 一罰百戒《いちばつひゃっかい》
一人の過失を罰することで、そのほか多くの人々が同じような罪を犯さないよう戒めとすること。

### 首尾一貫《しゅびいっかん》
最初から最後まで、態度や方針が変わらないこと。矛盾がなく筋が通っていること。

### 一事《いちじ》が万事《ばんじ》
一つのことから、ほかのすべての事柄を推測できること。悪い事例に使うことが多い。

### 一樹《いちじゅ》の陰《かげ》一河《いちが》の流れも他生《たしょう》の縁
この世の出来事はすべて運命であり、おろそかにしてはいけないという意味。知らない者同士が同じ木の下で雨宿りをしたり、同じ川の水を飲むのも、前世からの因縁であるということから。

### 一度見ぬ馬鹿二度見る馬鹿
一度も見ないのは世間に遅れるが、二度見るほどの価値はないこと。

### 一挙両得《いっきょりょうとく》
一つのことをして、二つの利益が得られること。

## 斗南《となん》の一人《いちにん》
天下でもっとも優れた人。その道の第一人者。斗南は北斗七星より南のことから、天下の意。出典『唐書《とうじょ》』。

## 頂門《ちょうもん》の一針《いっしん》
頭の上に針を刺す治療法があることから、相手の急所を押さえ強く戒めることをいう。また、痛いところをついた教訓のこと。

## 一日千秋《いちじつせんしゅう》
非常に待ち遠しく思うこと。一日が千年のように長く感じられるという意から。思慕《しぼ》の情が非常に強いという意味の『詩経』の「一日三秋《いちじつさんしゅう》」からできた言葉。「一日」は「いちにち」とも読む。

## 軌《き》を一《いつ》にする
やり方や考え方を同じにすること。また国が統一していることのたとえ。「軌」は車輪の跡を意味し、車輪の通ったあとを同じにすることから。

## 一寸延びれば尋《ひろ》延びる
「一寸」は一尺の10分の1（約３cm）「一尋」は約六尺（約180cm）。今、一寸延びればあとで六尺延びるという意味から、当座の困難を切り抜ければ、先々楽になるということ。

## 一日の計は朝にあり
一日の計画は朝のうちに立てるのがよいということから、物事は始めが大事であり、計画は早めに立てるべきという教え。

## 一を識《し》りて二を知らず
一つの側面だけは知っているが、他方は知らないこと。見識が浅く、応用力がないこと。

## 一世一代《いっせいいちだい》
一生のうちでたった一度のこと。普段と違い際立ったことをすること。元は歌舞伎役者や能役者が引退するときに得意の芸を披露する舞台納めのことをいった。

## 娘一人に婿《むこ》八人
一つの物事に対して、それを望む希望者が多くいることのたとえ。

## 一気呵成《いっきかせい》
ひと息に文章を書きあげること。また、物事を一気に成し遂げること。

## 一諾千金《いちだくせんきん》
一度承諾したことは、千金にも匹敵する重みがあることから、信頼できる承諾のこと。また、約束は守らなければならないということ。

## 天は二物《にぶつ》を与えず

一人の人間がいくつもの長所や才能をもつことはない。欠点のない人はいないということ。

## 二股膏薬《ふたまたごうやく》

「二股」は内股のこと、「膏薬」は練り薬のことで、内股に塗った練り薬が歩くうちに反対側にもつくことから、そのとき次第であっちへ行ったり、こっちへ行ったりする無節操なこと。またそのような人。

## 二律背反《にりつはいはん》

相反する二つの命題が、同じだけ合理性や妥当性をもっていること。論理学の用語。

## 二束三文《にそくさんもん》

利益なしの安値で売ること。非常に安い値段のこと。捨て売り。江戸時代、大きくて丈夫な金剛草履《ぞうり》が二束で三文という安価な金額で売られていたことから。

## 二月は逃げて去る

正月が終わってひと息ついていると、もう二月末になっていることから、二月は格別過ぎるのが早く感じられるということ。「去る」を「走る」ともいう。

【数字】

一

二

## 二足の草鞋《わらじ》

両立するのが難しい、異なる仕事や役職をかけもちすることをいう。江戸時代、博打打ちが、博打打ちを取り締まる岡っ引きの役割を手伝ったことに由来する。

## 二の舞

前の人の真似をすること。また、人のした失敗を繰り返すこと。

## 人を呪わば穴二つ

人に害を与えれば必ず自分に返ってくるというたとえ。人を呪い、殺そうと墓穴を掘る者は、その報いを受けることとなるので自分の墓穴も必要になることから。

## 二卵《にらん》を以《もっ》て干城《かんじょう》の将《しょう》を棄《す》つ

過去のわずかな過失をとがめ、有用な人物を失うこと。中国の春秋時代、孔子の孫が軍人に推薦した人物が、かつて民から卵を二個取り上げたことが原因で任用されなかった。それに対し孔子の孫は「短所より長所を見て採用すべき」と説いた故事から。

## 三歳の翁《おきな》百歳の童子《どうじ》

三歳の子どもでも知恵や分別がある子もいれば、百歳の老人でも無知で愚かな人もいるということ。

## 三顧《さんこ》の礼

目上の人が礼を尽くして賢人に頼み込むこと。中国の三国時代、蜀《しょく》の劉《りゅう》備《び》が諸葛孔明《しょかつこうめい》を軍師として招くため、その草庵《そうあん》を三度訪れたことから。

## 韋編《いへん》三《み》たび絶つ

書物を何度も読むこと。熟読すること。「韋編」とは皮ひもで竹の札を綴った古代中国の書物のこと。孔子が、綴じひもを三度も切るほど、本を熟読したという故事から。

## 男は三年に片頬《かたほほ》

男は威厳を保つために、三年に一度笑うくらいがいいということから、男はむやみに笑ってはいけない。

## 櫂《かい》は三年櫓《ろ》は三月《みつき》

船を漕ぐための櫂の扱い方は櫓に比べて難しい。似たようなものでも習得する時間はさまざまである。

## 再三再四

何度も何度も。二度も三度もという意味の「再三」を強めた言葉。

【数字】三

## 朝三暮四《ちょうさんぼし》

目先の利害や相違に気を取られ、結果が同じであることに気づかないこと。また、言葉巧みに人を騙すこと。飼っていた猿に、朝三つ、夜四つの実を与えると怒ったので、朝四つ、夜三つに変えたら喜んだという中国の故事から。

## がったり三両

「がったり」とは、物が壊れるさま、家を少し修理するさまをいう。何かがちょっと壊れたりするだけでも、すぐお金がかかるという意味。

## 天井《てんじょう》三日《みっか》底《そこ》三年《さんねん》

相場の高値が続く期間は短いが、下落すると長い間低い状態が続く。「底三年」を「底百日」ともいう。

## 益者三友《えきしゃさんゆう》、損者三友《そんしゃさんゆう》

交際してためになる三種類の友人と、交際して損をする三種類の友人。前者は正直な人、誠実な人、博識な人で、後者は不正直な人、不誠実な人、口達者な人。出典『論語』。

### 五両で帯買《こ》うて三両でくける

本来の目的より、付随することにかえって費用がかかることのたとえ。「くける」とは、縫い目が表から見えないように縫うこと。

### 六根清浄《ろっこんしょうじょう》

「六根」とは仏教語で、感覚や迷いを生じさせる六つの感覚器官（目・耳・鼻・舌・身・意）のこと。その六根から起こる欲や迷いを断ち切り、心清らかになることをいう。

### 火元《ひもと》は七代《しちだい》祟《たた》る

火災は周囲に多大な迷惑をかけるため、火元の家は長い間恨まれる。

### なくて七癖《ななくせ》

どんな人でも癖をもっているということ。

### 七度《ななたび》探して人を疑え

失くしものをしてもすぐに人を疑わず、念入りに探してみよということ。軽率に人を疑ってはいけない。

### 親の七光《ななひか》り

親の地位や威光により、子どもが恩恵を受けること。また、子どもが親の地位や名声を利用すること。「七光り」の七は大きな数を表す。

## 【数字】四・五・六・七

### 四海波静《しかいなみしず》か

四方の海の波が静かであることから、転じて、国の内外が平和に治まっていること。天下泰平。

### 四苦八苦《しくはっく》

非常に苦労、苦悩すること。元は仏教語で、「四苦」は生《しょう》・老・病・死の苦しみのこと、「八苦」は四苦に愛別離苦《あいべつりく》、怨憎会苦《おんぞうえく》、求不得苦《ぐふとくく》、五《ご》陰盛苦《おんじょうく》の四つを合わせたものをいう。

### 四面楚歌《しめんそか》

周りがすべて敵ばかりで孤立していること。楚《そ》の項羽《こうう》が四面を漢軍に囲まれたとき、漢軍の中から楚の歌が聞こえ、楚が漢軍に降伏したのかと嘆き諦めたという中国の故事から。

### 五臓六腑《ごぞうろっぷ》に沁み渡る

腹の底までしみとおること。身に染みて感じること。「五臓六腑」とは、漢方における五つの臓器（心臓、肝臓、肺、脾臓、腎臓）と、六つのはらわた（大腸、小腸、胃、胆のう、膀胱、三焦《さんしょう》）のこと。

### 九死《きゅうし》に一生《いっしょう》を得る

命を落とす危険な状態から、かろうじて助かること。「九死」は、九分は助からない命ということ。

### 九仞《きゅうじん》の功を一簣《いっき》に虧《か》く

長い間の努力を最後の少しの過失でだめにすること。高い山(九仞)を築くのに最後のもっこ(簣)一杯の土が足りずに完成しないことから。

### 十読《じゅうどく》は一写《いちしゃ》に如《し》かず

十回繰り返し読むより、一度丹精を込めて写し書いたほうがよく覚えられるということ。

### 十年一昔《じゅうねんひとむかし》

世の移り変わりが激しいこと。また、時の流れを十年を一区切りとして考えること。十年より以前は昔のことに思われる。

### 十年一日《じゅうねんいちじつ》

十年が一日のようだということから、長い期間、変わることなくずっと同じ状態にあることをいう。

### 十日一水《じゅうじついっすい》

一つの川の絵を描くのに十日間かける意味から、作品づくりに丹精を込め、苦心するさまをいう。

## 【数字】八・九・十

### 八方《はっぽう》美人

誰に対してもよい顔をする人。人に合わせ意見や態度を変える要領のいい人を批判する言葉。

### 傍目八目《おかめはちもく》

囲碁から生まれた言葉。傍らで見ている人(傍目)は八目先まで見越しているという意味から、当事者よりも第三者のほうが物事の是非を正しく判断できることをいう。

### 八面六臂《はちめんろっぴ》

八つの顔と六つのひじを表し、転じて一人で何人分もの働きをすること。多方面で力を発揮すること。

### 八面玲瓏《はちめんれいろう》

どの方面から見ても美しく、曇りのないさま。誰とでも円満につき合うことができるさま。

### 当たるも八卦《はっけ》当たらぬも八卦《はっけ》

占いは、当たることもあれば外れることもあるから、気にするものではないということ。

【数字】

# 百

## 百害あって一利なし

弊害や悪い面は百ほどあるのに、利益になることやよいことは一つもないということ。悪影響しかない。

## 百尺《ひゃくしゃく》竿《かん》頭《とう》に一歩を進む

百尺（約30m）もある竿の先の、さらに上に一歩進もうとすることから、十分な努力を尽くした上に、さらに向上しようと努力をすることをいう。また、十分に言葉を尽くした上に、さらに一歩進めて説くこと。

## 百年河清《かせい》を待つ

「河」は中国の黄河を指す。黄土で濁っている黄河の水が澄むのを待つという意味で、転じて、どんなに長く待っても、望みが叶うことはないということのたとえ。

## 百貫《ひゃっかん》のかたに編笠《あみがさ》一蓋《いっかい》

失うところが多く、得るものが少ないことのたとえ。損得がはなはだしく釣り合わないことをいう。百貫の金銭を貸して、それに対する抵当が笠一つだけということから。

## 百貫の鷹も放さねば知れぬ

百貫という大金で買った鷹も、獲物を捕らえさせてみなければ、それだけの値打ちがあるかどうかわからないことから、物の真価は、実際に使ってみて初めてわかるという意味。

## 百川《ひゃくせん》海に朝《ちょう》す

利益のあるところには自然に人が集まるということ。「百川」はすべての川、「朝す」は集まるという意味。

## 百《ひゃっ》花《か》繚乱《りょうらん》

さまざまな花が咲き乱れること。転じて、優れた人物が多方面から現れ、立派な業績やすばらしい作品が一時的に多く輩出され、にぎやかなことをいう。

## 読書百遍《ひゃっぺん》義《ぎ》自《おの》ずから見《あらわ》る

意味のわからない難しい書物も、繰り返し読むうちに自然とわかるようになる。本を数多く乱読するより、よい書物を熟読することに意味があるということも表す。

## お百度を踏む

祈願のために、神前・仏前まで百回往復して参拝するお百度参りをすること。転じて、頼みを聞いてもらうために、相手を何度も訪ねること。

## 【数字】千

## 千慮《せんりょ》の一失《いっしつ》
「千慮」とは、あれこれ考えること。賢者でも、多くの考えの中には一つくらい間違いや失敗があるということ。「千慮の一得《いっとく》」は、愚者でも多くの考えの中には一つくらいよい考えもあるという真逆の意味に。

## 仏《ほとけ》千人、神《かみ》千人
世の中は悪人ばかりでなく、仏や神のような善人も多いというたとえ。

## 千客万来《せんきゃくばんらい》
多くの客がやってきて、絶え間がないこと。店が繁盛している様子。「千」「万」は数が多いことを表す。

## 千日《せんにち》の勤学《きんがく》より一時の名匠
長い時間独学するより、一時でも優れた指導者につくほうが効果的。

## 千秋万歳《せんしゅうばんざい》
千年、万年もの長い年月のこと。また、それを願い長寿を祝う言葉。

## 焙烙《ほうろく》千に槌《つち》一つ
「焙烙」は素焼きの平たい土鍋のこと。焙烙がたくさんあっても槌一つで全部割れることから、つまらない者がいくら集まっても一人の優れた者にはかなわないことをいう。

## 千日の萱《かや》を一日に焼く
長年苦労して築き上げたものを、一瞬にして失ってしまうことのたとえ。千日かけて刈り集めた萱を一日で焼いてしまう意から。

## 千金は死せず百金は刑《けい》せられず
裁判官に千金を贈れば死刑を免れるし、百金を贈れば刑罰を免れるということ。お金の力の大きさをいうたとえ。

## 中流に船を失えば一瓢《いっぴょう》も千金
時と場合によっては、つまらないものでも計り知れない価値をもつということ。流れの真ん中で船を失った人には、瓢簞《ひょうたん》でも浮袋の代わりになることから。

## 千金の裘《きゅう》は一狐《いっこ》の腋《えき》に非《あら》ず
国家を治めるには多くの人材と知恵を集結すべきだというたとえ。また、大事をなすには多くの人の力がいるということ。「裘」は毛皮で作った衣のこと。高価な皮衣は一匹の狐の腋毛《わきげ》だけでは作れないことから。

# 中国の歴史書紹介と中国と日本の年表

**ことわざは中国の書物からの引用も多い。本書のことわざの出典のうち、主な歴史書などを紹介。また日本と中国の年表を重ねると下段の通り、時代背景もみえてくる。**

**『史記《しき》』**（130巻）
伝説時代の黄帝《こうてい》〜前漢の武帝《ぶてい》までを記す最初の正史。司馬《しば》遷《せん》著。文学としても優れた評価を受けている。

**『（前《ぜん》）漢書《かんじょ》』**（120巻）
前漢の断代史。のちの正史編纂の規範となった書。断代史とは、一代の王朝の歴史だけを記録したもの。

**『後漢書《ごかんじょ》』**（120巻）
後漢朝について記されている。「東夷伝《とういでん》」には倭国《わこく》について記されており、古代日本の史料となっている。

**『三国志』**（65巻）
魏《ぎ》、呉《ご》、蜀《しょく》の三国の歴史を記している。「魏志」の中には日本について記した「倭人伝《わじんでん》」がある。

**『晋書《しんじょ》』**（130巻）
晋王朝の正史。『晋書』以後、王朝が交代すると、前王朝の正史を国家事業として編纂するようになった。

**中国と日本の歴史年表**

| | |
|---|---|
| 中国 | 夏《か》／殷《いん》／周《しゅう》／春秋《しゅんじゅう》／戦国《せんごく》／秦《しん》／前漢《ぜんかん》／新《しん》／後漢《ごかん》／三国《さんごく》／晋《しん》／五胡十六国《ごこじゅうろっこく》／南北朝《なんぼくちょう》 |
| 日本 | 縄文《じょうもん》時代／弥生《やよい》時代／古墳時代 |

**『書経《しょきょう》』**（20巻）
*五経の一つ。伝説時代の帝王堯《ぎょう》・舜《しゅん》～周時代までの政治理念などを記した最古の歴史書。孔子編纂。

**『詩経《しきょう》』**（305編）
五経の一つ。中国最古の詩集。周～春秋時代に作られた約三千の古詩から孔子が選んだとされるが未詳。

**『礼記《らいき》』**（49編）
五経の一つ。戦国～秦《しん》・漢時代にかけての、日常や冠婚葬祭の礼儀など、礼に関する諸説を集めたもの。

**『春秋左氏伝《しゅんじゅうさしでん》』**（30巻）
春秋時代の魯《ろ》の国の歴史書。史実が豊富で詳しく、春秋時代を知る貴重な文献となっている。

**『孫子《そんし》』**（1巻）
春秋時代の軍事思想家、孫武《そんぶ》の作とされる。古代中国の兵法書の中でもっとも有名。

**『孟子《もうし》』**（7編）
*四書の一つ。戦国時代中期の思想家・儒学者である孟子の言行・逸話を門人が編纂。「もうじ」ともいう。

**『戦国策《せんごくさく》』**（33編）
前漢の劉向《りゅうきょう》の編纂。戦国時代の遊説士の説、国策、献策、政治、外交、軍事、逸話などをまとめた雑史。

＊五経とは儒教において重要な経典。ほかは『詩経』『礼記』『易経（→P75）』『春秋』。
＊四書とは儒教において重要な経書。ほかは『大学』『論語（→P149）』『中庸《ちゅうよう》』。

デザイン・DTP　高橋秀宜（Tport DESIGN）
イラスト　桔川 伸
校正　柳元順子（有限会社クレア）
執筆協力　高島直子、川口裕子（有限会社クレア）、岡崎恵美子、団 桃子
編集協力　篠原明子、永井ミカ（メディアクルー）

今日《きょう》から役《やく》に立《た》つ！
教養《きょうよう》の「ことわざ」1500

編　者　西東社編集部［せいとうしゃへんしゅうぶ］
発行者　若松和紀
発行所　株式会社 西東社
〒113-0034　東京都文京区湯島2-3-13
http://www.seitosha.co.jp/
営業　03-5800-3120
編集　03-5800-3121〔お問い合わせ用〕
※本書に記載のない内容のご質問や著者等の連絡先につきましては、お答えできかねます。



ISBN 978-4-7916-2889-6